Cómo crear un portfolio y adentrarse en el mundo profesional

Cómo crear un portfolio y adentrarse en el mundo profesional

Guía de orientación para creativos

2ª edición actualizada e ampliada

Fig Taylor

GG®

Agradecimientos del autor
Quisiera agradecer a Liz Resnick el haberme recomendado para escribir este libro, y a mi editor, Jo Lightfood, el mostrar la paciencia de un santo mientras desarrollaba el proyecto. También quisiera dar las gracias a todos aquellos que contribuyeron generosamente, con su tiempo y su experiencia, a hacer que el resultado final sea mucho mejor del que yo hubiese podido lograr sin ayuda. Sin ningún orden en particular, ellos son: Zoe Antoniou, Jemma Robinson, Alan Male, Andrew Selby, Kim Burdett, Bob Cook, Jane Souyave, Jonathan Gibbs, Nancy Slonims, Phil Gray, Mark Wigan, Steve Wilkin, Will Hill, Al Wasco, Alice Carter, Alisa Aronson, Barbara Yale-Read, Brockett Horne, Deborah Shmerler, Diane Tarter, Edwin Utermohlen, Judith Aronson, Kenenth Fitzgerald, Kimberley Vickrey, Robert Sedlack, Rosario Martinez-Cañaz, Rukmini Ravikumar, Sue Vessella, Tom Garrett, Tyler Galloway, Louisa St. Pierre, Ben Cox, Dave Day, Mark Reddy, Neil Dawson, Steve Rutterford, Andy Altman, Andy Ewan, Anne Brassier, Austin Cowdall, Christopher Pullman, Doug Powell, Ian Bilbey, Donough O'Malley, Josh Silverman, Judy Wellfare, Lance Hidy, Danielle Plaskett, Derek Brazell, Martin La+mbie-Nairn, Maryanne Grebenstein, Michael Koid, Joshua Keay, Kai Clements, Rian Hughes, Rob Howsam, Robert Linsky, Susan Williamson, Stephanie Zelman, Saeko Ozaki, Stuart Briers, Karen Boller, Alison Lawn, Anamaria Stanley, Colin McHenry, Hazel Brown, Jennifer Pastore, John Oakey, Kristina DiMatteo, Martin Colyer, Paul Harpin, Jim Thompson, Frances McKay, Boo Cook, Kevin Hopgood, Rodd Hunt, Russell Cobb, Steven Preston, Birgitte Lund, Jacqueline Brown, Graham Humphreys, Alex Tomlinson, Anders Suneson, Gert Gerrits, Barry James, Chris Shamwana, Eleanor Crow, Joe Whitlock Blundell, Jonathan Christie, Joy Monkhouse, Lucy Bennett, Mike Jolley, Penny Holroyde, Val Brathwaite, Richard Ogle, Steve Scott, Martin Vintner-Jackson, Neil Lewis, Yuko Shimizu, Jay Taylor, Jeff Fisher, Ulla Puggaard, Andrew Pavitt, Martin Haake, Olaf Hajek, Tina Mansuan, Tomer Hanuka y Siobhan Harrison.
Y si, por error, me he dejado a alguien, ¡que me perdone, por favor!

Título original *How to Create a Portfolio (2nd edition)*
Publicado originalmente por Laurence King Publishing Ltd., Londres, 2010 y 2012

Traducción del texto de la primera edición: Álvaro Marcos
Traducción del texto añadido en la segunda edición: Ana López Ruiz
Diseño de la cubierta: Toni Cabré/Editorial Gustavo Gili, SL
Imágenes de contracubierta: arriba: © Stuart Briers. Publicado por Human Resources Magazine, Haymarket Publications; centro: Call Center in a Box. Diseño: Nic Shuttleworth, I Like Blue, www.ilikeblue.co.uk. Agencia: Iris Associates. Cliente: Voice; abajo: Dancing with the Dead, imágenes © Janine Rewell. Diseño web © Janine Rewell.

Printed in China
ISBN: 978-84-252-2630-4

Editorial Gustavo Gili, SL
Roselló 87-89, 08029 Barcelona, España. Tel. (+34) 93 322 81 61
Valle de Bravo 21, 53050 Naucalpan, México. Tel. (+52) 55 55 60 60 11

Índice

Introducción

Diseñador o ilustrador: la industria que has escogido no recibe el sobrenombre de "jungla creativa" por casualidad. De hecho, no para de crecer en densidad y complejidad a medida que emergen nuevas oportunidades para los comunicadores visuales. ¿Quién hubiera podido imaginar, siquiera hace unos pocos años, que sería posible encontrar un puesto de trabajo, fijo y bien pagado, como diseñador de gráficos para teléfonos móviles, o de *avatares* en el ciberespacio? ¿Y que, para algunos clientes, los colectivos de diseñadores e ilustradores y las organizaciones de creativos multidisciplinares se convertirían en alternativas viables y rentables a las fuentes convencionales del diseño y las artes? El objetivo de este libro es ayudarte a abrirte paso en esta selva y, con este fin, mostrarte qué es lo que buscan aquellas personas con quienes y para quienes es más probable que trabajes. Para ello es importante que aprendas qué debes incluir en tu nuevo portfolio y también qué debes dejar fuera de él si deseas obtener ese puesto o encargo tan anhelado. Se trata de saber reconocer e identificar los requerimientos de los empleadores de la industria creativa (a menudo muy variados) y de concentrarse en ellos afrontándolos con seguridad y profesionalidad. Se trata también de acceder a oportunidades laborales, y de crearlas, mediante una amplia diversidad de recursos a tu disposición.

Sin embargo, este no es un libro que se preocupe demasiado de la cuestión del estilo. Con todo, por supuesto, será inevitable tocarla en el apartado dedicado a la presentación. Al fin y al cabo, la labor del diseñador o del ilustrador consiste precisamente en tener estilo, en nadar contracorriente y crear nuevas tendencias. La apariencia de tu trabajo y la forma en la que expongas tus habilidades desempeñarán un papel esencial a la hora de determinar si tú u otro recién llegado igualmente ambicioso sea quien consiga el puesto por el que estáis compitiendo. Por ello, se muestran aquí diferentes tipos de portfolio, junto con diversos consejos y sugerencias para su presentación, sean físicos o virtuales. También encontrarás información sobre materiales promocionales, desde sitios web a tarjetas impresas y otros objetos y formatos menos habituales. Sin embargo, doy por sentado que el lector tiene su criterio estético personal. El mundo está lleno de libros ilustrados de gran formato que se deshacen en elogios poéticos al estilo del diseño y la ilustración contemporáneos; pero este es, primero y por encima de todo, un libro dedicado al contenido.

Y es, asimismo, un libro sobre una transición: la que corresponde al trabajo preliminar que tienes que llevar a cabo para establecerte en la profesión que has escogido. Si bien la mayoría de las licenciaturas del ramo tienden a incorporar en sus programas algunas asignaturas sobre el ejercicio de la profesión, lo cierto es que no se imparten en todas las facultades y escuelas con el mismo rigor. La asistencia a clases formales y específicas no es siempre obligatoria y, aunque la orientación a veces corra a cargo de profesores y profesionales invitados como ponentes, hasta el consejo más valioso puede pasar inadvertido si uno no está realmente atento y preparado para escuchar y recibirlo. Cuando se es estudiante y la cabeza bulle de grandes ideas, llevarlas a buen término es mucho más divertido que preocuparse de lo que se va a hacer al concluir los estudios universitarios.

Con independencia de que quieras ser diseñador gráfico o ilustrador, o bien, como es cada vez más común en esta era digital en la que las fronteras se difuminan, un profesional polivalente, es innegable que ambas disciplinas se encuentran inextricablemente unidas. Es parte del trabajo de un diseñador gráfico asignar encargos a ilustradores, aunque solo sea de modo ocasional; en cambio, el ilustrador, que depende de dichos encargos, sigue las instrucciones del diseñador con objeto de lograr la solución más adecuada para el cliente que costea el proyecto. En el mejor de los casos, la relación entre un diseñador y un ilustrador conforma una asociación, si bien fugaz: la asociación de dos mentes creativas entrenadas para resolver problemas de índole visual con propósitos comerciales y, de ser posible, con estilo y originalidad. Como la mayoría de las sociedades, sin embargo, renqueará de no contar con una buena comunicación y confianza mutua. Es mi objetivo, por lo tanto, promover el entendimiento y las relaciones productivas entre futuros profesionales y he ahí la razón de que esta obra se dirija a aspirantes y estudiantes de ambos campos.

Tengo experiencia en los dos ámbitos. Trabajé durante un corto periodo de tiempo como diseñador gráfico y luego más de veinte años como agente de ilustradores, al principio con clientes del área del diseño, la edición, la publicidad y la industria del regalo. He compaginado esa labor con la de asesor de portfolios en la Asociación de Ilustradores de Londres. Mi profesión me ha proporcionado una visión global y equilibrada de lo que los clientes y empleadores requieren de los diseñadores gráficos y los ilustradores, así como una perspectiva interna de las muchas y diferentes maneras en las que se está transformando el mercado.

Este es por lo tanto un libro destinado a quien desee tomarse en serio la carrera del diseño o la ilustración, o especializarse en alguno del creciente número de campos en los que ambas están convergiendo. Al compartir mi experiencia y la de muchos de los diseñadores e ilustradores que han contribuido generosamente a la realización de esta obra, mi propósito declarado es el de ayudarte a tener éxito en el sector de la industria creativa que hayas escogido.

En estas páginas no encontrarás solo orientación sobre cómo configurar un portfolio estupendo que funcione, sino también un amplio panorama de los campos que se abren hoy en día a diseñadores e ilustradores. Además, se incluyen abundantes citas de relevantes profesionales de las diversas industrias del ramo que recogen tanto consejos valiosos como un revelador muestrario de la amplia variedad de opiniones con las que puedes encontrarte. Dotado de una vasta selección de muestras y ejemplos prácticos, este libro se ha diseñado para ayudarte en cada paso del proceso.

Algunas palabras acerca del lenguaje

Me gustaría llamar la atención sobre un pequeño y polémico adjetivo empleado en esta introducción: "comercial". Recuerdo perfectamente las connotaciones negativas que tenía esta palabra cuando yo era un estudiante de diseño gráfico deseoso de distanciarse del ámbito profesional paterno, que era la publicidad. Y hoy día conozco el suficiente número de estudiantes de diseño e ilustración para comprender lo poco que han cambiado las cosas en ese sentido durante este tiempo. Por lo tanto, y teniendo en cuenta que utilizaré esta palabrota en el transcurso de este libro, me siento obligado a despejar cualquier interpretación errónea desde el principio.

Lo que quiero implicar cuando utilizo este epíteto tan pequeño como poderoso es todo lo siguiente: algo pobre o carente de mérito artístico; prostitución creativa, léase vender tu alma al diablo corporativo o subirse de manera burda y cínica al carro de sea la que sea la última tendencia de la industria. Tampoco me estoy refiriendo necesariamente a diseño gráfico o ilustración producidos con fines publicitarios. Aunque no tengo inconveniente en reconocer que el trabajo que cae en alguna o todas las categorías anteriores bien puede ser descrito como "comercial", lo que intento comunicar con este término cuando lo empleo es sencillamente que se trata de un trabajo relevante para las necesidades del mercado en cualquier momento dado. En otras palabras, si existe una demanda de lo que tú estás haciendo dentro de tu ámbito profesional, tu diseño o tu ilustración serán considerados (al menos por mí) comerciales.

Otro aspecto que quisiera reseñar respecto al uso lingüístico del libro es que, dado que gran parte de la orientación contenida en él es aplicable tanto a diseñadores gráficos como a ilustradores, también emplearé el término genérico "profesional" si procede. En las demás ocasiones, las referencias serán de carácter específico cuando sea pertinente.

1

¿Qué es un portfolio?

Descrito en pocas palabras, un portfolio no es más que una muestra o escaparate, físico o virtual, de tu trabajo. Según la etapa en que un diseñador o un ilustrador se encuentren dentro del desarrollo de su carrera profesional, su portfolio puede adoptar una o varias formas diferentes. Existe, con todo, una constante: dado que las exigencias varían del ámbito académico al mercado laboral, lo más probable es que el tamaño, el contenido y el formato del portfolio experimenten una transformación considerable cuando su poseedor deje de ser un estudiante para convertirse en un profesional. En este capítulo encontrarás la información básica sobre cómo enfocar la creación de tu portfolio en función del ámbito laboral que hayas elegido y cómo convertirlo en una herramienta eficaz que satisfaga tus necesidades.

Página anterior (de arriba abajo y de izquierda a derecha):

Tres ejemplos clásicos de cómo *no* presentar tu trabajo a posibles empleadores o clientes. Un libro Pampa Spiral con fundas de polipropileno o poliéster de Prat Paris confiere un aspecto mucho más profesional. Un Mapac con cierre de cremallera y hojas encuadernadas con anillas (se muestra abierto y cerrado) es una elección elegante y fiable. Las piezas de trabajo, digitales y de otro tipo, también pueden mostrarse en línea con ayuda de un PC o un Mac, ya sea transportadas en un ordenador portátil (Acer), en casa o en el estudio (Apple Mac Pro).

Página siguiente: (arriba) Bocetos conceptuales del Interactive Light Poster de Austin Driscoll, estudiante de la Loughborough University; (abajo) portfolio *online* de Darren Custance, recientemente graduado por la University of Northampton.

El portfolio del alumno

Al principio, y con independencia de dónde hayas elegido estudiar, la mayoría de las escuelas de arte buscan cualidades similares en los alumnos que se matriculan en ellas. En un primer nivel de selección, los tribunales de selección o encargados de llevar a cabo las entrevistas de admisión quieren ver trabajos diversos, entre los que pueden incluirse cuadernos de bocetos, estudios del natural y otras tentativas realizadas por iniciativa propia, así como proyectos de clase de la etapa preuniversitaria. Es posible que, incluso en una fase tan temprana, se espere que los alumnos con una preferencia específica y declarada por el diseño gráfico muestren ya ciertas aptitudes para la yuxtaposición de texto (tipografía) e imágenes. De la misma manera, en el caso de los aspirantes a ilustradores, se prestará especial atención a sus cualidades para el dibujo y a su ojo para el color. La experimentación en una amplia diversidad de disciplinas, como la fotografía, la pintura o la impresión, y en medios y soportes tanto tradicionales como digitales, se alienta de forma activa, como se fomenta también un espíritu abierto y dispuesto a la exploración de diferentes sendas creativas. Ten presente, sin embargo, que hay una gran diferencia entre enseñar un muestrario de tu trabajo e incluir en tu carpeta todo lo que tengas a mano para cubrir la posibilidad de que, en un determinado momento, algo pueda gustarle a alguien. Tu capacidad para discriminar entre tus mejores piezas y tus esfuerzos menos logrados también será examinada, y lo seguirá siendo una vez te hayas licenciado, así que lo mejor es que empieces a cuidar ese aspecto cuanto antes.

Es imposible prescribir un número concreto de piezas o muestras que debas incluir, pero, aun así, recuerda que la mejor guía para la selección es tu buen juicio; asegúrate de que recoges una muestra amplia y diversa de tus trabajos.

En esta etapa, el portfolio es poco más que un receptáculo en el que transportar tu trabajo. Dado que casi siempre mostrarás originales, y que algunos de ellos serán de tamaño considerable, lo habitual es utilizar un portfolio tamaño A1 (59,4 × 84,1 cm), con o sin fundas de plástico. Aparte de llevar el sello distintivo de tu personalidad creativa, la presentación del contenido debe ajustarse a las directrices propias de cada escuela siempre que sea preciso. Aunque algunas instituciones son más rigurosas que otras en este aspecto, un muestrario presentado con meticulosidad, configurado con orgullo y dotado de algún orden lógico siempre contribuirá a crear una impresión favorable.

Aunque se espera que los alumnos que deseen obtener un título en diseño gráfico o ilustración muestren una inclinación clara hacia estas materias, esto no implica que se haga de forma rígida, que se descarten otras materias o se eviten los riesgos. Escojas la disciplina que escojas, se pondrá especial acento en la habilidad para resolver problemas mediante la creación y manipulación de imágenes, de ahí el valor asignado a los cuadernos de bocetos y de desarrollo de los mismos. Del mismo modo, los proyectos que hayas iniciado por tu cuenta en tu tiempo libre serán considerados como una prueba de tu compromiso y de tu empeño.

Como creativo profesional, las presentaciones serán parte habitual de tu vida laboral, por lo que, aunque tu expresión verbal y escrita no formen parte estrictamente de tu portfolio, sí que pueden influir en tus posibilidades a la hora de ser aceptado en un programa de estudios, sobre todo si la escuela o facultad en la que deseas entrar está muy solicitada, ya sea por su situación geográfica o por su excelencia académica. Casi con seguridad, se esperará que estés familiarizado con las figuras contemporáneas más relevantes de tu área de interés. Dejando a un lado los demás aspectos, conviene que también seas consciente de la competitividad y del hecho de que, desde el punto de vista del entrevistador, ese conocimiento demostrará que te apasiona la disciplina que has escogido y que tu decisión está tomada sobre una base sólida; algo que, de nuevo, actuará a tu favor si la institución en la que quieres matricularte está desbordada de preinscripciones.

Por otro lado, quienes deseen cursar un máster o posgrado deben presentar un portfolio algo diferente y, en cierta medida, similar al que presentarían a un empleador potencial. Es importante que su contenido refleje una confianza y una sofisticación nacidas de la gran familiaridad del estudiante con su medio. Aun así, en este nivel, "menos" aún sigue siendo "más", por lo que la capacidad crítica a la hora de editar y seleccionar el material desempeñará, de nuevo, un papel esencial. El formato de estos portfolios tiende a ser más reducido que el de los confeccionados para la admisión en una escuela o facultad y, aunque la inclusión de cuadernos de bocetos y borradores sigue siendo muy importante, una selección más reducida de piezas (pongamos unas 10 o 12 muestras potentes y terminadas) será preferible a otra más amplia que, sin embargo, incluya trabajos de cuya calidad no estás tan seguro. Trata siempre de escoger las muestras que mejor reflejen la originalidad de tu estilo a la hora de resolver problemas y de crear imágenes.

"Madurez" es aquí la palabra clave. De hecho, en los Estados Unidos (si bien no en Europa, generalmente) es costumbre que los programas de máster exijan que sus estudiantes cuenten al menos con un año de experiencia laboral en el mercado. La comunicación verbal es también de extraordinaria importancia. Necesitarás estar al día de los temas que constituyen el centro del debate crítico entre quienes manejan los hilos de tu industria y, no obstante tu experiencia laboral, tu portfolio deberá reflejar claramente tu capacidad para sostener una investigación práctica prolongada y profunda. También será preciso que tengas una idea nítida de lo que quieres lograr, mediante la identificación de áreas de interés específicas cuyo desarrollo y exploración ulteriores consideras adecuados.

“Lo que espero ver son diferentes dibujos del natural, realizados a partir de la observación de la realidad; cuadernos de bocetos que muestren cómo generan y desarrollan sus ideas como ilustradores; varios ejemplos de ilustraciones terminadas, apoyadas en textos específicos (con material auxiliar que pueden ser otros bocetos u hojas con instrucciones o anotaciones previas); y también alguna ilustración que haya sido traducida a un contexto impreso.”

Jonathan Gibbs, director de curso, Licenciatura en Ilustración, Facultad de Bellas Artes de Edimburgo (Reino Unido)

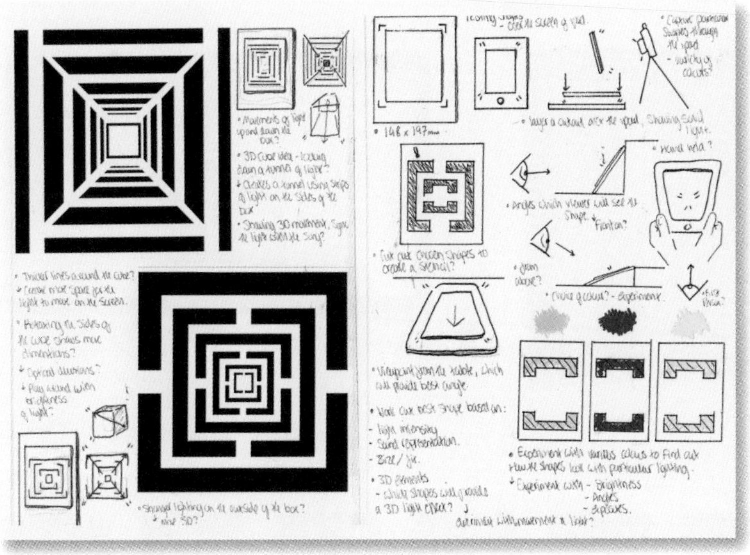

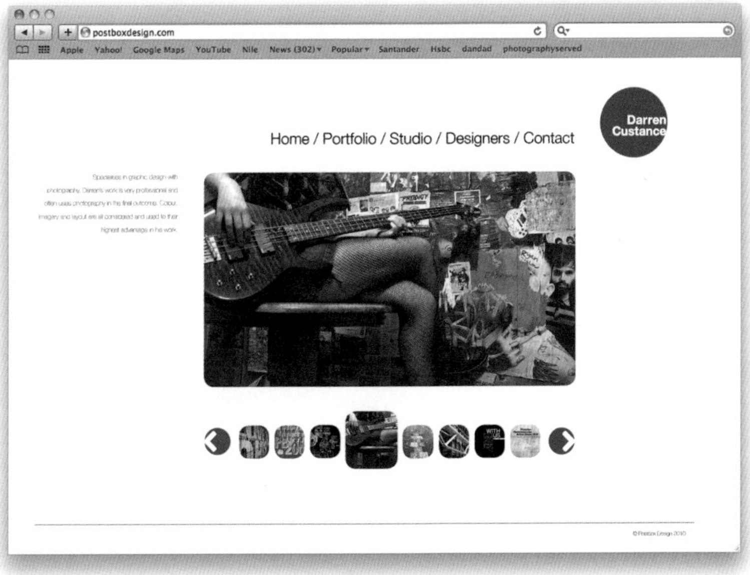

"Si me encuentro con un portfolio completamente desorganizado y manga por hombro, me surgirán dudas sobre la capacidad de esa persona para organizarse y entregar un trabajo a tiempo."

Jonathan Christie, director de arte, Conran Octopus

Arriba: Los portfolios digitales pueden ser interactivos y ofrecen la posibilidad de mostrar el contenido en una amplia gama de dispositivos, como el Ipad, que además es fácil de transportar. Aquí se muestran ejemplos del portfolio de Tonia Ibrahim.

Abajo: Varios ejemplos de portfolio con forma de caja. Este formato es particularmente eficaz para impresiones que requieren una atención especial. Los que se muestran aquí los fabrica la empresa estadounidense Archival Methods.

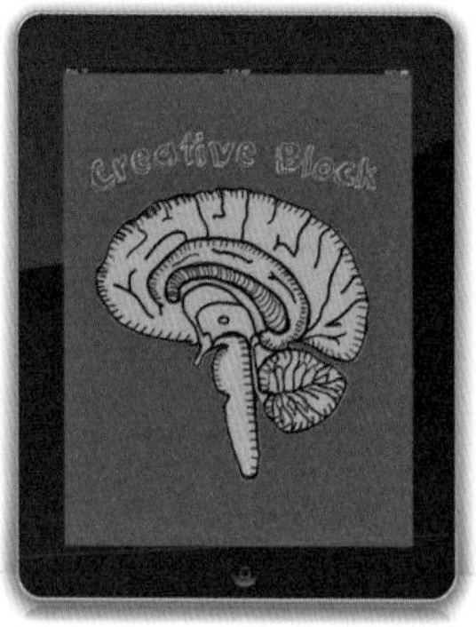

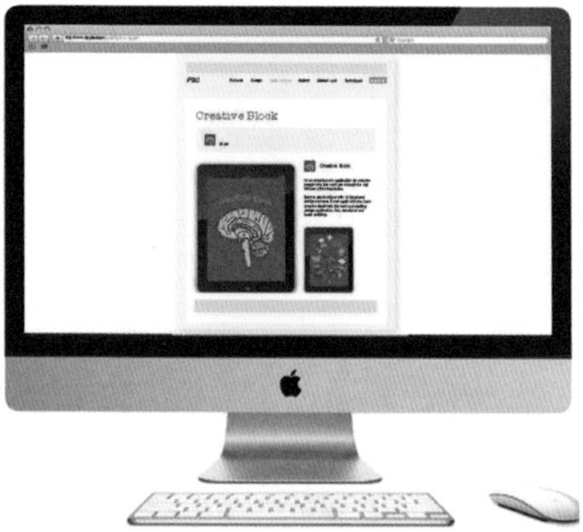

Doble página siguiente: El portfolio *online* de Darren Custance es atrevido y se ajusta con sencillez a la ética y la estética habitual de su trabajo. En la página 14 pueden verse algunos fotogramas de una animación promocional para una web de edición digital; en la página 15 se muestra el desarrollo de la identidad visual de una banda de rock y su aplicación tanto en papel como en forma de imagen en movimiento.

El portfolio profesional

Aunque te hayas licenciado con honores, tu portfolio precisará retoques y mejoras para enfrentarse a los requerimientos del mundo profesional. No está de más repetir que los profesores de universidad y los empleadores potenciales esgrimen criterios diferentes a la hora de valorar el contenido de un portfolio. Con la finalidad de fomentar el desarrollo de tus cualidades y tu imaginación, en el ambiente académico se te habrá otorgado libertad para experimentar y tus luchas y pequeños fracasos te habrán servido para descubrir dónde radican tus puntos fuertes. Aquellas personas cuya tarea consistía precisamente en fomentarlos se habrán preocupado principalmente del proceso de desarrollo, mientras que a tus posibles empleadores les interesará ahora, por encima de todo, el resultado final. No necesitan pruebas documentales de los errores de los que has aprendido. Al fin y al cabo, estás ahí para inspirar confianza, no dudas, y un portfolio descuidado hará lo segundo. Lo que el mercado laboral persigue es calidad, coherencia, claridad y entusiasmo; en otras palabras, "empleabilidad".

Ya te inclines por el papel o por los formatos digitales, encontrarás que no existe un estándar en la industria que dictamine cómo configurar un portfolio, si bien algunas escuelas y centros ofrecen guías relativas al tamaño, el formato, el número de muestras, la inclusión de borradores, procedimientos de presentación, etc. Otras se limitan a hacer recomendaciones, mientras que la mayoría prefiere dejar esa cuestión a gusto del futuro licenciado. Ten en cuenta, aun así, que los portfolios de gran tamaño pueden resultar poco prácticos y tampoco es necesario mostrar los trabajos de gran formato en tamaño real. Hacer la presentación en un ordenador portátil permite transportar fácilmente archivos digitales pesados y controlar personalmente el modo en que los enseñas. Puedes mostrar tu trabajo en una pequeña reunión informal o conectar el portátil a un proyector y desarrollar la presentación ante un público más amplio. Quizá prefieras utilizar una tableta interactiva, que aunque dispone de una pantalla pequeña, permite ampliar o reducir el tamaño de las imágenes rápidamente si surge la necesidad de ver algo con más detalle. Si organizas bien tu archivo digital podrás ajustar las imágenes a los diferentes formatos con la misma facilidad con que pasas las hojas de un portfolio impreso.

Aparte de los aspectos físicos de la presentación, es vital lograr un equilibrio entre los requisitos de la industria y la expresión personal. En ocasiones, en su esfuerzo por reproducir las rígidas constricciones presupuestarias y temporales de los encargos comerciales reales, los proyectos asignados en clase pueden desalentar y coartar el flujo creativo del profesional en ciernes. Por el contrario, los proyectos muy personales, vaga o nulamente ligados a aquello que un diseñador o un ilustrador tendrá que producir en el mundo real, pueden a su vez derivar en un portfolio repetitivo o muy poco comercial. Los empleadores suelen tener buena disposición a la hora de pasar por alto la falta de experiencia o de material publicado, pero una selección de muestras de todo punto inapropiadas les desconcertará, les aburrirá e incluso les irritará, de manera que tus esperanzas de llegar a donde quieres se verán seriamente amenazadas.

Para competir con éxito en un mercado muy duro, tu portfolio debe reflejar adecuadamente las necesidades del objetivo (o los objetivos) que hayas escogido. A menos que tu titulación sea altamente especializada (como, por ejemplo, en ilustración médica), lo normal, ya seas diseñador gráfico o ilustrador, es que en tu carpeta de recién licenciado haya un poco de todo. Será preciso que decidas cuál de las áreas que hayas tocado durante el curso de tus estudios te interesa más. Entonces tendrás que dejar a un lado todo aquello que ya no es relevante y sustituirlo con material nuevo que sí lo sea. Varios factores pueden influir en el contenido específico de tu portfolio. Si, por ejemplo, eres diseñador gráfico y tu intención es la de vivir en una población pequeña o rural, es probable que en el escenario local no abunden las agencias y que las pocas que haya tengan un enfoque más bien generalista, por lo que tu portfolio deberá mostrar capacidad de adaptación para canalizar tus cualidades en una gran variedad de contextos. Por otra parte, si lo que planeas es vivir en una ciudad, existirán muchas más empresas creativas y, como consecuencia, más posibilidades de que algunas de ellas estén especializadas. Y hablando de especialización, si ya tienes una en mente (si quieres ser diseñador de *packaging*, por ejemplo, o ilustrador de libros infantiles) necesitarás algo más que un par de muestras relevantes para dejar claras tus aspiraciones.

A la hora de enseñar a sus alumnos a promocionarse con eficacia tras titularse, de nuevo, algunas escuelas están más al día que otras. Por ejemplo, dada la creciente dependencia de la sociedad de la tecnología digital, me sorprendió averiguar durante la investigación preliminar de este libro que no todos los cursos universitarios incorporaban necesariamente en sus programas de estudio la construcción de un sitio web personal. En un mundo en el que las distancias son cada vez más cortas y en el que tus posibles empleadores están cada vez más ocupados, tener una página web resulta indispensable. Ofrece un acceso inmediato a tu trabajo para todas aquellas personas que no comparten tu zona horaria o geográfica y, en la práctica, para muchos profesionales no existe mejor portfolio. Aunque optes por seguir un camino alternativo o más tradicional, deberías considerar tu sitio web como una extensión de tu portfolio y de tu práctica profesional. Entre dichos métodos se incluye tu currículum vítae, al que debes dedicar la misma atención que dedicas al resto de las cuestiones creativas. No lograrás convencer a un reputado director artístico de tu genio tipográfico sin parangón si presentas un currículum mal espaciado, con errores ortotipográficos e impreso a toda velocidad en papel de fotocopiadora. Debe ser gramaticalmente perfecto, gráficamente impecable y estar impreso en papel de buena calidad.

Brief Title: Atelier animation (2)

Brief: To create an animation promoting the ebook website

Concept: The second concept was to have CAD illustrations of moving words growing out of a woodland area to connote the transition of the

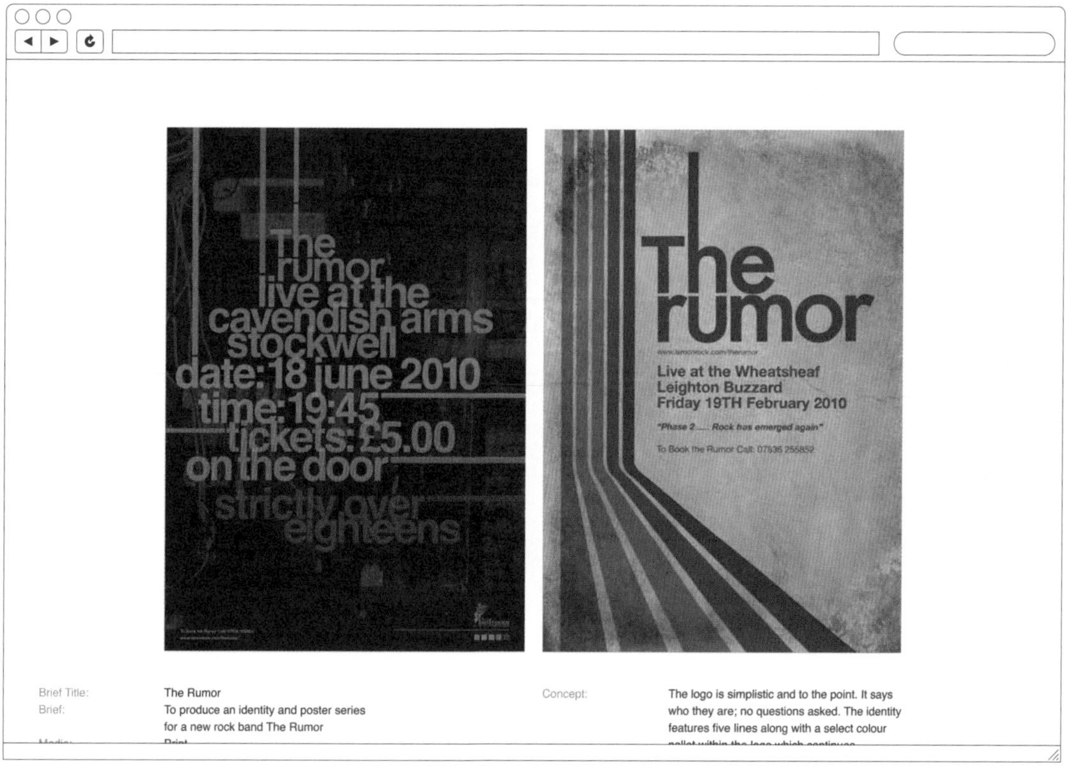
The rumor live at the cavendish arms stockwell
date: 18 june 2010
time: 19:45
tickets: £5.00
on the door
strictly over eighteens
The rumor
Live at the Wheatsheaf
Leighton Buzzard
Friday 19TH February 2010
"Phase 2...... Rock has emerged again"
Brief Title: The Rumor
Brief: To produce an identity and poster series for a new rock band The Rumor
Concept: The logo is simplistic and to the point. It says who they are; no questions asked. The identity features five lines along with a select colour

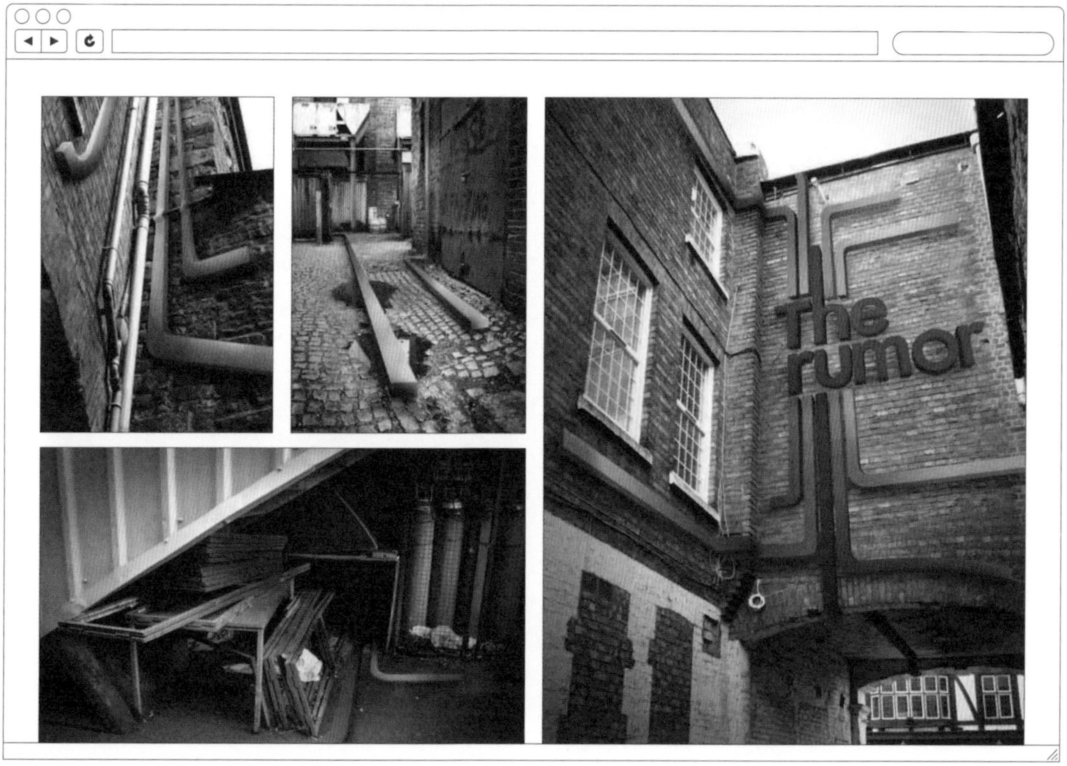
The rumor

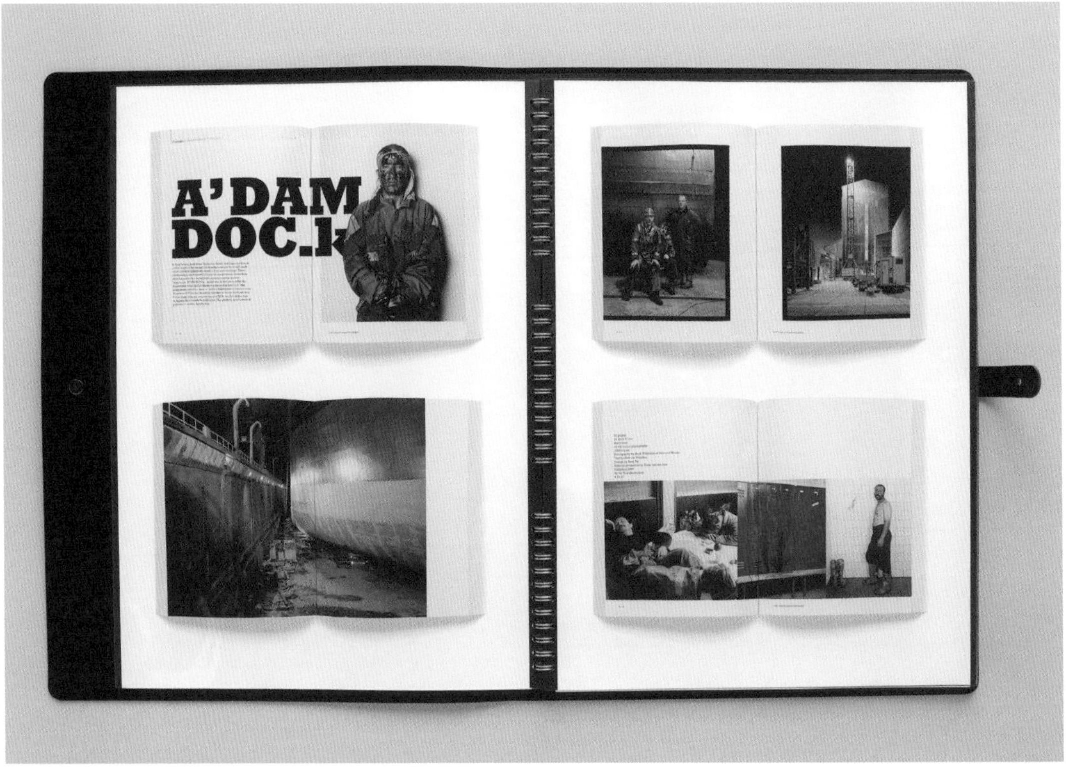
A'DAM
DOC.

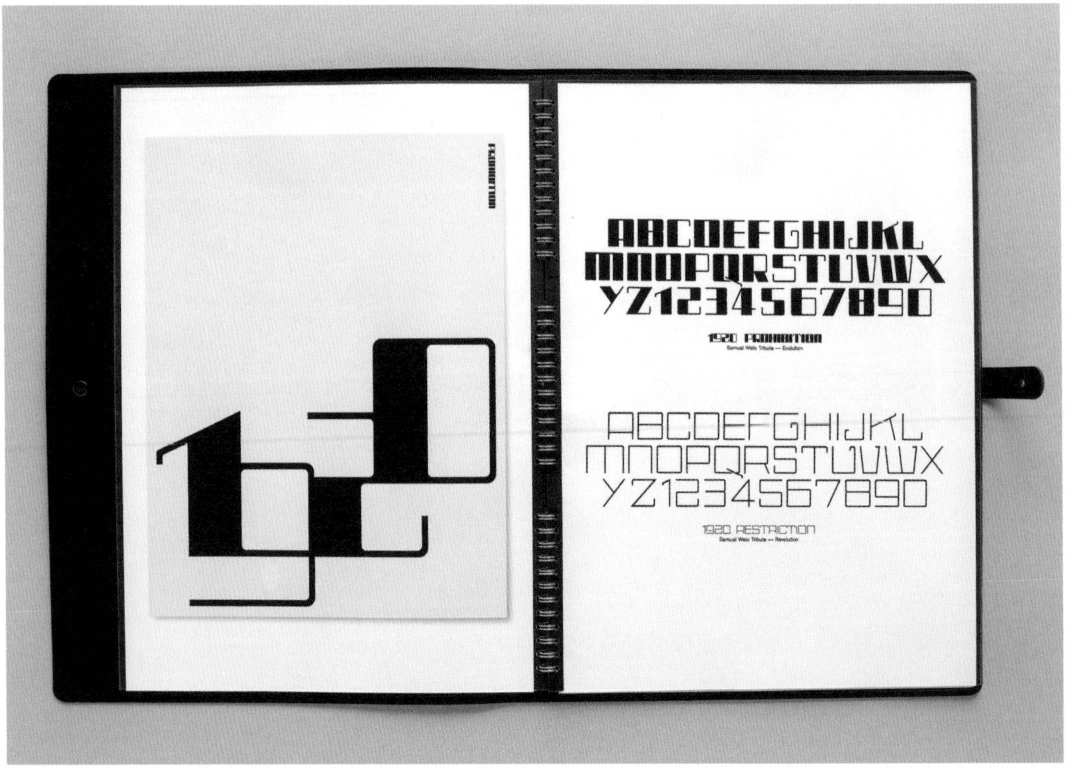
ABCDEFGHIJKL
MNOPQRSTUVWX
YZ1234567890
1920 PROHIBITION
Samuel Welo Tribute — Evolution
ABCDEFGHIJKL
MNOPQRSTUVWX
YZ1234567890
1920 RESTRICTION
Samuel Welo Tribute — Revolution

one of
thirty
three
Home · Artists · Shows · Shop · About 33 · Contact
Next show...
Street Success
25th Sept. 2008
1. John Burgerman
On The Corner
You are invited to...
Street Success
25th Sept. 2008

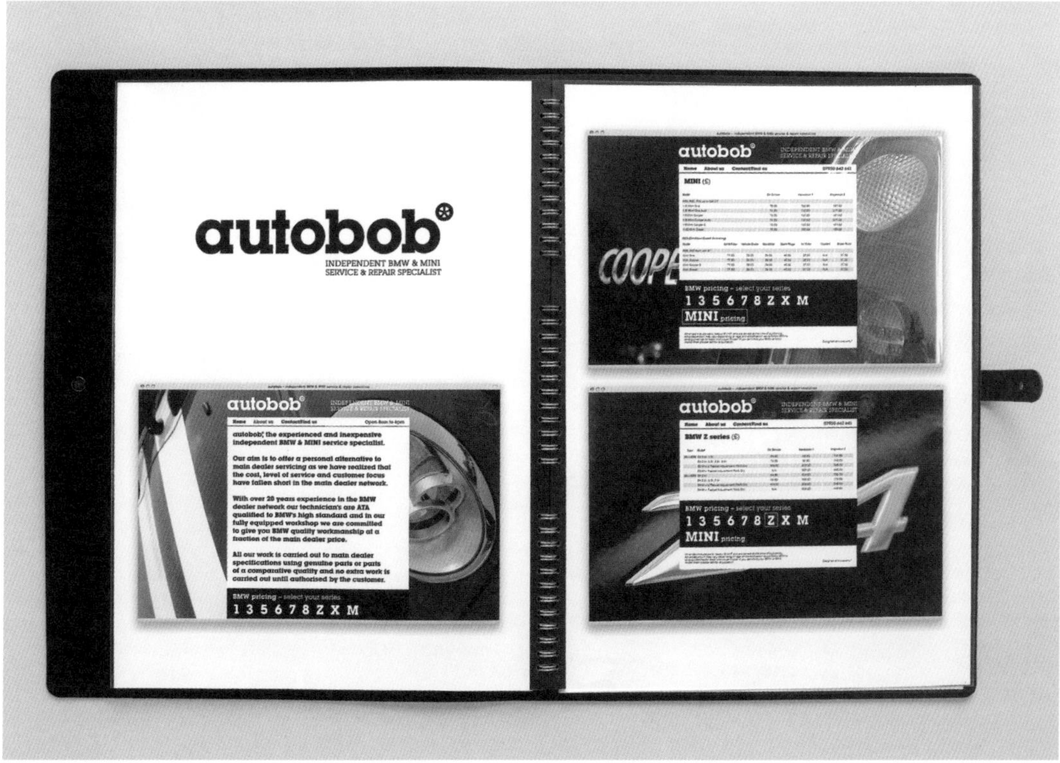
autobob
INDEPENDENT BMW & MINI
SERVICE & REPAIR SPECIALIST
autobob, the experienced and inexpensive independent BMW & MINI service specialist.
Our aim is to offer a personal alternative to main dealer servicing as we have realized that the cost, level of service and customer focus have fallen short in the main dealer network.
With over 20 years experience in the BMW dealer network our technician's are ATA qualified to BMW's high standard and in our fully equipped workshop we are committed to give you BMW quality workmanship at a fraction of the main dealer price.
All our work is carried out to main dealer specifications using genuine parts or parts of a comparative quality and no extra work is carried out until authorised by the customer.
BMW pricing - select your series
1 3 5 6 7 8 Z X M
MINI pricing
MINI (£)
BMW Z series (£)

Doble página anterior: Ejemplos del portfolio de Matt West, diseñador gráfico afincado en Londres que mantiene el proyecto Two Seventy. Como se desprende de su portfolio, Matt trabaja como *freelance* en varias disciplinas, que incluyen el *branding*, el diseño editorial, el diseño web y el diseño tipográfico.

El portfolio de diseño gráfico

En cierta ocasión, una alumna que estaba a punto de graduarse me contó que estaba dudando entre emprender su carrera profesional en publicidad o en el ámbito del diseño editorial de revistas. Desafortunadamente, su portfolio solo contenía una doble plana de cada una de las especialidades como muestra, por lo que, siendo realistas, tenía pocas posibilidades de encontrar trabajo en cualquiera de ellas. Como ya se dijo antes, si aspiras a trabajar en un mercado o disciplina específicos, tu portfolio tiene que reflejar esta ambición, sobre todo si lo que buscas es un empleo a tiempo completo. Un editor de revistas querrá ver un portfolio que muestre un número suficiente de dobles páginas, y una agencia de publicidad uno que hierva de ingeniosas ideas publicitarias. Si tu formación académica como diseñador ha sido más generalista que especializada, tendrás que delimitar tu radio de acción concienzudamente y después ser absolutamente honesto contigo y decidir qué es lo más adecuado para ti. Y esto comprende tener en cuenta tu temperamento tanto como tus aptitudes ya que, si, por ejemplo, los plazos de entrega relámpago y demenciales no son lo tuyo, deberías considerar una carrera como diseñador o diseñadora de cubiertas de libros antes que una en el frenético mundo de la prensa diaria. El siguiente paso es reunir cuidadosamente un cuerpo de trabajo específico que muestre bien a las claras tus aspiraciones y tus aptitudes al empleador al que te dirijas.

“Tener un ‘estilo de la casa’ es más a menudo una debilidad que una ventaja. Si bien el gusto personal es importante, no somos un estudio con un ‘estilo marcado’, al contrario, debemos ser capaces de crear multitud de soluciones técnicas y estilísticas para nuestros clientes. La diversidad es esencial.”

Judy Wellfare, directora creativa, Plus et Plus

Incluso si lo que buscas es un trabajo más variado y general, existen formas de potenciar tu presentación ante las necesidades de tus posibles empleadores. Ya estés respondiendo a un anuncio de empleo o te estés dirigiendo a una agencia de diseño por iniciativa propia, tienes que saber algo acerca de los valores de dicha compañía y de la clase de trabajo que hacen, de lo contrario, tendrás dificultades a la hora de argumentar por qué deberían contratarte. Encontrar un terreno común con tu empleador es una parte esencial de la autopromoción. ¿Compartes el enfoque exclusivo que esa empresa posee a la hora de resolver problemas o su pasión por la tipografía? ¿Estás desesperado o desesperada por trabajar para la clase de clientes que contratan sus servicios? ¿Eres un hacha manejando una aplicación de *software* esencial en el área de diseño en el que quieren comenzar a implicarse más?

Las habilidades comunicativas, tanto verbales como escritas, que te ayudaron a entrar en la facultad de Bellas Artes, son igualmente decisivas a la hora de conseguir un trabajo. Tienes que ser capaz de hablar a la persona que quieres que te contrate sobre la creación, el desarrollo y la resolución de cada uno de los proyectos de tu portfolio, destacar a la vez tus cualidades y exponer cómo compartes la visión de la empresa, y todo ello de forma sucinta.

“En el campo editorial tienes que aplicar tu estilo a diferentes géneros (desde el *thriller* a la novela romántica), diseñar con un propósito específico en mente es tan importante que considero más decisiva la forma de pensar que el estilo.”

Richard Ogle, director de arte, Random House

El cuidado de los detalles causará tanta impresión como tu imponente habilidad tipográfica, tu sentido de la composición y tu capacidad para conceptualizar. Los empleadores también darán por sentada tu cualificación tecnológica e informática (es decir, no solicites un puesto como diseñador web si no manejas bien Dreamweaver, a no ser que se especifique claramente en la oferta que el puesto incluye formación). Por último, la versatilidad se considera una virtud, incluso dentro de los campos especializados. Aunque a algunos empleadores les impresionan los diseñadores con un estilo propio, distintivo y muy marcado, muchos lo consideran una limitación. Por lo general, los clientes valoran aquellos trabajos que se ajustan a sus necesidades, así que un diseñador debe ser un profesional flexible, con capacidad para traducir los encargos e instrucciones de una gran variedad de clientes de forma que se ajusten a sus necesidades individuales. Por esta razón, cuando te presentes a una oferta de trabajo a tiempo completo como diseñador, es aconsejable incluir en tu portfolio ejemplos de trabajos en los que se muestre lo lejos que puedes llevar una idea (por ejemplo, al aplicar un logotipo en muchos y muy diferentes contextos, más allá del típico membrete o tarjeta comercial). De modo similar, asegúrate de incluir trabajos en diferentes medios y formatos cuando sea apropiado. Los mismos consejos son igualmente válidos si te embarcas en una carrera como diseñador independiente o autónomo: si tu portfolio muestra que puedes diseñar para la imprenta y para los medios digitales y/o interactivos, tendrás más trabajo y será más variado.

Doble página siguiente: El polifacético ilustrador Andy Smith prefiere los portfolios en formato caja. En sus presentaciones, utiliza uno para su trabajo tipográfico (izquierda) y otro para ilustración (derecha).

El portfolio de ilustración

Si dejamos a un lado la industria del regalo, los desarrolladores de videojuegos y algún que otro museo ocasional, los puestos fijos como ilustrador escasean. Además, no existen garantías de que incluso las compañías que pueden incluirse en las citadas categorías puedan tener ilustradores dentro de la propia plantilla. La mayoría de ellos son profesionales independientes, razón por la cual se ven obligados a atraer al mayor número posible de clientes.

"No tengo a ilustradores contratados en plantilla. Me da mucha más libertad y juego encargar fuera la mayor parte del material que tener que limitarme al estilo de un ilustrador o diseñador de la casa. Considero la ilustración como una disciplina aparte por derecho propio."

Alison Lawn, directora de arte, *New Scientist*

Cómo lo consigas dependerá en gran medida de tu ubicación geográfica. Si vives en un área rural o similar, en la que hay más trabajo que ilustradores para realizarlo, contar con una amplia variedad de estilos en tu portfolio te permitirá prestar servicio a más clientes. Si, por el contrario, resides en un entorno en el que hay muchos más ilustradores que proyectos y encargos (en ciudades como Londres o Nueva York, por ejemplo) será mucho mejor que tu portfolio se limite a un estilo distintivo (o dos, pero, nunca más de tres) aplicado a una gran diversidad de materias y temas. De igual modo, puedes aplicar diferentes formas de pensar. No existe razón por la que un mismo estilo de ilustración no pueda aplicarse con propósitos narrativos, decorativos, informativos o conceptuales.

Esto es algo que aprendí rápido cuando era un joven agente de ilustradores londinense. Tuve la suerte de representar al ilustrador australiano Jeff Fisher a su llegada al Reino Unido. Australia, aun siendo un país tan vasto, posee una industria de la ilustración comparativamente más pequeña que la británica. Tuve claro desde los trabajos más tempranos de Jeff que ahí se estaba gestando un estilo muy original, si bien esto era algo especialmente palpable en aquellos encargos en los que le dejaban carta blanca. También había hecho su buena ración de variopintos encargos de supervivencia, trabajos que, de haber residido en Londres desde un principio, nunca le hubieran sido asignados a un ilustrador con una personalidad tan distintiva. Al no darme cuenta de que la inclusión de un trabajo tan original podía confundir a mis clientes, no dudaba en exhibir inmediatamente los más imaginativos y deslumbrantes, con la triste consecuencia de que lo que me respondían era: "¡pero no sabríamos que estilo escoger!". Podría parecer obvio que bastaba con sugerirles que solo tenían que señalar uno, el que más les gustara, pero el caso es que no sabían cuál elegir y no querían arriesgarse a terminar equivocándose.

Cuanto más abastecido está un mercado, más sibarita se puede permitir ser el cliente. Mostrar demasiados estilos diferentes a un cliente quisquilloso siembra la duda, un elemento que puede entorpecer la carrera de un ilustrador en la medida en que puede hacerlo parecer caprichoso e informal, en vez de serio y digno de confianza. A no ser que vayas a probar suerte en la industria textil o la industria del regalo, en las que la necesidad de reinvención estilística es una constante, es mejor que te concentres en aquello que sabes que haces mejor en lugar de ofrecer todas las posibilidades a cada cliente. En el caso de individuos radicalmente polifacéticos y dotados, que son presa de una inquietud creativa extrema e incapaces de ser fieles a un estilo único, lo más aconsejable es que confeccionen más de un portfolio y que dirijan cada uno de ellos a una clase específica de cliente con el fin de promocionarse de una manera eficaz.

"Todo lo que busco es una voz individual y un poderoso sentido del diseño (y de la composición, supongo), un algo intangible que me haga pensar que yo nunca habría sido capaz de producir esa imagen. La logística de las entregas y los plazos pueden terminar resolviéndose siempre de un modo u otro, pero una gran imagen no se reduce nunca a la simple solución de un problema."

Jonathan Christie, director de arte, Conran Octopus

MICHEL CIMENT
NICOLAS KLOTZ
CATHERINE BREILLAT
JEAN-MICHEL FRODON
EUGENE GREEN
AGNES VARDA
LE CINEMA FRANÇAIS
THE LEGACY OF
68
Phut!
Phut!
K-CHUPK-CHUP
BOMF
PLONK
PLONK
LISTEN TO THE ENGINE, NOT THE RADIO.
fish4cars.co.uk

Vendredi
20 Juin 2008
20H
La Bellevilloise
19, Rue Boyer
75020 Paris
Kawaii
&
Orouni
www.labellevilloise.com
www.myspace.com/orouni
www.myspace.com/kawaiimusic
Gratuit
Ah!
si tout était
aussi
facile
que chez
McDONALD'S

3 COLOUR MONSTER

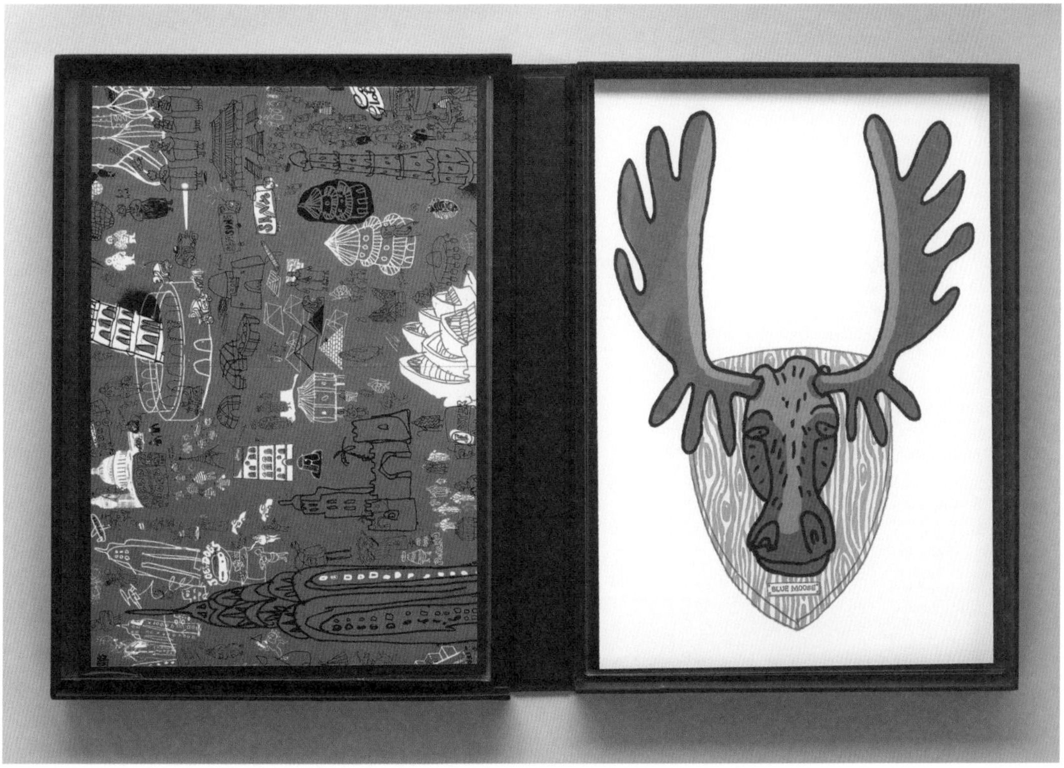

El portfolio multidisciplinar

A riesgo de caer en la obviedad, hay que recordar que ser un profesional multidisciplinar no es lo mismo que contar con veinticinco estilos de ilustración o diseñar para medios impresos y digitales. Significa abarcar más de una disciplina, como el diseñador gráfico y el fotógrafo que exponen en galerías y además dirigen su propia línea de ropa; o el ilustrador que es director artístico y/o animador. Si perteneces a esta categoría, descubrirás que los empleadores y clientes estarán tan confundidos con tu perfil como predispuestos a recibirte con los brazos abiertos. Por lo tanto, una vez más, la documentación e información recabadas antes de la presentación son decisivas y, muy probablemente, dictaminarán qué parte de tu trabajo mostrarás en la entrevista o en qué orden lo harás.

Novelistas gráficos, artistas del *graffiti*, diseñadores de modernos juguetes en vinilo, desarrolladores de videojuegos, decoradores de monopatines de diseño y diseñadores cuyo estilo gráfico se ha convertido en sinónimo de la cultura de club tienen hoy, todos ellos, un enorme atractivo para los clientes que desean acercarse a la población juvenil. De hecho, los más audaces están comenzando a "puentear" a las agencias convencionales y se dirigen directamente a los artistas y colectivos con la esperanza de dar con algo todavía más fresco. Las agencias de ilustración también están empezando a representar a profesionales y colaboradores multidisciplinares como respuesta a la creciente demanda de los clientes para emplear sus servicios de formas menos tradicionales.

"[Un enfoque multidisciplinar] demuestra flexibilidad. Airside trabaja en todos los medios y soportes, así que nos gusta que nuestros diseñadores también sean capaces de hacerlo."

Anne Brassier, departamento de Relaciones públicas y Nuevos negocios, Airside

Algunos empleadores tienen más visión, o una mentalidad más abierta, que otros. Existen consultorías de diseño, por ejemplo, que están encantadas de contratar un nuevo empleado a tiempo completo si ello supone ampliar los recursos de la agencia. Otras, por el contrario, adoptan una actitud más rígida a la hora de contratar personal y prefieren recurrir a los servicios de profesionales independientes cuando es necesario. De modo similar, algunos diseñadores de cubiertas de libros solo buscan ilustradores versados en tipografía; mientras que un director artístico editorial con una plantilla interna de maquetadores y diseñadores puede considerar irrelevante o incluso fuera de lugar que el portfolio de quien asegura ser ilustrador contenga muchos elementos de puro diseño. Curiosamente, cuando pregunté a un director de arte sobre esta cuestión, mostró una clara preferencia por profesionales especializados cuando se trataba de contratar a personal interno, y un gran entusiasmo por los portfolios multidisciplinares a la hora de hacer encargos a ilustradores externos.

Hasta hace relativamente muy poco, los diseñadores multidisciplinares tenían quizás más probabilidades como autónomos o independientes, pero la industria está cambiando y comienzan a aparecer nuevas formas de empleo. Aquellos cuyo trabajo cubre un rango amplio de disciplinas están empezando a colaborar con personas similares, a unir recursos para crear colectivos y agencias creativas híbridas. Artistas antes considerados de culto abandonan la escena alternativa para entrar de lleno en el *mainstream*.

"Depende de muchos factores: cómo está presentado el trabajo, la sofisticación del diseñador (¿es capaz de argumentar la razón por la cual presenta un material multidisciplinar?, ¿es capaz de relacionar las diferentes áreas de manera que constituyan un todo coherente?). Creo que la mayoría de los diseñadores jóvenes pueden potenciar su "empleabilidad" si prueban que cuenta con una gama amplia de recursos, siempre y cuando esto no conlleve dispersión."

Doug Powell, director creativo, Schwartz Powell Design

No es sorprendente, por lo tanto, que en lo tocante a la presentación, no existan reglas fijas o simples para los profesionales que abarcan varias disciplinas. Con todo, dada la creciente complejidad del mercado y la velocidad a la que se transforma, tendrás que ser, casi con seguridad, muy flexible. Crear más de un portfolio puede ser la opción más sencilla, o bien dividir el que tengas en diferentes secciones que se correspondan con las diferentes facetas de tu personalidad creativa. Gran parte depende de que encuentres personas abiertas de mente al igual que de la naturaleza del trabajo que esperas desarrollar con ellas. En caso de duda, siempre conviene preguntar.

Resumen
¿Qué es un portfolio?

1.

Un portfolio constituye un muestrario del propio trabajo y adopta diferentes formas dependiendo del estadio de desarrollo de su carrera en el que se encuentren un diseñador o un ilustrador.

2.

El portfolio de un estudiante preuniversitario muestra la diversidad de su trabajo a los entrevistadores, profesores o miembros del tribunal de admisión de la facultad o escuela elegida. Debe reflejar habilidad para la creación de conceptos y la resolución de problemas mediante la creación y manipulación de imágenes. Si el portfolio corresponde a un aspirante a entrar en un curso de posgrado debe ser más sofisticado, más parecido al que se emplearía en una presentación ante un empleador o cliente potencial.

3.

Un portfolio profesional debe lograr un equilibrio entre la expresión personal y las necesidades de la industria creativa. Como extensión del mismo, conviene contar con un sitio web.

4.

Un portfolio de diseño gráfico debe confeccionarse en función de los requisitos de un empleador o cliente potencial y tiene que mostrar de modo claro las habilidades y aptitudes del diseñador.

5.

Un portfolio de ilustración debe resultar atractivo a un amplio espectro de clientes, ya que la mayoría de los ilustradores trabajan como profesionales independientes. Si bien hacer gala de una gran variedad de estilos es conveniente cuando la competencia es relativamente pequeña, los ilustradores que se muevan en un entorno mucho más disputado deben desarrollar un estilo marcado y reconocible y saber aplicarlo a una gran variedad de temas.

6.

Un portfolio multidisciplinar atrae a clientes con mayor visión y apertura de miras y a aquellos que quieren conectar con la población juvenil. Los profesionales que abarcan varios ámbitos necesitan ser flexibles a la hora de decidir qué trabajos mostrar y es muy posible que les convenga confeccionar más de un portfolio.

Moby-Dick; or, the Whale
IS
H
MA
EL
Moby-Dick

Moby-Dick; or, the Whale
YEA,
FOOLISH
MORTAL
S

Moby Dick
CH
AP:
133.
THE CHASE

iPad
11:16
71 %
Store
Sammlungen
Bücher
Bearbeiten
MY SKOOB
O RO ME O!
Romeo & Juliet
MY SKOOB
IS MA EL
Moby-Dick
MY SKOOB
FRE I TA G
Robinson Crusoe
MY SKOOB
M I NA
MY SKOOB
H EN RY
The Picture of Dorian Gray
MY SKOOB
HA W KIN S
Treasure Island
MY SKOOB
LO UIS X III
MY SKOOB
LI ZZ Y
Pride and Prejudice
MY SKOOB
FO GG
Around the World in 80 Days
MY SKOOB
DA I$$ Y
The Great Gatsby

2

Familiarizarse con el mercado

El primer paso antes de decidir a quién dirigirte para mostrar tu trabajo es familiarizarse con los diversos sectores creativos del mercado. Debes conocer las áreas clave de la industria, los puestos que se ofertan en cada una de ellas, cómo funcionan los proyectos y los encargos en los diferentes sectores y, antes de que empieces a configurar tu portfolio, las habilidades específicas que los distintos empleadores y clientes potenciales requieren de un diseñador o un ilustrador. Se trata de aspectos que los profesionales aprenden a lo largo del tiempo, a veces a su propia costa o demasiado tarde. El objetivo de este capítulo es ayudarte a tomar el rumbo más adecuado desde el principio.

Página anterior: Los libros electrónicos para PC, tableta, teléfono móvil o eReader ofrecen oportunidades fascinantes a todo aquel que quiera explorar la rama del diseño interactivo, en constante desarrollo. MySkoob es una editorial digital que ofrece clásicos de la literatura en formato electrónico enriquecido, gracias a un uso innovador y atrevido de la tipografía, la ilustración y la fotografía. El resultado es fruto de la creatividad del premiado estudio alemán de diseño Strichpunkt, que se ha hecho cargo del *branding* de MySkoob en varios medios. Los libros también se pueden adquirir en papel, en un formato igualmente dinámico, tanto es así, que hay quien se ha referido a ellos como "eBooks desconectados".

"Cuando contrato a un diseñador primerizo, considero como una ventaja, desde luego, que cuente con algo de experiencia en el entorno laboral de la profesión, pero no como algo obligatorio."

Doug Powell, director creativo, Schwartz Powell Design

Como los alimentos, la música también entra dentro del campo del diseño de *packaging*, ya sea en forma de objeto individual o como parte de un proyecto de *branding* a mayor escala. Este diseño, al igual que el logotipo, fue creado por Non-Format para el lanzamiento de *Jean-Jacques Perrey and Luke Vibert Presente Moog Acid*, de Lo Recordings (2007). La impactante tipografía realza los modelos en miniatura y las fotografías de Dan McPharlin.

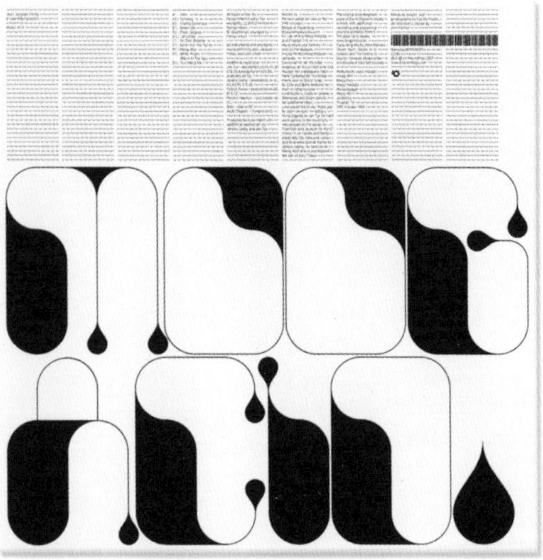

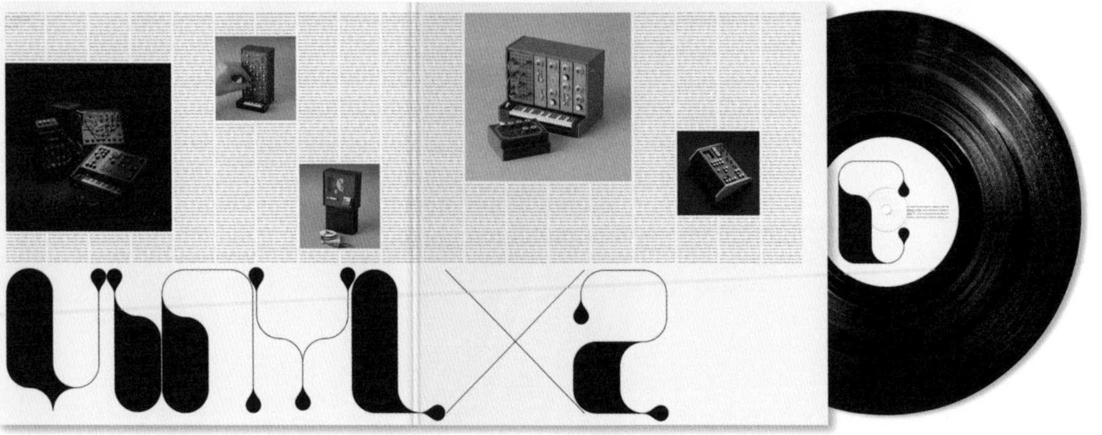

Estudios de diseño

Los estudios de diseño difieren mucho unos de otros. Pueden abarcar desde pequeñas sociedades de dos personas que contratan los servicios de externos cuando sea preciso hasta grandes empresas con plantillas de empleados fijos y oficinas en todo el mundo. También varían en función de los tipos de servicio que ofertan y, por lo tanto, de los profesionales que contratan: hay, por ejemplo, quienes prefieren un enfoque estrictamente tipográfico, mientras que otros optan abiertamente por la ilustración. Algunas firmas abarcan ámbitos diversos y ofrecen un perfil multidisciplinar, mientras que otras concentran todo su potencial creativo en una tipología específica de cliente, como puedan ser la industria del entretenimiento o la de la moda, el sector financiero o corporativo, o disciplinas concretas como el diseño tipográfico y el diseño web. Las áreas de especialización se superponen con frecuencia e incluyen *branding* e identidad corporativa, marketing y comunicación, informes de empresa, diseño de producto y *packaging*, edición, diseño de exposiciones y diseño web y para otros medios y soportes digitales. Aunque son muchas las compañías que se concentran en esta última área, el diseño destinado a la imprenta aún predomina. Papelería, folletos, catálogos, manuales, menús, listas de precios, prospectos, revistas de consumidores, buzoneo, material destinado a los puntos de venta, etc., todo ello cae dentro de esta categoría, como también lo hacen el *packaging* de alimentos y bebidas, los productos de belleza, los CD ROM, DVD y otros productos básicos y de lujo.

El mundo digital (ese medio que ha contribuido a incrementar más si cabe la diversidad en el diseño) es tu salvación. Es raro encontrar un estudio de diseño sin sitio web, así que conéctate y averigua con qué clientes trabajan y cuáles son los perfiles de sus plantillas, así como las cualidades o habilidades que los empleadores potenciales quieren encontrar en un portfolio.

Branding

Las firmas especializas en *branding* ofrecen a sus clientes el desarrollo de estrategias derivadas de exhaustivos estudios de mercado junto con servicios de diseño que suelen rebasar el propio ámbito del grafismo. Entre las empresas que acuden con más frecuencia a consultoras de *branding* están las del sector de la alimentación y bebidas, las industrias de la moda, el deporte y el entretenimiento, las cadenas de tiendas; los medios de comunicación y las organizaciones sin ánimo de lucro. Un proyecto de *branding* puede ir desde el simple diseño de un logotipo para un negocio en ciernes a la formulación e implementación de los valores de toda una corporación. Dependiendo del tipo de cliente, la naturaleza del trabajo y los medios disponibles, una consultora de *branding* puede requerir los servicios de profesionales independientes de áreas que no sean el diseño gráfico ni la ilustración, como, por ejemplo, diseñadores de producto y diseñadores industriales, cineastas, diseñadores de interiores o arquitectos. La capacidad de adaptación y el espíritu de equipo son, por tanto, esenciales para aquellos profesionales que estén considerando la posibilidad de hacer carrera en el ámbito del *branding*, como también lo son el entusiasmo por investigar y la pasión por la cultura popular visual. Conviene mencionar asimismo que algunas grandes compañías, sobre todo las relacionadas con la venta al por menor, el entretenimiento y la moda, poseen sus propios departamentos internos de diseño y/o sus equipos de *branding*.

"El jugador de equipo y versátil será quien tenga más papeletas para sobrevivir y prosperar... Es el tipo de diseñador que no tiene problemas con el 2D ni el 3D, que se encuentra como en casa diseñando tanto para la web como para la imprenta o para la construcción. El que indaga a fondo sobre las marcas que admiras y, tirando del hilo, descubre qué creativos trabajaron en ellas, les llama y les pregunta por su experiencia laboral. Casi nunca verás un anuncio de 'se busca diseñador de *branding*'. No es un trabajo, es un sector de apoyo al negocio."

Susan Williamson, consultora de puntos de venta, The Chambers

“Somos una empresa pequeña y necesitamos personas con capacidad para hacer más de una cosa a la vez, gente a la que no se le caigan los anillos por preparar un café, pero que al mismo tiempo tenga la confianza suficiente para participar en las reuniones y exponer sus ideas. Por nuestra parte, también hacemos nuestra aportación, en forma de un continuo *feedback* constructivo.”

Anne Brassier, departamento de Relaciones públicas y Nuevos negocios, Airside

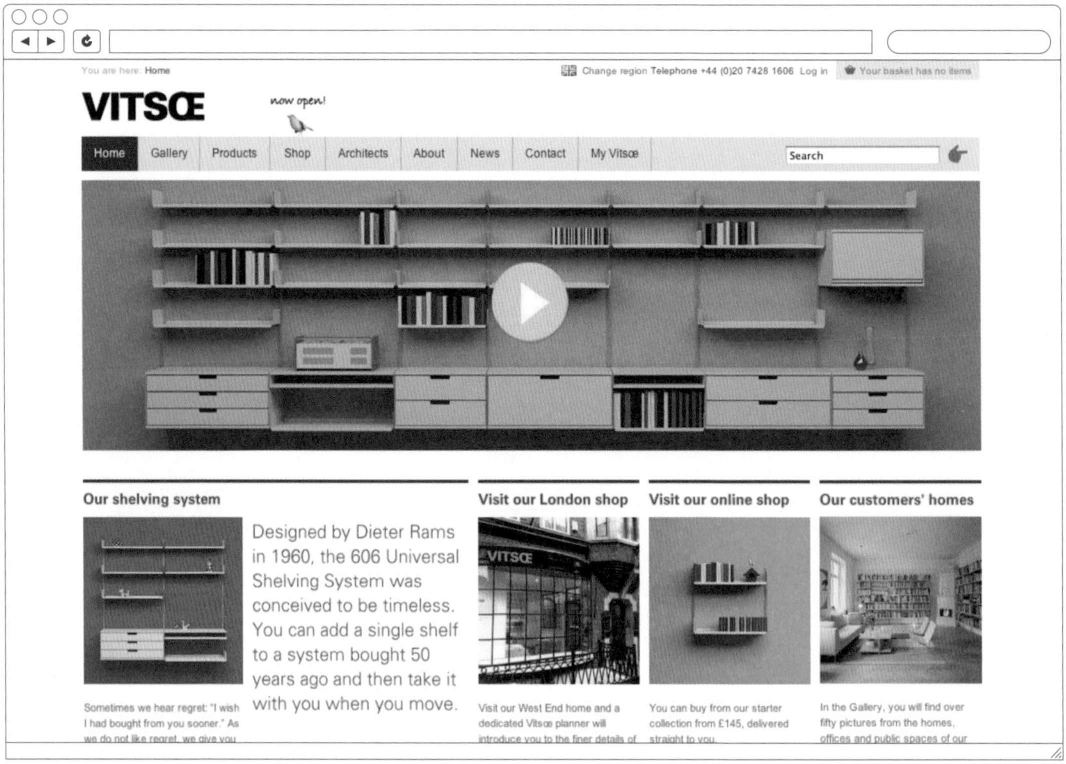

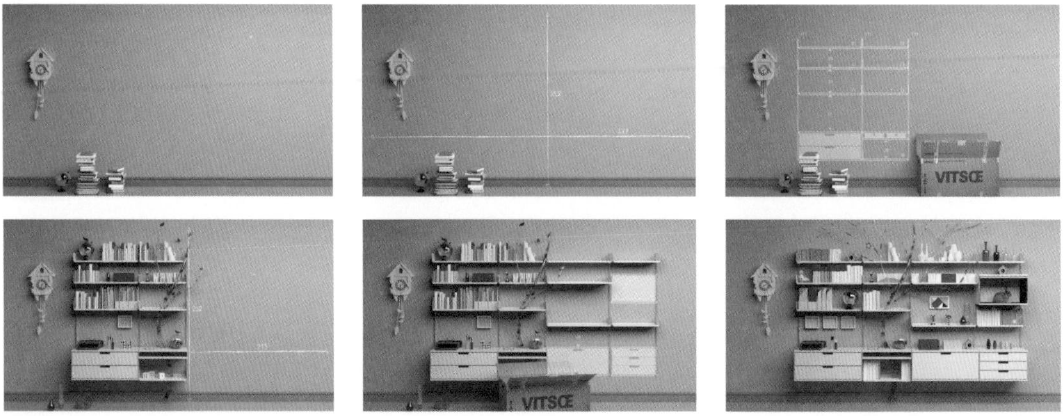

Página anterior: Cuando el sitio web del fabricante europeo de estanterías Vitsœ comenzó a parecer algo desfasado por su densidad de texto, Airside fue designado para diseñar una nueva que atrajera a otra generación global de consumidores. El resultado, limpio y diáfano, refleja de modo admirable los valores de la empresa (del "menos pero mejor") e incluye un nuevo catálogo de fotografías y vídeos (arriba). Los fotogramas (abajo) están tomados de un vídeo promocional de dos minutos que narra la historia del sistema de almacenamiento 606 de Vitsœ.

Debajo: El propio sitio web de Airside incluye una tienda que da cabida a proyectos creativos más personales de los integrantes de su equipo multidisciplinar. Los exclusivos *critters* de punto de Anne Brassier (que ella afirma haberse encontrado detrás de su caseta de herramientas), bautizados como Stitches, son coleccionistas de objetos. Algunos, una vez "adoptados"... ¡incluso han empezado e escribir sus propios blogs!

"La televisión y el papel son solo dos planos de nuestra actividad actual. Operamos en todas las plataformas interactivas y digitales. Hacemos publicidad tradicional, aplicaciones, instalaciones, páginas web, eventos, campañas virales, etc. Ahora en BBH tenemos un departamento digital que se llama 'Addictive Pixel'"

Mark Reddy, director de arte, BBH Londres

Diseño para medios digitales

Internet constituye un ámbito de rápida expansión y evolución constante, por lo que una agencia de diseño orientada a los medios digitales suele necesitar diseñadores que se encarguen de mantener su presencia en la Red, así como de crear sitios web, *banners*, iconos o animaciones en Flash para sus clientes. De manera similar, todo tipo de negocios y empresas requieren personal que diseñe sus sitios web y se encargue de su gestión y mantenimiento, por lo que especializarse en diseño web no tiene por qué implicar trabajar siempre en un entorno creativo. Aunque algunas empresas de diseño web ofrecen formación, lo normal es que exijan que los aspirantes tengan conocimientos funcionales de varias aplicaciones de *software* (entre las más comunes, se cuentan Adobe Illustrator, Photoshop, Dreamweaver y Flash) y lenguaje de programación (especialmente HTML, DHTML, XHTML y CSS). El código es especialmente importante. Cuanto más se difumina la línea que separa al diseñador del desarrollador, debido a los avances tecnológicos, tanto más útil resulta hablar una misma lengua. Aquellos diseñadores web que quieran trabajar como independientes deben recordar que los empleados de plantilla suelen desempeñar funciones más sencillas y delimitadas, con menos responsabilidades, ya que los equipos de refuerzo se suelen contratar para lidiar con las tareas diarias de gestión y administración que mantienen operativo un sitio web. El tiempo que se emplea en contactar con los clientes, publicar nuevos contenidos y actualizar y corregir la información ya existente puede reducir de forma drástica el que te quede para diseñar.

Diseño multidisciplinar

Las empresas que abarcan un espectro amplio suelen valorar a los diseñadores con un perfil multidisciplinar, especialmente aquellas más pequeñas que cuentan con un presupuesto reducido y en las que los recursos se ponen en común y cada cual tiene que aportar su parte (en mi caso, por ejemplo, el grupo también me utilizaba alguna vez como redactor). Lo mismo vale para aquellas empresas con poca competencia: un grupo de diseño con base en una zona rural tendrá que atender con seguridad una clientela mucho más diversa que una consultora especializada de una gran ciudad financiera, y por ello requerirá que sus diseñadores cuenten con un repertorio lo suficientemente amplio como para satisfacer las distintas necesidades de sus clientes. Así, un determinado proyecto puede precisar la destreza que tenga un diseñador como fotógrafo o como ilustrador, si bien, probablemente, fuera de su horario de oficina. Por su parte, las compañías de más envergadura, acostumbradas a clientes importantes u organizaciones con presupuestos significativamente mayores, suelen emplear a sus di-

señadores en cuestiones de diseño exclusivamente. Cada grupo o equipo trabaja de una manera y no hay manera de saber cuáles son sus requerimientos exactos si no los especifican en una oferta de trabajo o hasta que lo preguntes directamente. Así que pregunta.

"La mayor parte de los diseñadores que acaban sus estudios tienen conocimientos básicos de programación. Nuestra principal habilidad en este sentido es contar la historia de las marcas, algo que se puede hacer utilizando varias plataformas. Siempre nos aseguramos de dar en el clavo en lo que respecta a la imagen y las sensaciones que transmite el diseño antes de programarlo."

Stephen Rutterford, propietario, The Brooklyn Brothers, Nueva York

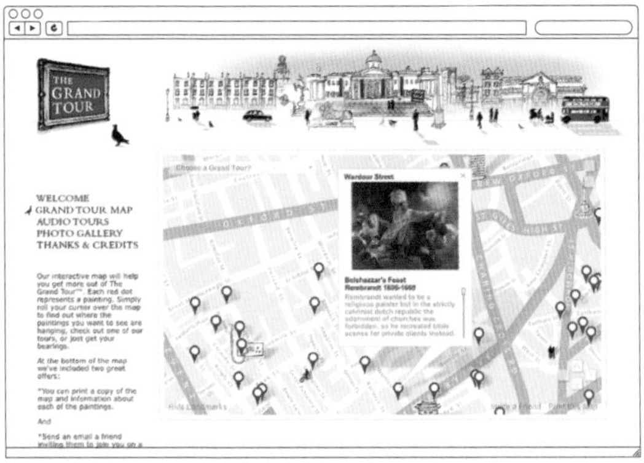

Página anterior: Aunque los medios impresos siguen contando con una gran demanda, la tecnología digital ha supuesto un soplo de aire fresco para el diseño gráfico. El Grand Tour fue un proyecto artístico público que consistió en colgar reproducciones de obras de la National Gallery por las calles de Londres (arriba). La agencia de comunicación interactiva Digit recibió el encargo de crear una serie de *feeds* multiinformativos diseñados para teléfonos móviles, reproductores de MP3 y para la Red. Junto a las fotografías, el sitio web (abajo) integraba mapas descargables con el emplazamiento de las distintas obras y tours temáticos que podían imprimirse o descargarse como *podcasts*.

Abajo: El Studio NewWork de Brooklyn produce un bianuario de arte en gran formato en el que se muestra el trabajo de una amplia variedad de artistas visuales y pensadores creativos de todos los ámbitos. La publicación sirve también para mostrar el enfoque innovador que NewWork adopta frente al diseño e incluye impactantes familias tipográficas diseñadas a medida, así como diseños editoriales extraíbles que funcionan también como carteles.

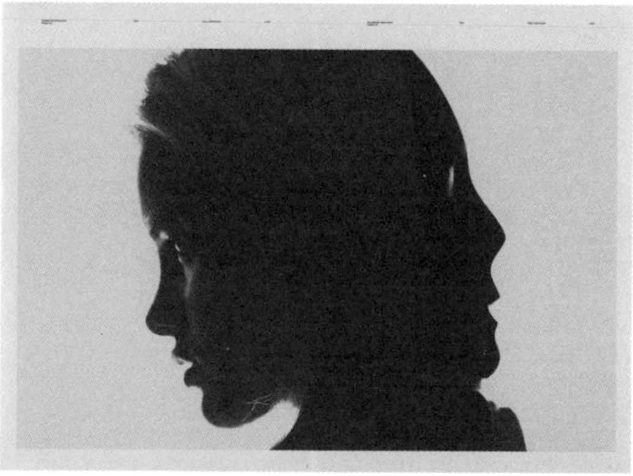

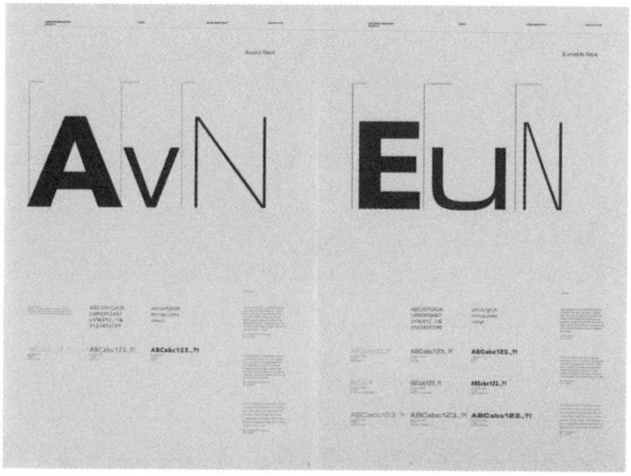

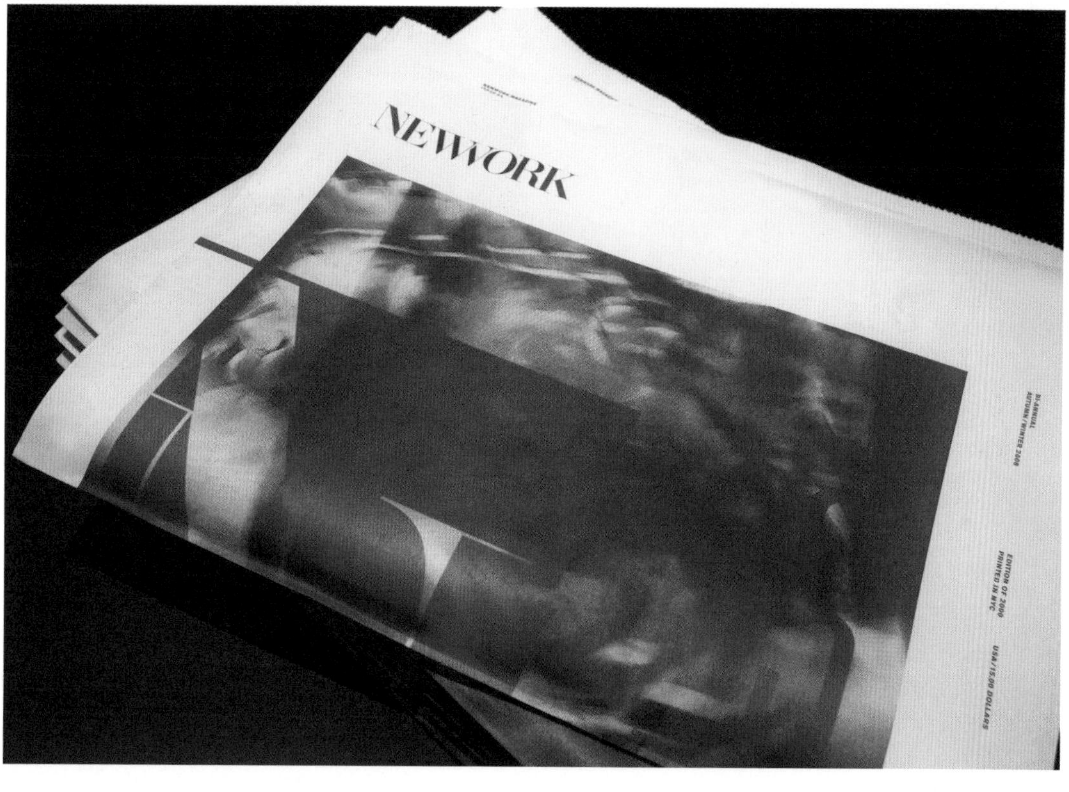

Abajo: Non-Format es el adecuado nombre al que responde el equipo creativo formado por Kjell Ekhorn y Jon Forss, cuyo radio de acción abarca desde el *branding* y el *packaging* a la edición y la publicidad. Su destreza como ilustradores se muestra aquí en este anuncio para la revista *The Economist*, cuya edición, en este caso, giraba en torno al tema del "equilibrio".

Página siguiente: D&AD es una organización educativa británica sin ánimo de lucro que tiene por objetivo la promoción de la excelencia en el ámbito del diseño y la publicidad. Cada año, como momento culminante, celebra una entrega de premios. El colectivo de ilustradores británico Le Gun realizó ilustraciones a tamaño natural por encargo de Studio8 Design, que a su vez ideó y diseñó el material promocional para el acontecimiento, celebrado en el Royal Festival Hall de Londres en 2008.

Prácticas en estudios de diseño

Para muchos diseñadores, una estancia en prácticas como becarios puede allanar el camino hacia un puesto fijo. De hecho, algunos grupos solo contratan diseñadores junior que hayan estado en prácticas en la empresa. Familiarízate con la política empresarial de varios grupos y acércate al que más te interese, con vistas a conseguir un puesto de trabajo. Si tienes suerte, podrás hacerte con alguna de las pocas prácticas remuneradas que se ofertan a veces. En general, los anuncios que solicitan diseñadores junior sin experiencia son cada vez más escasos y poco frecuentes, pero todavía aparece alguno en las revistas del ramo, en la prensa regional y local, en los sitios web de búsqueda de empleo de la industria creativa y en las propias páginas de los grupos de diseño, muchos de los cuales muestran interés por ver material de nuevos diseñadores. Trata de visitar todos los sitios que puedas y acostúmbrate a dar el paso y a acercarte a ellos.

Encargos de ilustración

En el caso de los ilustradores, no es recomendable que acudan a las empresas de diseño a mostrar su portfolio antes de haber publicado algo (generalmente dentro del sector editorial, como se discutirá más adelante en este capítulo). Cuanto mayor sea el presupuesto, cuantas más partes haya implicadas en el desarrollo del proyecto y menos inclinaciones creativas tenga el cliente que costea el trabajo, más posibilidades habrá de que la empresa quiera ver material relevante ya publicado. Así que, una vez te hayas creado un nicho en la prensa de negocios y finanzas, por poner un ejemplo, intenta contactar con firmas de diseño que trabajen con esa clase de publicaciones. Tu trabajo resultará familiar para los encargados de tomar decisiones en esas áreas y atraerá por lo tanto a los clientes que se dirijan a esa clase de público. De modo similar, si has desarrollado soluciones decorativas para revistas de gastronomía, tendrás más oportunidades a la hora de intentarlo con cualquier compañía de *packaging* de ese sector.

Para buscar pistas sobre la clase de material que las diferentes agencias de diseño están buscando, lo mejor es que "peines" las revistas y *blogs* especializados donde puedes encontrar las últimas actualizaciones.

"En el pasado tuve algunos desencuentros desagradables con gente que se negaba a cambiar su 'arte'. Y hay algunos con los que no hay manera de que se hagan a la idea por más veces que se lo expliques... Los artistas con más éxito tienen talento pero lo más importante es que son profesionales."

Steve Rutterford, director de arte, Brooklyn Brothers

“Escojo un proyecto sencillo para que un diseñador en prácticas se implique y pueda, a su vez, convertirse en diseñador junior. Después, a medida que demuestra su valía, le voy asignando más responsabilidades.”

Josh Silverman, presidente/fundador/ministro de perspectiva, Schwadesign, Inc.

El diseñador Ed Watt ideó la identidad visual y la publicidad para Kick-Out Bigotry [Tarjeta roja a la intolerancia], la campaña del fútbol escocés contra la discriminación religiosa. Dirigida a los aficionados, los funcionarios, los clubes y las autoridades y orquestada por la organización benéfica Football for All [Fútbol para todos], la campaña adoptó diversos formatos en los aledaños de los estadios más importantes. Aquí pueden verse (de arriba abajo y de izquierda a derecha) la tipografía empleada, un balón de fútbol promocional, posavasos para los bares y una de la series de carteles que se colocaron en las escaleras del metro de Glasgow.

Agencias de publicidad

La publicidad no es un oficio para pusilánimes o timoratos. Seas diseñador o ilustrador, necesitas tener fe en ti mismo y estar preparado para trabajar muy duro, hasta muy tarde, noches enteras, incluso los fines de semana en algunas ocasiones si hace falta. A cambio, en la mayoría de los casos, recibirás una jugosa remuneración, pues el sector mueve mucho dinero. Los espacios publicitarios no salen gratis, ni mucho menos la labor creativa que hay detrás, sobre todo cuando hay clientes de primer orden implicados en el asunto.

La publicidad puede adoptar diferentes formas: los anuncios impresos pueden aparecer en vallas publicitarias, publicados en la prensa, o en forma de correo directo, mientras que los anuncios que incorporan imágenes en movimiento pueden emitirse en televisión, en cines o circular de manera viral por Internet. Junto a los estudios de diseño, muchas agencias publicitarias están haciendo uso de los medios digitales, recurriendo a aplicaciones, juegos y páginas web, entre otros, para comunicarse con el público al que aspiran a conquistar sus clientes. Ante la amplia gama de plataformas, herramientas y avances tecnológicos que facilitan la programación interactiva resulta absolutamente imprescindible tomar conciencia del potencial que entraña su utilización. Una campaña (generalmente, un mínimo de tres anuncios consecutivos) puede ser local, nacional o global, y utilizar un solo medio o soporte o una combinación de ellos para comunicar su mensaje. Dado que cada uno precisa un enfoque ligeramente distinto, hay agencias (como las que se concentran en el correo comercial) que eligen especializarse en un medio determinado. Otras adoptan un enfoque más amplio, aunque puedan trabajar solo para sectores muy concretos, como la industria farmacéutica o la industria del motor. Tendrás que investigar y documentarte bien para identificar a aquellas agencias que encajan mejor con tu trabajo y que tienen más posibilidades de acceder a entrevistarte.

"Aunque suelo buscar en la Red y preguntar a algún amigo acerca de ilustradores siempre estoy atento y guardo notas mentales de todo lo que veo y me gusta. Cuando surge un proyecto adecuado, recuerdo a aquel ilustrador o fotógrafo y empiezo por ahí."

Dave Day, director de arte, Fallon

Acceder al mercado del diseño publicitario

Entrar en publicidad como diseñador, aunque poseas una titulación especializada y/o vayas acompañado de tu propio redactor (*copy*), no es un camino de rosas. Tienes que poseer mucha determinación, resistencia y sociabilidad, ya que los contactos (*networking*) son la única vía de meter la cabeza en el negocio. Existen algunos recursos que no obstante pueden ayudarte: organizaciones profesionales y educativas sin ánimo de lucro como Design and Art Direction (D&AD) y Young Creative Network (YCN) en el Reino Unido; el Art Directors Club, el One Club y AIGA (la asociación de diseñadores profesionales) en los Estados Unidos; AEPD (Asociación Española de Profesionales del Diseño), o ALADI (Asociación Latinoamericana de Diseño) suelen contar con programas de apoyo y difusión del talento emergente y brindar oportunidades para contactar con los profesionales de la industria. Sin embargo, si echas un vistazo al sitio web de cualquier agencia no encontrarás ninguna oferta para diseñadores principiantes; tampoco es de esperar que veas ofertas para diseñadores junior en la prensa o en los sitios web de empleo, excepto los que piden uno o dos años de experiencia profesional.

La forma más común de entrar en publicidad como diseñador junior es hacerlo a través de unas prácticas en empresa. Esta clase de estancias pueden durar desde un par de semanas a tres o cuatro meses y, a diferencia de lo que ocurre en otros sectores, suelen ofrecerse a titulados y no a estudiantes. Cuanto más tiempo te puedas quedar, mejor, así tendrás tiempo para demostrar tu talento, junto con tu capacidad para trabajar en equipo y gestionar el tiempo, cualidades todas ellas esenciales en este oficio. Un becario ambicioso con un potencial claro puede llegar a conseguir que le ofrezcan un puesto en la empresa al acabar el contrato en prácticas, pero lo más usual es que la mayoría de los principiantes encadenan varias estancias en prácticas, tras las cuales puedan configurar un currículum atractivo para los cazatalentos y contar por fin con los suficientes contactos para desenvolverse en la jungla publicitaria. Huelga decir que cuanto más respetada sea la agencia en las que consigas hacer las prácticas, más fácil te será colocarte después (y menos probable que te exploten mientras tratas de crecer profesionalmente). Los grandes clientes, que son los que pagan las tarifas más altas, exigen siempre lo mejor, así que cuanto más selecta sea la agencia, más lo será también a la hora de contratar a alguien nuevo.

En teoría, una agencia más grande tiene más libertad para formar a sus empleados, si bien las más pequeñas permiten compartir más tiempo con los creativos sénior. Algunas cuentan con programas de prácticas a los que pueden aspirar estudiantes de último curso y que suelen promoverse desde las asociaciones profesionales que se han mencionado anteriormente, o bien desde los sitios web de las propias agencias. Aun así, la mayoría de estas estancias en empresa surge de modo más informal, a raíz de una propuesta o candidatura espontánea. Teniendo en cuenta que la carrera que has escogido conlleva imaginar nuevas formas de vender productos, venderte a ti mismo no debería representar

El buzoneo es una de las formas de publicidad que a veces utilizan las consultoras de diseño y/o *branding*. Aquí puede verse parte de un *pack* diseñado a tal efecto por Nic Shuttleworth para la campaña de la agencia de marketing creativo Iris Associates para Voice, un servicio de telemarketing para el que Iris creó el nombre, el *branding* y la estrategia de negocio.

mucho problema (y si lo hace, deberías abandonar ahora que aún estás a tiempo). Puedes realizar tu propuesta como profesional independiente, pero lo habitual es que necesites un socio redactor (*copywriter*). De todas maneras, como los aspirantes a redactores publicitarios también realizan sus propuestas a las agencias y la costumbre es trabajar formando pareja creativa, la agencia puede asignarte uno cuando llegues allí.

El director creativo es la persona a la que tienes que bombardear con tu material promocional. Algunos odian los ganchos publicitarios, pero otros están mejor dispuestos. La opinión generalizada es que, si decides seguir el camino del *gimmick* (truco o recurso utilizado para llamar la atención del público hacia un producto), tienes que dar con algo verdaderamente sorprendente. Es una ruta que requiere cautela. El joven entusiasta que envió un portfolio con un pescado crudo acompañado del mensaje: *Do you have a plaice for us?* [¿Tenéis un sitio/lenguado para mi?] evidentemente no había contado con que el contenido se descompusiera. Al personal de la agencia le llevó un buen tiempo localizar el portfolio, que aún no había sido revisado, como la fuente del olor, que perduró durante meses. En otra ocasión, sin embargo, otro equipo de jóvenes aspirantes escribió al director del mismo departamento creativo haciéndose pasar por una dama que afirmaba haber tenido un breve romance con él hacía unos veintidós años. "La señora" revelaba que, como consecuencia, había dado a luz dos gemelos no idénticos que ahora querían trabajar en publicidad y, habiendo tenido que criarlos ella sola y que costear sus estudios de arte, confiaba sinceramente en que él hiciera por ellos lo que debía. Afortunadamente, en aquella ocasión, la audacia del equipo resultó. Acabaron trabajando para la agencia durante varios años y, cuando finalmente la abandonaron para abrazar nuevos proyectos, su "madre" escribió de nuevo al director creativo para agradecerle el cuidado de los retoños.

Una vez hayas logrado atraer la atención de un potencial empleador, no hace falta decir que tu portfolio debe contener, sobre todo, anuncios publicitarios y, preferiblemente, en un formato que sea directo y fácil de digerir en un breve lapso de tiempo. Si lo tuyo son los anuncios televisivos, un *storyboard* o un boceto (*scamp*) son preferibles, por su duración, a la típica cinta o bobina demo (*showreel*). Las interrupciones son frecuentes en ambientes donde se trabaja bajo gran presión y no puedes arriesgarte a perder la atención de tu entrevistador.

"No puedes meterte en este negocio y luego estar afectado porque tu trabajo muere todo el tiempo."

Neil Dawson, director creativo global, Philips, DDB

Acceder al mercado de la ilustración publicitaria

Un ilustrador puede dirigirse también a los directores artísticos, pero la mejor ruta suele ser a los llamados "compradores de arte". Estos formidables individuos, duros de pelar, poseen coloridos vocabularios y memorias como ficheros Rolodex. Una gran agencia puede llegar a emplear hasta a tres o cuatro de ellos, algunos de los cuales pueden estar más interesados en la ilustración que los demás, así que trata de averiguar a quién te conviene más acercarte. El papel de estos compradores es esencialmente estar al tanto de los recursos que precisan los creativos: ilustradores, fotógrafos, estilistas, agencias de modelos, etc. También negocian las tarifas y, por lo general, suelen estar del lado del artista. Un buen comprador estará siempre familiarizado con los equipos creativos de la agencia para la que trabaja y con las cuentas de las que se ocupan, de manera que siempre sepa quién está buscando qué. Es más, no tienen el mayor reparo en arrastrar físicamente a un creativo fuera de su oficina de vez en cuando para que le eche un vistazo a un portfolio.

Siempre existe la posibilidad de que una agencia publicitaria se interese por ti, dependiendo, por supuesto, de cuántas ilustraciones hayas logrado publicar hasta el momento: cuanto más material tuyo figure en anuarios, sitios web o prensa, más probable es que llame la atención. En caso de que esto ocurra, infórmate bien sobre la agencia antes de tu presentación y trata de incluir muestras publicadas que creas que puedan adecuarse a las necesidades de sus clientes.

"Ver un trabajo nuevo y fresco puede inspirarme hasta el punto de crear toda una campaña en torno a él."

Steve Rutterford, director de arte, Brooklyn Brothers

Si aún no has publicado nada, mi consejo es que esperes hasta que estés razonablemente establecido antes de contactar con una agencia, sobre todo si se trata de una importante. Aunque muchos creativos disfrutan descubriendo nuevos talentos de la ilustración y trabajando con ellos, la decisión sobre si un artista en particular es el adecuado para un proyecto no les compete a ellos en último término. Un creativo junior tiene que convencer a sus superiores, que a su vez tienen que convencer al jefe de cuentas, cuyo trabajo es vender el trabajo del ilustrador al cliente que contrató los servicios de la agencia. Una compañía puede gastar millones en una campaña, por lo que querrá asegurarse de que el ilustrador designado está a la altura de la tarea. Si acepta a uno que no lo está, tendrá que pagarle una sustanciosa cláusula de compensación y la agencia tendrá que encontrar otro ilustrador cualificado para el trabajo en menos de cinco segundos, por no decir para ayer. ¡Las muestras de trabajo de un portfolio que sean relevantes para el proyecto pueden ayudar!

No todos los ilustradores están cualificados para trabajar en publicidad y contar con un estilo personal que se ajuste a las tendencias de moda solo es parte de la ecuación. Debido a la cantidad de personas implicadas en el proceso y a las diferentes fases de criba a las que se enfrenta un proyecto antes de salir adelante, los plazos se van reduciendo de semanas a días, los ánimos se caldean y las exigencias pueden adquirir tintes irrazonables. Además, las instrucciones del encargo pueden ser muy precisas y restrictivas, por lo que el margen para la expresión personal puede ser mínimo. Pero lo cierto es que algunos yonquis de la adrenalina sacan lo mejor de sí mismos cuando están bajo presión y la recompensa económica puede ser considerable. Cuantos más medios sean los que transmitan el mensaje publicitario, mayor sea el área geográfica que cubre la campaña y más tiempo dure, más suculenta será la factura final. Por ello, algunos ilustradores encuentran en los encargos publicitarios el medio que les permite aceptar otros proyectos peor pagados pero en los que gozan de mayor libertad creativa.

Oportunidades para los profesionales multidisciplinares

Aunque los directores creativos suelen ser proclives a trabajar con profesionales multidisciplinares independientes, las agencias tradicionales no suelen estar interesadas en contratarlos como parte de su plantilla. En publicidad, los creativos suelen contratarse como directores artísticos y por su capacidad para pensar, ya que las agencias desconfían de los hombres-orquesta (cualquier cualidad adicional que un diseñador o un ilustrador puedan ofrecer se considera exclusivamente como un extra opcional). La excepción a esta regla la componen las agencias muy pequeñas o las que acaban de empezar, en las que la multiplicidad de funciones viene determinada por la necesidad. Las consultoras creativas menos convencionales, así como los colectivos que presumen de su polivalencia constituyen también otro de los pocos reductos a los que pueden acudir aquellos principiantes y profesionales con un abanico de destrezas diversas.

Abajo: La publicidad tiene muchas salidas. Esta campaña de carteles para exteriores (arriba) realizados por la diseñadora e ilustradora Erica Jacobson se produjo para la empresa nórdica de servicios de información de directorios Eniro. La campaña Friends of British Summertime [Amigos del verano inglés] de la agencia integrada Exposure empleó diferentes medios (entre los que se incluyeron radio, prensa e Internet) para incrementar la visibilidad de la marca de sidra Bulmers.

Página siguiente: El ilustrador español Adrià Fruitós creó los personajes y el material artístico empleados en la promoción de la producción de 2007-2008 *Boscos endins* [Bosques adentro] de la compañía teatral Dagoll Dagom. Su trabajo figuró también en la web promocional, en los carteles publicitarios y en otros medios promocionales impresos (derecha). El artista creó, además, un mural en el interior del teatro (abajo a la izquierda).

DAGOLL DAGOM
BOSCOS ENDINS
MÚSICA i LLETRA
STEPHEN SONDHEIM
LLIBRET
JAMES LAPINE

LA VANGUARDIA
BOSCOS ENDINS

El sector editorial: publicaciones periódicas

La edición es un ámbito muy amplio que abarca desde la prensa diaria a las revistas y suplementos semanales, así como todo tipo de publicaciones mensuales y trimestrales, revistas gremiales y especializadas, gratuitas y de consumidores. Además de las ediciones tradicionales en papel, las publicaciones pueden estar disponibles *online* o para descarga digital en tabletas, teléfonos móviles o eReaders.

Abajo: El ámbito editorial se extiende más allá de las conocidas revistas de consumidores. *Gulf Life* (producida por Ink Publishing) es la revista de la aerolínea Middle Eastern y se encuadra en la categoría de revistas para clientes. Algunas editoriales se especializan en estos títulos, dirigidos a los clientes y empleados de grandes empresas y organizaciones.

Página siguiente: *Radio Times* es la guía de ocio y programaciones más importante del Reino Unido e incluye las programaciones de las mayores cadenas de televisión terrestre, por cable y por satélite, así como la de las emisoras de radio. Esta doble página de *Doctor Who* (abajo) ejemplifica el poderoso estilo visual de la revista y sus artículos de fondo. Las cuatro cubiertas (arriba) ilustradas por Kris Kasch fueron encargadas con motivo del estreno del documental producido por la BBC *The Seven Ages of Rock*. Se diseñaron como cuatro coleccionables que, juntos, forman una imagen completa.

Oportunidades para los diseñadores

Algunas editoriales de revistas cuentan con una estructura que les permite contratar, tanto para revistas impresas como *online*, diseñadores recién titulados e invertir el tiempo necesario en formarles. Otras exigen que los aspirantes a los puestos de diseñador junior cuenten con algo de experiencia dentro de la industria. El bagaje exigido puede oscilar entre dos semanas (fácil de adquirir con una beca en prácticas) y un año, lo que, obviamente, supone un reto mayor. Las estancias en prácticas pueden derivar en un contrato a tiempo completo. De hecho, algunas revistas optan por cubrir así las vacantes que tienen de puestos junior y prescinden de publicar ofertas de empleo. Aun así, como estarás presionado para encontrar unas prácticas que duren más de unos pocos meses, procura acumular toda la experiencia que puedas en materia de diseño editorial. Tu escuela o tu facultad pueden brindarte oportunidades en este sentido, pero también puedes ofrecerte como vountario en colegios locales u organizaciones benéficas. Sea remunerado o no, si está impreso y muestra lo que eres capaz de hacer sumará puntos para tu portfolio. Aprende también a sacar provecho de todas las conexiones que puedas hacer en el sector. Mantén el contacto con todo aquel que muestre interés por tu trabajo. Si una revista está justa de personal debido a bajas por enfermedad o maternidad, el director de arte bien puede estar lo suficientemente desesperado para llamar al diseñador inexperto y prometedor que pasó por allí hace un mes para que les eche un cable durante un par de días. (Así es precisamente como conseguí mi primer trabajo, después de que la empresa en cuestión me hubiera dicho que volviera por allí en un año. Yo era el último recién licenciado que había pasado por allí y, por lo tanto, el primero del que se acordaron cuando el ayudante del director de arte decidió de improviso largarse tres semanas de vacaciones.)

Es importante que pienses cuidadosamente, y cuanto antes mejor, en la clase de revista en la que mejor podrías emplear tus destrezas. Trabajar para una publicación afín a la estética minimalista del "menos es más" requiere un ojo diferente (por no decir todo un conjunto de cualidades técnicas) al que es necesario en una revista saturada de imágenes y con artículos minúsculos. Recuerda que el esnobismo abunda en el ámbito editorial y las elecciones que hagas al comienzo de tu carrera pueden tener un impacto significativo en su desarrollo ulterior, ya que los diseñadores pueden verse encasillados con facilidad. Es importante tener presente que la revista que te gusta leer no es necesariamente la clase de publicación que más disfrutarías diseñando.

Tanto el diseño de revistas como el de periódicos requiere la habilidad necesaria para trabajar ajustándose a los dictados de retículas y hojas de estilo, buen ojo y sólidos conocimientos de QuarkXpress, InDesign y Photoshop. Con todo, el diseño de periódicos comporta un margen más reducido de creatividad, ya que la renovación es muy rápida, los plazos de entrega muy cortos y hay mucha presión en el ambiente, sobre todo si se trata de la prensa diaria. Muchas revistas, cuando entrevistan a diseñadores para un puesto, les piden que diseñen una doble página de muestra con el fin de calibrar en qué medida comprenden las directrices estéticas de la publicación.

"La naturaleza de nuestro negocio, con plazos muy reducidos y un montón de productos, implica que la mayoría de los diseñadores tienen que aprender rápido, si bien los miembros veteranos de la plantilla siempre están a mano para ayudarles durante el proceso de formación y para garantizar que se cumple el calendario... si un principiante demuestra su talento creativo y su destreza técnica, la falta de experiencia puede pasarse por alto."

John Oakey, director artístico, TimeOut Group

"Si haces nuevos avances en tu trabajo, siempre conviene enviar muestras a los directores de arte que has conocido. Un par de ilustradores a los que había visto anteriormente lo hicieron y resultó que la nueva dirección que habían tomado me convencía más, por lo que les hice algún encargo a raíz de ello."

Hazel Brown, editora artística adjunta, *Radio Times*

Páginas siguientes: El uso, cada vez más extendido, de tabletas, eReaders y otros dispositivos portátiles ha aumentado la demanda tanto de revistas electrónicas como de apps. La biblia del sector en el Reino Unido, Design Week, empezó publicándose en papel a principios de la década de 1990. Ahora es totalmente virtual, y se puede consultar gratuitamente tanto la publicación como su amplísimo archivo.

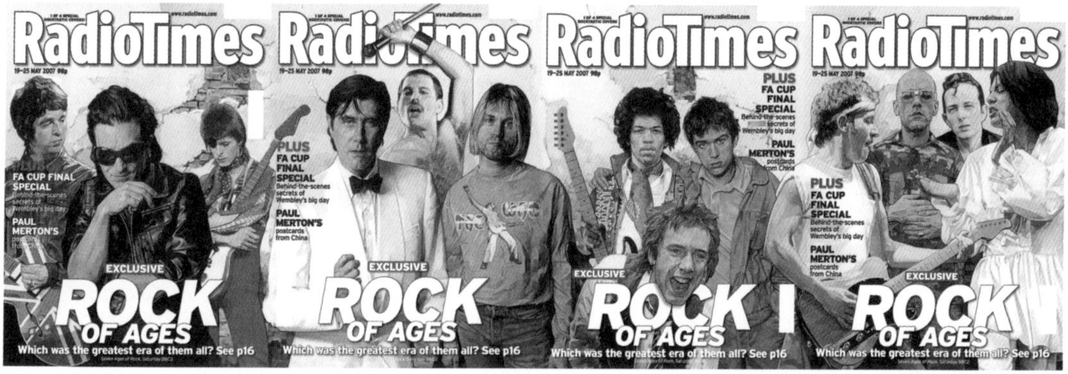

Sands *of time*

A bus-smash in Dubai, an alien fly and Michelle Ryan in a catsuit – it's all go in the Doctor's 200th story!

Doctor Who
Saturday 6.45pm ***BBC1, BBC HD***

It's safe to say that of all the unfortunate things that could happen to a film crew in the desert, getting caught in a sandstorm – rendering a whole day's footage practically unusable – would be one of the worst. It's 12 February 2009, and the BBC crew filming this year's *Doctor Who* Easter special, *Planet of the Dead*, is experiencing the worst sandstorm to hit Dubai since last September. But that's the least of their recent problems...

It all began with a red London bus. "That bus was the starting point for the story," says Russell T Davies, *Who* supremo and, with Gareth Roberts, co-writer of this episode. "A bunch of everyday commuters stranded on an alien world. I wanted big pictures, vivid images, something that would burn into kids' minds. In 60 years' time, they'll still remember 'the one with the bus' – and a red double-decker seems so British, which is always one of *Doctor Who's* strengths."

"It's a barmy adventure," says David Tennant, sheltering from the sandstorm under a violently flapping gazebo. "It's quite 'out there'. A London bus in the middle of the desert kind of sets the tone. It's not a plot that any other show could do. It's very specifically a *Doctor Who* story. I can't think of any other show that could combine all these elements and still make sense!"

The production team's first hurdle was to get the bus into the desert. "We'd always looked at going abroad," explains producer Tracie Simpson. "A beach in Wales, especially in February, would have just looked like, well, a beach in Wales.

"But Dubai looks beautiful. There was talk of airlifting the bus in, but it's too heavy, so we decided to ship it instead. It takes five weeks to get a bus from Cardiff to Dubai, so it set off in ▷

"I can't think of any other show that could combine all these elements and still make sense"
David Tennant

ALL ABOARD THE No 200 BUS
The Tritovore (Paul Kasey) joins the Doctor (David Tennant) and Lady Christina (Michelle Ryan)

16 17

blurb
As easy as
⌘P.
SIGN UP FOR NEWS ALERT
ADVERTISE
CONTACT US
design WEEK
Sunday, 22 April 2012
SEARCH
Sign In | Register | Advanced search
HOME NEWS WE LIKE VOXPOP BRANDING GRAPHICS INTERACTIVE PRODUCT DIRECTORY AWARDS JOBS
BRANDING
EDITORIAL
EXHIBITION
FURNITURE
GRAPHICS
INTERACTIVE
INTERIORS
PACKAGING
PRINT
NEWS
WE LIKE
Make your own robots
Fri, 20 Apr 2012
This kit features robot designs from David Shrigley, Airside and
Railston
LATEST JOBS
SENIOR INTERIOR DESIGNER STUDIO INDIGO
JUNIOR / MID DESIGNER ODYSSEY 2011
MIDDLE WEIGHT INTERIOR ARCHITECT/TECHNICIAN

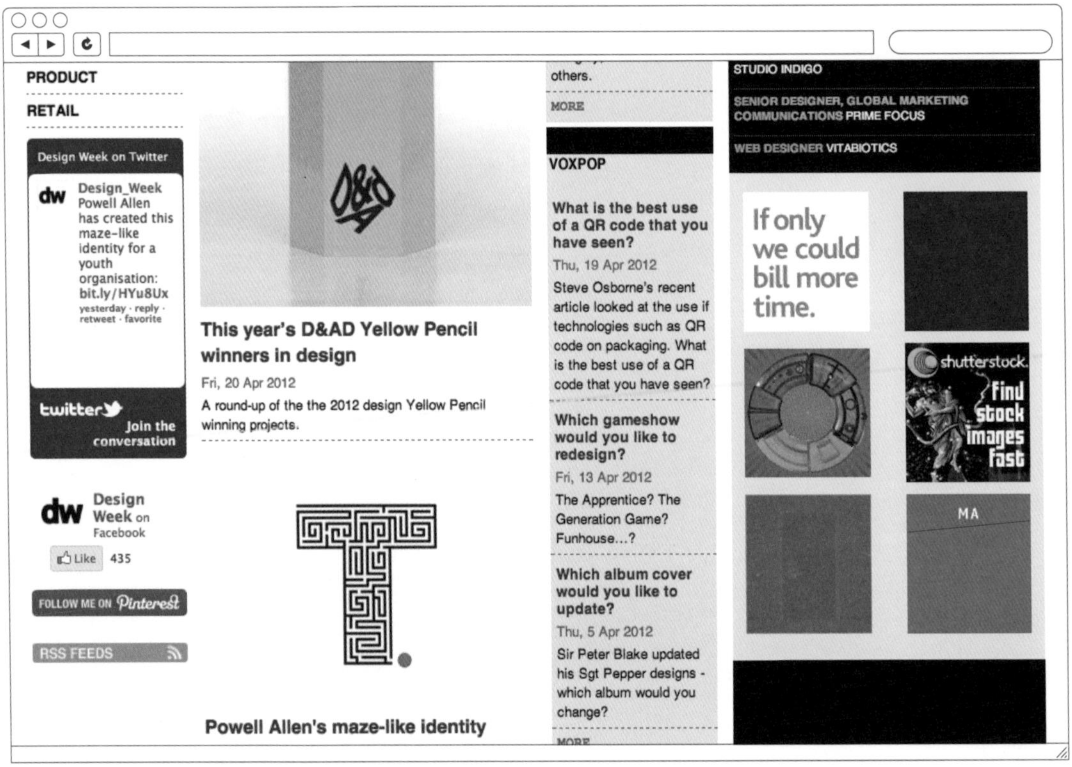
PRODUCT
RETAIL
Design Week on Twitter
dw Design_Week Powell Allen has created this maze-like identity for a youth organisation: bit.ly/HYu8Ux
yesterday · reply · retweet · favorite
twitter Join the conversation
dw Design Week on Facebook
Like 435
FOLLOW ME ON Pinterest
RSS FEEDS
This year's D&AD Yellow Pencil winners in design
Fri, 20 Apr 2012
A round-up of the the 2012 design Yellow Pencil winning projects.
Powell Allen's maze-like identity
others.
MORE
VOXPOP
What is the best use of a QR code that you have seen?
Thu, 19 Apr 2012
Steve Osborne's recent article looked at the use if technologies such as QR code on packaging. What is the best use of a QR code that you have seen?
Which gameshow would you like to redesign?
Fri, 13 Apr 2012
The Apprentice? The Generation Game? Funhouse…?
Which album cover would you like to update?
Thu, 5 Apr 2012
Sir Peter Blake updated his Sgt Pepper designs - which album would you change?
STUDIO INDIGO
SENIOR DESIGNER, GLOBAL MARKETING COMMUNICATIONS PRIME FOCUS
WEB DESIGNER VITABIOTICS
If only we could bill more time.
shutterstock. Find stock images fast
MA

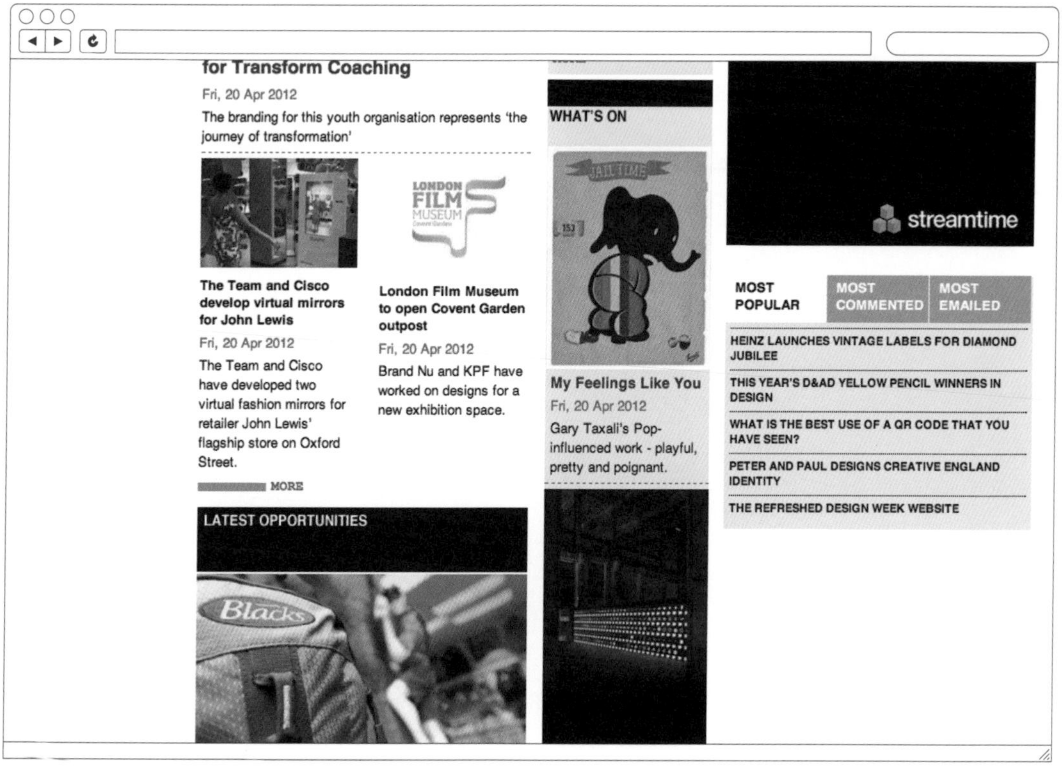

for Transform Coaching

Fri, 20 Apr 2012

The branding for this youth organisation represents 'the journey of transformation'

The Team and Cisco develop virtual mirrors for John Lewis

Fri, 20 Apr 2012

The Team and Cisco have developed two virtual fashion mirrors for retailer John Lewis' flagship store on Oxford Street.

London Film Museum to open Covent Garden outpost

Fri, 20 Apr 2012

Brand Nu and KPF have worked on designs for a new exhibition space.

MORE

LATEST OPPORTUNITIES

WHAT'S ON

My Feelings Like You

Fri, 20 Apr 2012

Gary Taxali's Pop-influenced work - playful, pretty and poignant.

streamtime

MOST POPULAR | MOST COMMENTED | MOST EMAILED

HEINZ LAUNCHES VINTAGE LABELS FOR DIAMOND JUBILEE

THIS YEAR'S D&AD YELLOW PENCIL WINNERS IN DESIGN

WHAT IS THE BEST USE OF A QR CODE THAT YOU HAVE SEEN?

PETER AND PAUL DESIGNS CREATIVE ENGLAND IDENTITY

THE REFRESHED DESIGN WEEK WEBSITE

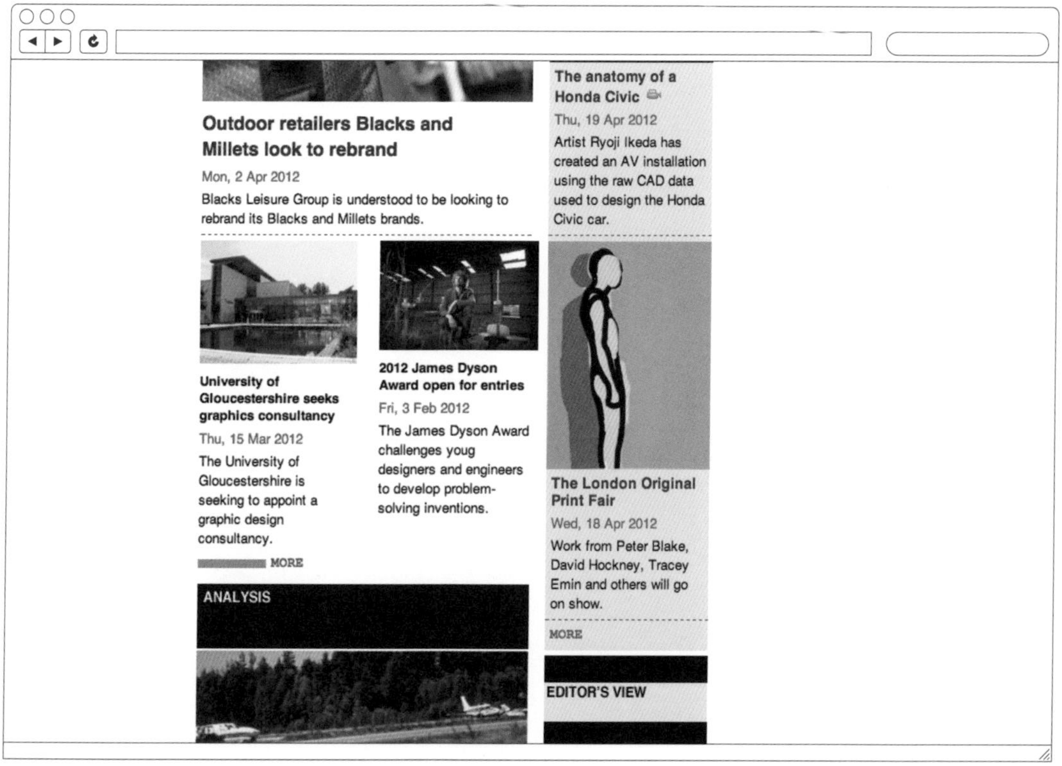

Outdoor retailers Blacks and Millets look to rebrand

Mon, 2 Apr 2012

Blacks Leisure Group is understood to be looking to rebrand its Blacks and Millets brands.

University of Gloucestershire seeks graphics consultancy

Thu, 15 Mar 2012

The University of Gloucestershire is seeking to appoint a graphic design consultancy.

2012 James Dyson Award open for entries

Fri, 3 Feb 2012

The James Dyson Award challenges youg designers and engineers to develop problem-solving inventions.

MORE

ANALYSIS

The anatomy of a Honda Civic

Thu, 19 Apr 2012

Artist Ryoji Ikeda has created an AV installation using the raw CAD data used to design the Honda Civic car.

The London Original Print Fair

Wed, 18 Apr 2012

Work from Peter Blake, David Hockney, Tracey Emin and others will go on show.

MORE

EDITOR'S VIEW

Abajo: La revista rusa *Snob* está dirigida a profesionales triunfadores de habla rusa de todo el mundo e incluye artículos sobre una gran diversidad de temas diseñados para atraer al lector inteligente. En la publicación predomina la ilustración, desde las cubiertas (arriba) diseñadas por la diseñadora de plantilla Alexandra Kuznetsova y el ilustrador y músico Key Wilde, a las dobles páginas interiores (abajo), a cargo del ilustrador británico Peter Arkle, afincado en Nueva York.

Página siguiente: *Utne Reader* (arriba) es una publicación bimensual que compendia lo mejor de la prensa alternativa e independiente para un público bien informado, moderno y progresista. Aquí puede verse una doble página de *Blue Notes*, ilustrada por Nate Johannes bajo la dirección artística de Stephanie Glaros (noviembre y diciembre de 2008). El *fanzine* bimensual australiano *frankie* (abajo) también opta por la ilustración, como muestra esta pieza de la artista Sara Hingle.

Blue Notes

The life-giving link between mood and musical expression

by Moira Farr, from the Walrus ✱ illustrations by Nate Johannes

I've never met Garnet Rogers. For all I know, he's a very nice man. Like his late brother, Stan, he sure can sing. But 10 years ago, Garnet nearly killed me at the Canadian Tulip Festival in Ottawa, and I've wondered ever since whether certain musicians shouldn't issue statements at the beginning of their concerts. "Warning: This performance contains vocals, lyrics, keys, and chords that may induce debilitating sorrow in some listeners. Listener discretion is advised."

I don't remember the actual song, only the abject melancholy that flooded through me upon hearing Rogers' spare guitar and soulful baritone waft over the crowd of happy, paint-faced children, batik peddlers, and *poutine* eaters wandering amid the waving tulips. No one else seemed particularly bothered by the dissonance between song and scene, but all I wanted to do was escape down to the riverbank and weep.

It wasn't the first, nor last, time a piece of randomly encountered music would ambush me and amplify my sadness, almost unbearably. Once, it was the mournful saw of violins accompanying a video at the Canadian Museum of Civilization about early logging. Or it could be a Rufus Wainwright song sneaking up on me from the car radio. I soon became hypervigilant at recognizing that first down spiral of mood and adept at the quick lunge for the off button. Music, once a comfort and a source of pleasure, had become a minefield.

Sensitivity to sad music was just one troublesome symptom of what was eventually diagnosed as clinical depression. It was only after many months of taking citalopram, an antidepressant known as a selective serotonin reuptake inhibitor, that I realized the sad-music thing wasn't happening to me anymore. When I was puttering in the kitchen one morning with the radio on, the sound of a violin stopped me. It was "Field of Stars," by the late Oliver Schroer, a song recorded during his seven-week walk along Europe's ancient pilgrim trail, the Camino de Santiago. His wailing fiddle, echoing through an old stone chapel, made me sit down and cry—but they were the cathartic, opening kind of tears.

Soon I stopped fearing music, maudlin TV commercials, and Animal Planet programs about cruelty to chimpanzees. I was still able to feel sadness, but I was not so overwhelmed by the emotion. And I became curious; exactly what was going on in my brain to make me so vulnerable to music in the first place—and why was a pill able to change all that?

Antidepressants, we know, affect the activity of neurotransmitters such as serotonin, dopamine, and norepinephrine, and hormones such as oxytocin, all of which are involved in the experience of pleasure. These are the hormones that become seriously impaired when a person is depressed. But what is the specific link—if any—between mood and musical expression? Searching for answers, I turned first to the neuroscience of music, a thriving field of research that has spawned two current best sellers—Oliver Sacks' *Musicophilia: Tales of Music and the Brain*, a collection of strange tales about the human relationship to music, and Daniel Levitin's *This Is Your Brain on Music: The Science of a Human Obsession*, which details recent neurological findings. Among them: what's happening in the brain when music uplifts us; why bits of music can lodge in the brain (the dreaded "earworm" or "tune cootie"); and theories of how and why music—in all its pitches, tempos, keys, and rhythms—has played an integral role in the evolution of the human species.

Levitin is a psychology professor who runs the Laboratory for Music Perception, Cognition, and Expertise at McGill University. Before becoming a psychologist, he was a session musician, sound engineer, and record producer for the likes of Santana and Blue Öyster Cult. When I call him on the phone, he sits down at the piano in his Montreal home and plays a riff of trilling high notes, followed by a slow series of notes lower down the scale. It makes the obvious point that what we think of as sad music tends to be quieter, lower, and slower, with longer duration in tones

NATE JOHANNES / WWW.BLUEGRAPEDESIGN.COM

Beyond Words

Part of the magic of music for me is that it can evoke emotions that you can't even have otherwise, emotion there isn't even a word for. I remember when I was a little bitty kid hearing the Platters singing "Harbor Lights." I was from Lubbock; I didn't know what a harbor was. But the melody, the sound of the voices, gave me a feeling of pleasant longing that had nothing to do with anything that had yet happened to me. I wasn't old enough to have had sad love affairs.

—musician Jimmie Dale Gilmore to writer Nicholas Dawidoff, from *In the Country of Country: People and Places in American Music* (Pantheon, 1997)

50 utne NOV-DEC '08 — NOV-DEC '08 utne 51

who was she? — who was she?

ava gardner

CIGARETTE IN ONE HAND, GLASS OF SCOTCH IN THE OTHER.

Classic film siren Ava Gardner was hardly the type of actress to court respectability – on screen or off. Raised dirt poor on a North Carolina tobacco farm, she was discovered in 1941 after her brother-in-law displayed her photo in his New York shop. Ava's first screen test was a dud, but MGM took the bait anyway with studio boss Louis B Mayer famously declaring, "She can't act. She can't talk. She's terrific."

Regarded at first as little more than a pretty piece of flesh (with an uncouth Southern accent to boot), Ava struggled as a bit player through over 20 film roles – one of an endless line of disposable starlets Hollywood used to decorate its crowd scenes and backlots. During this time she fulfilled her studio contract by posing for hundreds of cheesecake pin-up shots that focused on her body and legs rather than her face. It wasn't until her femme fatale turn in 1946's *The Killers* that she became known as a bona fide sex symbol and a star.

From here on, the publicity photos concentrated on the face that would have her branded in the '50s as "The World's Most Beautiful Animal" and, typically self-deprecating, Ava taught herself to smoulder on demand: "I shot enough sultry looks around the MGM photo gallery to melt the North Pole." **Ava knew her face and her body were her currency (this was, after all, the woman who famously declared, "Deep down, I'm pretty superficial").** She frequently took on roles demanding great beauty – as a classical statue come to life in *One Touch of Venus* or a singer who men kill and die for in *Pandora and the Flying Dutchman*.

By the time Ava's star was on the rise, she had already been married twice – to Mickey Rooney in 1941 and bandleader Artie Shaw in 1945. But it was her tempestuous 1951 wedding to blue-eyed crooner Frank Sinatra that really kept the tabloid writers happy. Cast as the scarlet woman for supposedly tempting the Catholic Sinatra away from his first wife Nancy, Ava was condemned by the church, vilified by the Legion of Decency and labelled "Bitch-Jezebel-Gardner" by hatemail writers. The union was passionate, but volatile. "We were always great in bed," Ava later admitted. "The trouble usually started on the way to the bidet." After a relationship dogged by alcoholism, suicide threats, abortion dramas and accusations of adultery, Ava and Sinatra finally split in 1957.

Three years earlier, Ava had travelled to Spain to film *The Barefoot Contessa*, the story of a Spanish slum girl made into a movie star and fought over by millionaires, who remains unimpressed by the trappings of fame and money. It's a tale of Cinderella gone wrong, made revolutionary at the time by centring the plot around the heroine's sex drive, and one that seemed to mirror Gardner's own life. While shooting the film, Ava discovered a great passion for Spain and, supposedly, an even greater one for its population of virile young bullfighters. The country became her home after her third and final divorce, although she never shook the tabloid hoodoo – for the press men back in the States, wherever Ava went and whatever she did, she was still pining for Sinatra, or struggling with some great inner turmoil.

Working, as she always said, "for the loot, honey, for the loot", Ava's later career saw her making movies only intermittently: sometimes in big-budget flicks like *On the Beach* or *The Night of the Iguana*, sometimes with third-rate directors in budget titles. With middle age creeping up, Ava retired to London in the late 1960s, and lived there until her death in 1990. "I don't mind growing old," Ava had said. "If I have to go before my time, this is how I'll go – cigarette in one hand, glass of scotch in the other."

The standard assessment of Ava Gardner is that she was a so-so actress who happened to be a great beauty. But Ava never played the type of roles that garner respectability for an actress, nor did she appear in films that win prizes and critical acclaim. Nominated several times for high-profile awards, she continually lost out to capital "A" actresses considered more reputable, more honourable. Instead, Ava worked in the salt mines of the movie industry – in melodramas, historical romances and safari movies, in crime films and westerns – hardly the stuff to make her a critics' darling, but the public loved her for it. **While her beauty and the scandals of her private life distracted attention from Ava's work, they strengthened her box office pull and made her a bankable star. And through it all, the tobacco farmer's daughter retained her earthy sense of humour. To the end, her favourite introduction was, "Honey, don't you know who I am? I'm a lousy movie star."** •

112 — 113

“Yo sugeriría revisar el portfolio y/o reducirlo. Y no recomendaría enviárselo solo al director creativo de la revista, porque casi siempre están demasiado ocupados para echar un vistazo al material de los diseñadores editoriales junior. Creo que es mejor atacar también al siguiente responsable en la escala de mando.”

Jennifer Pastore, editora asociada de fotografía, *T: The New York Times Style Magazine*

Family

Whatever happened to kids getting by on their own merit?

Six hours of YouTube may be good for them

Nowadays, knowing how to navigate the Web is vital for teens – besides it's not like they would be hanging out with you

CASE STUDY: REHAU

Scanning for innovation

Global plastics company Rehau looks to a small team of ‘innovation scouts’ in procurement to harvest the most promising ideas from its key suppliers

by Geraint John

Unless you work in the construction, automotive or furniture industries, the chances are you won't have heard of Rehau. As a family-owned manufacturer of plastic products such as window frames, water pipes and car bumpers, it isn't the kind of firm that excites much interest from the general business press. But as an example of how procurement can extend its role into the field of innovation and drive company competitiveness, it has an interesting story to tell – one that throws up some useful lessons for CPOs and their teams in other sectors.

Founded in 1948 in the German town of Rehau, from where it takes its name, the firm now has operations in over 40 locations around the world, employing almost 15,000 staff and earning annual revenues in excess of €2 billion. Over time, Rehau has moved away from simply making plastic products of its own to assembling water, heating and other systems that incorporate parts from other manufacturers. This is vital for the company's long-term survival, because some of its products, particularly in the construction industry, which accounts for half its total business, have been commoditised as a result of strong competition from China and elsewhere.

As might be expected of a German manufacturer, Rehau's strategy is not to be the lowest-cost producer, explains Rainer Schulz, the company's chief operating officer, but to show "innovation, process and service leadership". That means not only being highly efficient in purchasing, production and logistics terms, he says, but also having "cleverer products than our competitors".

With around 50 in-house researchers, Rehau is used to inventing what Schulz describes as "new recipes" for polymers such as polyvinyl chloride (PVC), polypropylene and polyethylene – its key raw materials –- and then working with chemical companies, big and small, to manufacture them. But to satisfy the needs of its customers today, it must be effective at tapping the innovative ideas of these and other key suppliers and translating them into marketable products, some of which will be developed jointly.

Nowhere is the pressure to innovate stronger than in the automotive industry, from which Rehau derives another 30 per cent of its revenues. As a first-tier supplier to the likes of Daimler, BMW, Volkswagen, Toyota and General Motors, the company not only has to meet stringent cost, quality and delivery targets, but also demonstrate that it is at the forefront of technological change.

However, notes Schulz, in the past the image of Rehau as an innovator was not one that many of its customers recognised. A customer survey four years ago found that "it was not seen as an innovative company, it was seen as a big oil tanker: driven one way and very hard to change", he says. As a result, Rehau decided to rebrand itself with a new tagline, "unlimited polymer solutions", and to introduce an internal change programme designed to get employees in its key functions, including procurement, better focused on innovation.

Enter the innovation scout

To aid internal co-ordination and boost interaction with its supply base, in 2004 Rehau introduced a new role in its 140-strong procurement network – that of "innovation scout". It is one of six core roles in the function (see figure 1), which is organised around the material group (or category) management structure implemented by Schulz three years earlier when he joined the company from BMW Rolls-Royce as head of materials management and logistics. (As COO, Schulz retains overall responsibility for purchasing, as

CPO AGENDA 27 SPRING 2008

ILLUSTRATIONS: MICHELLE THOMPSON

Página anterior: Internet permite a los directores artísticos contar con su porción de talento internacional. La ilustradora conceptual Michelle Thompson no depende de los clientes que tiene en su Gran Bretaña natal. Aquí se recoge un encargo realizado por ella para el periódico canadiense *The Globe and Mail* (arriba) y otro para la revista de clientes de *CPO Agenda* (abajo), publicada por Redactive Media.

Abajo: Dobles páginas de las revistas de vuelo trilingües *b.spirit!* (arriba) y *b.there!* (abajo), producidas por Ink Publishing para Brussels Airlines. Dirigidas a pasajeros de trayectos largos y cortos, respectivamente, ambas publicaciones tienen un diseño de estilo contemporáneo, con profusión de imágenes llamativas.

Encargos de ilustración

El sector editorial tiende a ser aquel en el que los ilustradores consiguen sus primeros encargos. La relación entre editores artísticos e ilustradores noveles es simbiótica, al menos hasta la fecha: los artistas que aún no han publicado logran por fin la tan ansiada promoción a cambio de tarifas modestas. No hay que olvidar que los clientes de las editoriales rara vez cuentan con recursos económicos comparables a los que manejan los estudios de diseño y las agencias publicitarias. La producción es rápida, lo que significa que los ilustradores llegan deprisa a la imprenta. Los clientes de las editoriales, a su vez, tienen la oportunidad de trabajar con nuevos talentos, lo que les permite mantener el aspecto fresco y puntero de sus publicaciones. En definitiva, una situación en la que todos ganan.

A la fuerza, el proceso de encargos editoriales es muy directo. Tú muestras tu trabajo al editor artístico, a quien pagan para que la revista tenga buena pinta, y que cuenta además con un presupuesto para hacer exactamente eso. Si las ilustraciones son un elemento regular de la publicación y al encargado de buscarlas le gustan las tuyas estarás en muy buena posición, pendiente ya tan solo de que el editor te acepte. Dicho esto, conviene reseñar que las revistas y periódicos cubren absolutamente todos los campos y temas, así que en cuantas más de ellas te ejercites, más posibilidades te abrirás de ganar un sueldo digno en el futuro. Además, entre unos y otros, los clientes de las editoriales echan mano de todos los estilos de ilustración habidos y por haber.

Aunque los editores artísticos han tendido a veces a mirar con recelo a los diseñadores internos con cualidades para la ilustración, en el momento en el que escribo esto existe un renovado interés por la tipografía manual, por lo que, si tu trabajo como ilustrador tiene un componente tipográfico, puede convertirse en un plus a la hora de conseguir un encargo. Sin embargo, dado que la mayoría de las revistas contrata a diseñadores en plantilla y el trabajo se ajusta a restricciones ya existentes (retículas), hay pocas probabilidades de que utilicen al máximo todas tus capacidades profesionales. Por otra parte, se dan casos en los que se solicita a ambos, diseñadores internos y externos, que presenten ilustraciones para la publicación, si bien en el caso de los contratados a tiempo completo, se espera que las produzcan fuera de su horario de oficina. Las revistas especializadas o aquellas que cuentan con un público reducido (y, por extensión, con un presupuesto escaso también) son las más proclives a recurrir a ilustraciones realizadas por un profesional multidisciplinar de su equipo interno.

"Como encargo ilustraciones de forma regular, busco ideas originales y trabajos que puedan complementarse o funcionar junto al de otros ilustradores más firmemente establecidos. Recibo muestras de una base muy amplia de ilustradores internacionales, en particular de América y Europa, pero en ocasiones también de Australia o Japón."

Alison Lawn, editora artística, *New Scientist*

Los primeros nueve números de la revista *Varoom*, publicada por la Association of Illustrators, fueron diseñados por la sociedad británico-noruega Non Format con el objetivo de atraer a un público cultivado en las artes visuales y conformado mayoritariamente por profesionales, empleadores y educadores del sector. Se trata de una publicación cuatrimestral y este número, con ilustración de Brad Holland, es de 2008.

The Illustrated Ape es una publicación ecléctica e idiosincrásica dedicada a ficción y poesía originales, imágenes y pop. Cada número se desarrolla con una temática y una dirección artística diferentes. Los colaboradores no cobran, ya que todos los beneficios se invierten en la siguiente edición. Como consecuencia, cuentan con gran libertad creativa.

Los ilustradores especializados en tipografías manuales extravagantes y originales están en boga en el mercado editorial, tanto en el campo de la ficción literaria más intelectual como en el de algunos *best-sellers* masivos. Aquí pueden verse tres cubiertas (arriba) de Harriet Russell para Hodder Headline, Orion Publishing y HarperCollins, dos cubiertas (abajo) de Andy Robert Davies para Summersdale Publishers y una de Nigel Owen para Faber & Faber.

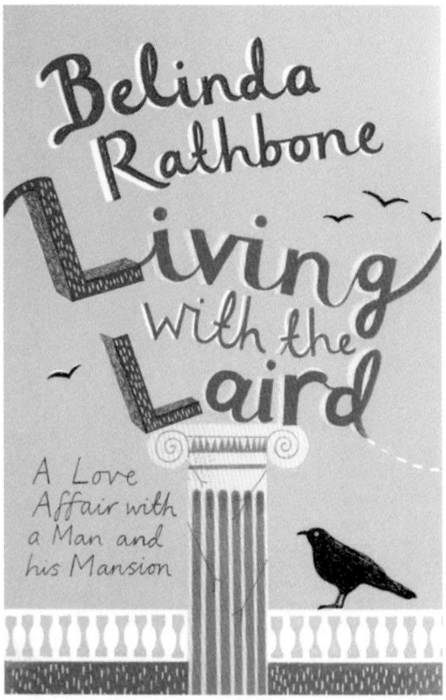

El sector editorial: libros

La edición de libros es también una actividad muy amplia en la que se integran libros de tapa dura y de tapa blanda, de ficción y no ficción, y para todos los grupos de edad. La mayoría de las editoriales producen regularmente libros tanto en papel como en formatos digitales para el ordenador, la tableta, el teléfono móvil o el eReader. Además, dada la sofisticación cada vez mayor de estos últimos, cada vez hay más editoriales que se implican en el desarrollo de proyectos interactivos, aunque no necesariamente en su producción. Proporciona trabajo a una gran diversidad de profesionales, incluidos aquellos con destrezas multidisciplinares. En el Reino Unido, algunos diseñadores editoriales independientes optan por emplear su habilidad para la creación de imágenes cuando es apropiado, mientras que los ilustradores con gran interés por la tipografía gozan hoy de gran popularidad entre los encargados de asignar el diseño de cubiertas.

"Esperamos de los principiantes cierto nivel de formación y conocimientos. Siendo los presupuestos y los plazos de entrega como son, el diseñador tiene que intentar adaptarse al ritmo tan rápido como pueda, aunque hay tiempo para que desarrollen su comprensión de la industria y el propio lenguaje del diseño."

Richard Ogle, director de arte, Random House

Empezar como diseñador de libros

Las editoriales de libros suelen estar dispuestas a contratar a diseñadores recién titulados e incluso a aportar cierto grado de formación (a pesar de los recortes en los departamentos artísticos), ya que el ritmo de la edición de libros tiende a ser un poco menos frenética que la del resto del sector editorial. Aun así, al igual que sucede con la edición de revistas y periódicos, contar con unas prácticas o con material publicado relacionado con libros serán de nuevo puntos a tu favor.

Los puestos de diseñadores junior se ofertan en la prensa especializada y en los sitios web de búsqueda de empleo de la industria creativa (con frecuencia incluso en los sitios web de las propias editoriales), así como en la prensa local y nacional (a menudo en los días dedicados específicamente a las ofertas de empleo en medios de comunicación y empresas del sector creativo). Algunas editoriales no tienen problema en entrevistar a los diseñadores que se acercan a ellas para tantearlas, aunque suelen hacerlo solo cuando tienen plazas vacantes.

Sentir un genuino interés por los libros —y por la lectura— es desde luego un prerrequisito importante y, como sucede con las revistas, aquí también tienes que pensar cuidadosamente cuáles son las áreas que más se ajustan a tus intereses y a tus cualidades específicas. Si, por ejemplo, prefieres trabajar con fotógrafos a hacerlo con ilustradores, los libros infantiles ilustrados no son tu nicho, o si a la hora de invertir tu tiempo entre Andy McNab o Thomas Pynchon, te quedas con el primero, lo más sensato sería evitar el diseño de clásicos literarios. De todas formas, si tu intención es hacer carrera como diseñador de cubiertas de libros para el mercado masivo, recuerda que tendrás que trabajar con diferentes géneros y que una novela rosa histórica precisa un tratamiento diferente a un *thriller* psicológico. Tampoco es raro que los diseñadores de libros cambien de área de especialización: uno de los primeros clientes de mi agencia empezó diseñando cubiertas de ficción para adultos y hoy disfruta de un enorme prestigio como director artístico de libros infantiles. Compensa ser flexible, sobre todo si tus planes son, en última instancia, trabajar como independiente.

De hecho, muchos diseñadores editoriales independientes comienzan trabajando para casas orientadas al gran público, donde aprenden sobre el funcionamiento de la industria y hacen contactos a medida que progresan hacia puestos de diseñadores sénior. Las grandes editoriales suelen hacer encargos a diseñadores externos, así que si has trabajado bien tu red de contactos no tendrás que ganarte desde cero la confianza de los directores de arte. De todas formas, no siempre es fácil: las posibilidades de que te rechacen un diseño son mayores que en caso de ser un diseñador en plantilla, ya que es frecuente que varios independientes compitan por el mismo proyecto. Aun así, si eres un diseñador multidisciplinar y/o has desarrollado un estilo distintivo y reconocible, ser tu propio jefe te brindará más oportunidades de aprovechar tus cualidades que trabajar como personal interno con contrato fijo; con la ventaja añadida de poder emplearlas en otros sectores creativos que no sean necesariamente el editorial.

"A veces he realizado una ilustración, parte de la fotografía (cosas muy básicas) o incluso el *lettering* cuando ha sido necesario, generalmente por temas de presupuesto. Creo que es muy útil poder ofrecer al cliente todos los aspectos que exija la producción de una cubierta final."

Lucy Benett, diseñadora independiente de cubiertas

Página siguiente: Genuina profesional multidisciplinar, la ilustradora de libros Adolie Day también diseña tejidos infantiles, tarjetas de felicitación y regalos, además de vender copias de sus obras en la Red. Aquí pueden verse (de arriba abajo y de izquierda a derecha): papelería de *La Merelle*; la cubierta de su libro infantil *Le Chasseur de Papillons*, (publicado por Toucan Editions en 2008); una doble página interior de dicho libro y otra de Lilichou, su popular serie de libros (publicada por Amaterra/Nouvel Angle).

Libros infantiles

El mercado de literatura infantil cubre desde los libros de aprendizaje para bebés y niños muy pequeños hasta libros a todo color espléndidamente ilustrados, pasando por novelas y antologías para lectores un poco mayores y que suelen contener ilustraciones intercaladas en blanco y negro.

Una tendencia que se está imponiendo en todo el mundo es la producción de textos profusamente ilustrados para niños mayores de ocho años, con la esperanza de que se conviertan en lectores tan voraces como las niñas de su misma edad. Las ilustraciones también son comunes en la sobrecubierta de los libros de literatura para adolescentes.

Diseñar un libro ilustrado (o, a ese efecto, el interior de cualquier libro que implique la yuxtaposición de texto e imágenes) requiere habilidad para pensar de modo secuencial y comprender el ritmo visual con el fin de atraer y retener la atención del niño. También precisa un sentido innato de los diferentes estilos ilustrativos y tipos de maquetación que más sugerentes resultan para los lectores de este grupo de edad. Versatilidad, talento tipográfico, estilo e imaginación son todas virtudes necesarias, junto a sólidos conocimientos de QuarkXpress, InDesign, Photoshop y, quizás, Illustrator. Con independencia de las tendencias que están de moda en los demás sectores editoriales, los libros infantiles siempre proporcionarán trabajo a aquellos ilustradores cuyo estilo se adapta al público más joven. Se dirija al grupo de edad al que se dirija, el portfolio de un ilustrador tiene que demostrar que posee una sólida destreza de base como dibujante y que es capaz de desarrollar y reproducir personajes y caracteres con rasgos fuertes, atractivos y, sobre todo, distintivos que apelen a los niños del grupo de edad al que van dirigidos. Esto es mucho más fácil decirlo que hacerlo: he visto muchas propuestas para libros ilustrados en las que el personaje protagonista envejece o rejuvenece unos pocos años cada vez que pasas de página o en las que el marciano o monstruo varía de tamaño o de forma continua e inintencionadamente. Necesitarás también una fina percepción de lo que sucede en el mercado en todo momento y, aunque parezca una obviedad, en último lugar es conveniente que aprendas a dibujar bien niños y bebés, si bien hay ilustradores que han hecho carrera por su habilidad para dibujar animales con extraordinario encanto. Es importante reseñar que los mercados difieren mucho unos de otros. En Europa, los libros infantiles suelen estar dirigidos a niños más pequeños (por debajo de los siete años) que en los Estados Unidos (menores de doce años), lo que permite, en este último caso, la producción de imágenes mucho más sofisticadas.

La vida de los editores es mucho más fácil cuando es el mismo autor-ilustrador quien les proporciona tanto el texto como el arte del libro. En tanto responsables de ambos aspectos, los autores-ilustradores suelen tener una idea mucho más clara de cómo debe ser el libro en su conjunto, lo que también facilita el trabajo al diseñador. Aunque siempre hay trabajo para los ilustradores que no están interesados en la escritura, lo cierto es que los buenos ilustradores de libros infantiles superan con creces en número a los buenos autores, por lo que los editores siempre están a la caza y captura de historias nuevas con gancho universal. Si tienes una idea fabulosa para una historia, pero crees que tus aptitudes literarias no bastarán para explotarla, un editor astuto y ahorrador puede orientarte e insuflarte el coraje suficiente para que la materialices.

Libros educativos

Las cualidades técnicas de diseño requeridas en este sector son similares a las que precisan los diseñadores de libros ilustrados, si bien no todos los libros educativos van dirigidos al público infantil. Para los que sí lo están, la legibilidad y claridad son tan esenciales como el conocimiento de qué clase de material visual es el que resulta atractivo para ese grupo de edad. Junto a las aplicaciones de *software* habituales, también es necesario manejar Flash, ya que muchas editoriales especializadas en material docente también lo están en aplicaciones interactivas.

Los aspirantes a ilustradores de libros infantiles consiguen a menudo su primera oportunidad laboral en el terreno de los libros de texto, donde la competencia es menos pronunciada. La temática de los libros es en extremo variada e incluye, junto a la no ficción, ficción y poesía. Sin embargo, los libros de texto y educativos rara vez están tan bien pagados como los libros de literatura infantil, y tampoco ofrecen el mismo reconocimiento profesional. Los plazos suelen ser también más apretados y los encargos dan menos margen de libertad creativa. Como los ilustradores con suficiente talento para abordar otras áreas emigran pronto a pastos más verdes, los editores de libros educativos tienden a ser menos puntillosos que sus colegas de otros sectores. Así, por ejemplo, dependiendo del proyecto, otorgan menos importancia a lo distintivo de los personajes que los editores que solo encargan libros ilustrados.

Aunque este mercado puede servir de trampolín a los ilustradores que desean hacer carrera en el ámbito de los libros ilustrados, no está ni mucho menos dirigido exclusivamente al público infantil. Muchos libros educativos, incluidos diccionarios, manuales de referencia y libros de texto, están dirigidos a adultos, ya sean profesionales o estudiantes de ciclos superiores o personas con discapacidades de aprendizaje. Por lo tanto, pueden dar cabida a una variedad mucho más amplia de estilos a todo color y en blanco y negro que los libros infantiles.

“De vez en cuando contrato a ilustradores que no han publicado, pero para eso tienen que tener un portfolio muy bueno... las ventajas son la posibilidad de conseguir algo novedoso y fresco que todavía no circula por ahí y la de poder moldearlos un poco. También suelen ser muy entusiastas. El problema es que no suelen haber desarrollado la habilidad suficiente para manejarse en el mundo real, por lo que tienes que ser bastante paciente.”

Steve Scott, director de arte, Scholastic

Los editores siempre están en busca de trabajos de dibujo en blanco y negro con fuerza y carácter que atraigan a los lectores infantiles de entre 8 y 11 años. Esta ilustración de David Roberts es para *The Lepidoctor*, una de las "Ten Sorry Tales" de Mick Jackson publicadas por Faber & Faber en 2005.

El trabajo del ilustrador portugués André da Loba revela un estilo en 3D brillante y lúdico, ideal para libros infantiles ilustrados. Aquí pueden verse, de arriba abajo, la cubierta, dos dobles páginas finales y un par de ellas con bocetos preliminares para el libro ilustrado *El oso y el cuervo*, publicado por OQO Editora.

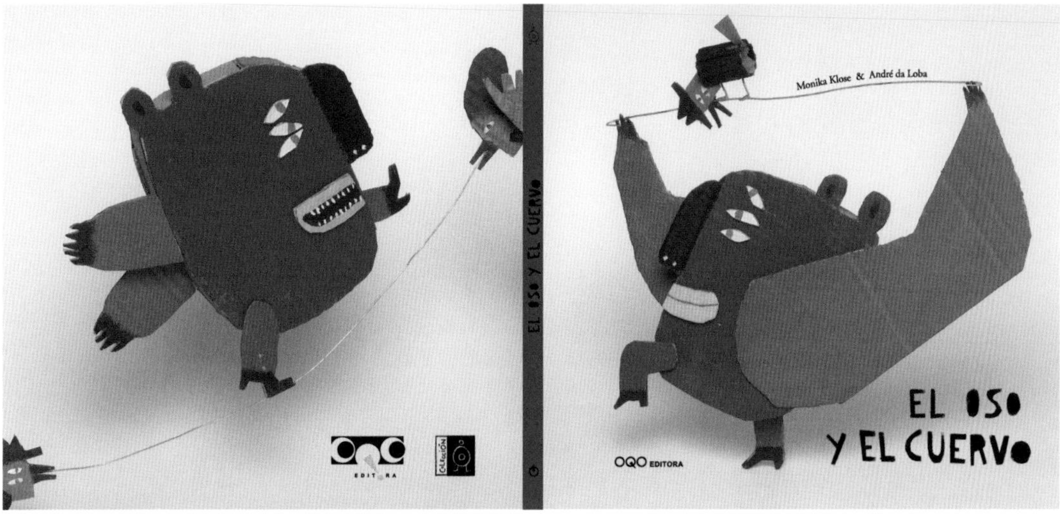

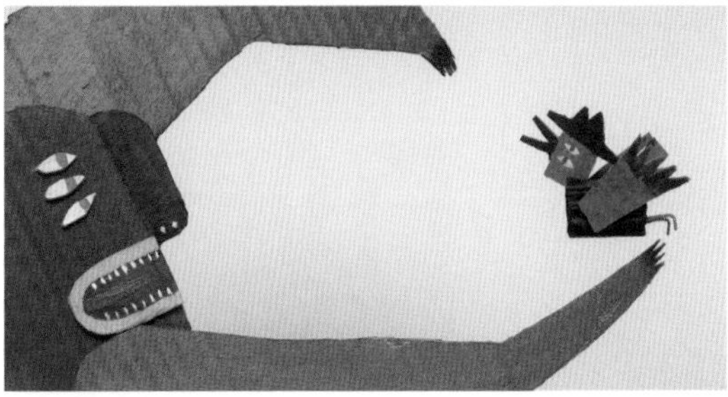

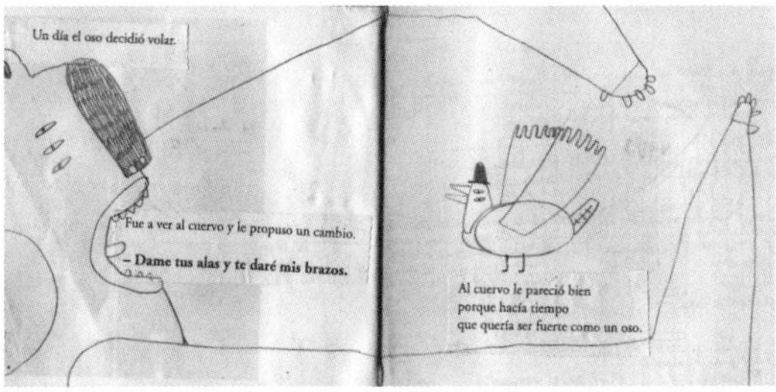

Abajo: Ejemplos de ilustraciones de cubierta para obras de ficción y no ficción. En la fila de arriba, en primer lugar, puede verse un diseño de Liam Relph con ilustración de Christopher Wormell (publicado por Square Peg) y a su lado dos diseños de una misma serie a cargo de David Wardle (publicada por Hodder & Stoughton). En la fila de abajo, un diseño e ilustración de Liam Relph (publicado por Harvill Secker), un diseño de Henry Steadman (Headline Publishing) y una cubierta de Meg Paradise de Mucca Design (Rizzoli).

Página siguiente: A diferencia de muchos diseñadores contratados en plantilla, el diseñador independiente y multidisciplinar Henry Steadman suele disfrutar de libertad creativa para producir diseños de cubierta insólitos y asombrosos (este para Orion Publishing).

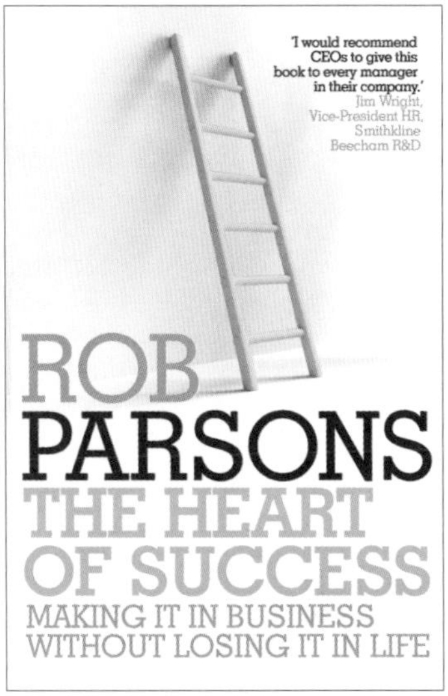

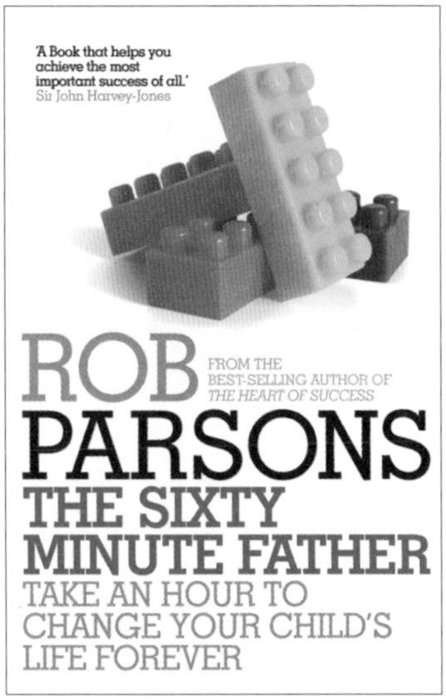

"Un ilustrador que aglutine talento para la creación de imágenes y dominio de la tipografía y la rotulación manual puede ser muy útil."

Eleanor Crow, directora de arte, The Folio Society

Ficción para adultos

Los conocimientos de *software* que se necesitan para el diseño de cubiertas de libros abarcan básicamente QuarkXpress (aunque algunas editoriales lo están abandonando hoy día), In Design, Photoshop e Illustrator. Comparado con el diseño y maquetación de un libro entero cargado de texto e imágenes, el diseño de sobrecubiertas es relativamente sencillo y se trata de un proceso más condensado, pero también más acelerado. Los conocimientos y cualidades necesarias en un diseñador de cubiertas y sobrecubiertas abarcan versatilidad, gran dominio de la tipografía, habilidad para trabajar con diferentes tipos de imaginería visual y una aguda sensibilidad para los diferentes requisitos estéticos de los diversos géneros. Aunque muchos diseñadores de cubiertas trabajan en plantilla, algunos, una vez que han logrado configurar un buen portfolio y reunir una buena agenda de contactos, optan por trabajar como independientes, sobre todo si se trata de diseñadores multidisciplinares o si tienen preferencia clara por trabajar con ciertos géneros literarios.

Desafortunadamente, aparte de las publicaciones autofinanciadas, del mercado educativo y de algunos clubs exclusivos del libro, como la británica Folio Society, la ficción para adultos ofrece pocas oportunidades para los ilustradores. El campo para los artistas interesados en narrativa no infantil ni juvenil está mayormente restringido a la creación de imágenes para cubiertas. Mucha literatura de género, destinada al consumo masivo, como las novelas rosas históricas, la ciencia-ficción, la fantasía, el terror, la llamada *chick-lit*, o las novelas de suspense, suele vender más libros que la ficción literaria canónica, por lo que muchas editoriales publican cada vez menos títulos de esta última y en tiradas más reducidas. Por ejemplo, un *best-seller* de un autor popular puede llegar a tener una tirada de 400.000 ejemplares, mientras que la primera novela de un escritor desconocido puede rondar los 4.000. Como resultado, el diseño de cubiertas de libros destinados al consumo masivo tiende a estar mejor pagado que la ficción considerada de más calidad, si bien tiende igualmente a tener ilustraciones mucho menos imaginativas.

Las cubiertas de estos libros pueden ser repetitivas y manterner el mismo estilo durante años (el editor intenta vender cientos de miles de libros, así que si una fórmula ya probada funciona...), mientras que las de ficción literaria no de género son más proclives a mostrar las tendencias prevalecientes en diseño e ilustración. Si tu trabajo tiene un sesgo más estilizado que realista y lo tuyo es la narrativa, este es sin duda tu terreno, pero la producción comparativamente menor de títulos implica una mayor competitividad. Como los diseñadores independientes suelen contar con un presupuesto más reducido que las editoriales, muchos sacan provecho de bibliotecas digitales de fotografías y de material libre

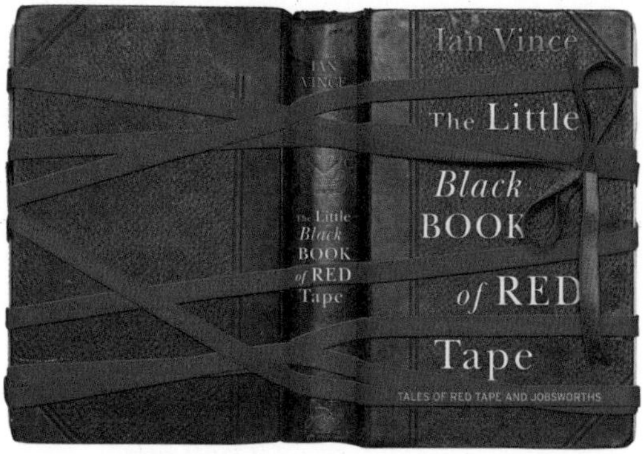

de derechos para reducir al máximo los costes de producción. En el caso de los ilustradores, es recomendable que contacten con los diseñadores de ficción literaria que trabajan en plantilla.

No ficción para adultos

A pesar de ir dirigido a un público diferente, las destrezas necesarias para trabajar en este sector son muy similares a las que hacen falta en el de los libros ilustrados (véase página 47). Dependiendo del tipo de publicación, el calendario de producción puede variar. Un libro asociado a una serie de televisión, por ejemplo, suele contar con plazos muy apretados.

Aunque las obras de no ficción para adultos, sobre todo si se trata de publicaciones relacionadas con estilo, pueden estar profusamente ilustradas, lo que predomina es la fotografía. Esto puede deberse a las tendencias del momento, al tema del libro o, sencillamente, al criterio del editor. Así, por ejemplo, las casas especializadas en ediciones baratas y coloridas pueden minimizar costes reutilizando fotos de las que ya poseen los derechos, mientras que las de más categoría tienden a encargar nuevos originales. Es más probable que un libro a cargo de un chef famoso, un diseñador de interiores o un gurú de la salud contenga fotografías en vez de ilustraciones, sobre todo si el autor es fotogénico. Aun así, dada la amplia variedad de materias (del fútbol a mantenimiento de vehículos, pasando por la meditación trascendental) existen siempre oportunidades para los ilustradores, particularmente para aquellos dotados de cualidades muy específicas, como los artistas especializados en botánica, medicina o historia natural, o los que lo están en mapas, diagramas, planos, jardines y en las típicas ilustraciones de procesos "paso a paso".

Incluso en una era en la que pueden descargarse miles de familias tipográficas con un solo clic de ratón, en el mercado editorial pervive la demanda de caligrafías clásicas. En este caso, el *lettering* es obra del ilustrador y calígrafo Peter Horridge y el diseño de Eleanor Ridsdale (para Laurence King Publishing).

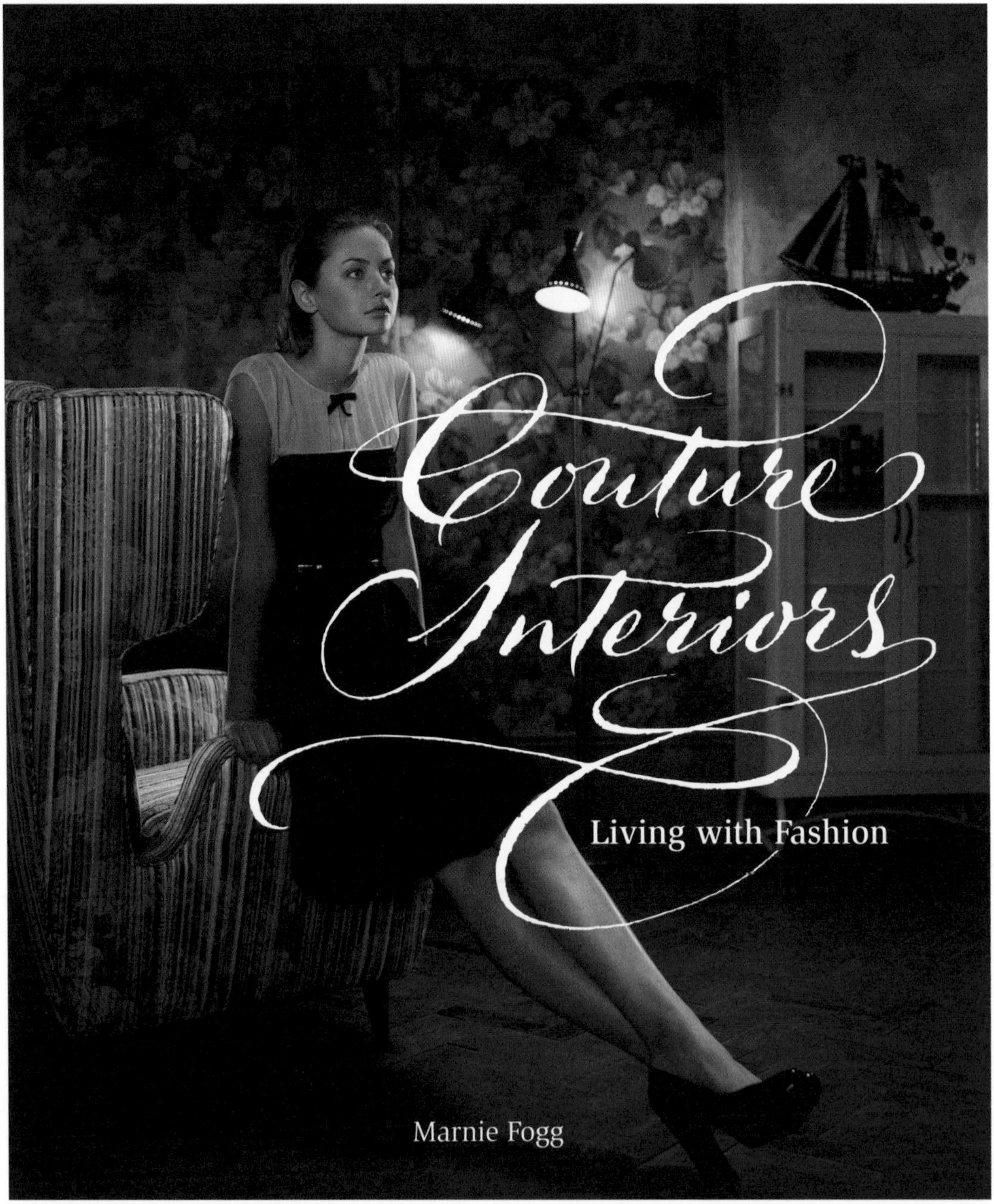

La cubierta de esta edición contemporánea de la *Biblia* (arriba) fue ilustrada por Steve Wilson para Hodder & Stoughton y prueba que un enfoque visual novedoso puede insuflar frescura al más clásico de los clásicos. Rafael Nobre (abajo) es un profesional independiente brasileño que, para el encargo de la cubierta de este libro (Editora Record), combinó su destreza como diseñador e ilustrador con un resultado sorprendente.

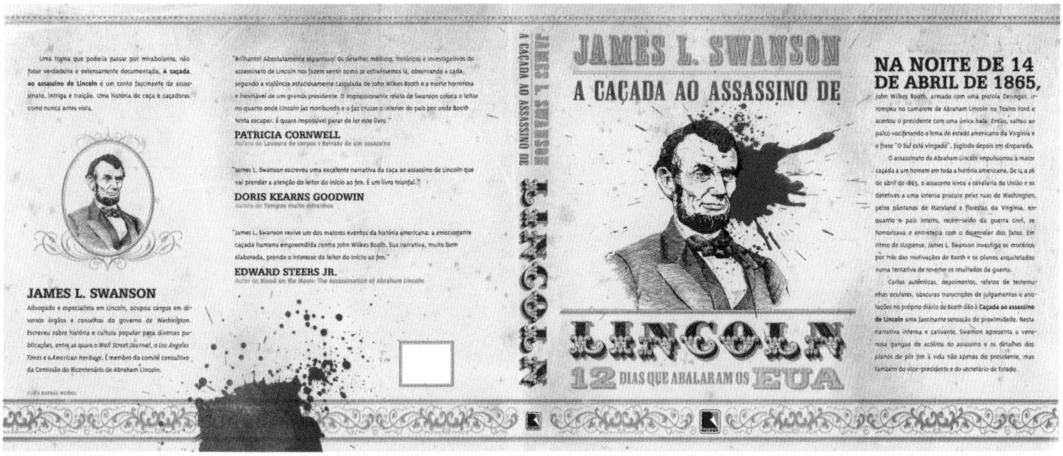

"Los cómics son una forma artística narrativa... No basta con saber dibujar: hace falta poseer un sentido del espacio y del tiempo, de la dinámica, de la maquetación y la tipografía, así como del vocabulario visual específico del género (bocadillos, líneas de movimiento, etc.) y saber manejarlo. Por eso es por lo que los editores quieren ver páginas de cómics y no meras ilustraciones de personajes."

Stever Preston, autor de cómic, artista y editor

Página anterior: Muchos autores de cómic independientes han desarrollado carreras paralelas como ilustradores comerciales. El creador de Chloe Noonan, Marc Ellerby, trabaja para diversos clientes de la industria musical. Firme defensor de la prensa alternativa, también ha desarrollado varios proyectos individuales, además de colaborar con Oni Press e Image Comics.

Páginas siguientes: Nobrow es una editorial independiente dedicada a mantener vivo el arte de la edición en papel. Especializada en cómics, libros y novelas gráficas de alta calidad, trabaja exclusivamente con los profesionales a los que previamente invita a participar en sus proyectos: una amplia gama de artistas gráficos e ilustradores contemporáneos entre los que se cuentan tanto jóvenes promesas como veteranos consolidados.

Cómics y novelas gráficas

Existen dos rutas de acceso al mundo del cómic y la novela gráfica y, ya escojas la independiente o la comercial, el éxito que coseches dependerá en gran medida de dónde te establezcas y de dónde promociones tu trabajo. Algunos países, como Francia, Japón y los Estados Unidos, cuentan con un mercado mayor que otros, hecho que puede variar dependiendo de qué tendencias culturales predominen. Así, en Japón y los países europeos, con la excepción del Reino Unido, ni siquiera los cómics *mainstream* están considerados como un área exclusiva del público infantil y adolescente; existe una gran diversidad de géneros y las publicaciones van dirigidas a ambos géneros y a una amplia variedad de grupos de edad. Sin contar la escena independiente, este no es, por lo general, el caso de los Estados Unidos o el Reino Unido. De hecho, a pesar de haber abrazado con fervor el estilo *manga*, en los países británicos los cómics se siguen viendo fundamentalmente como un producto para el mercado preadolescente.

Según el tipo de trabajo que produzcas y el género en que se encuadre, tal vez tengas que mirar al mercado extranjero o incluso probar en otros diferentes (como la realización de *storyboards* para cine y televisión, el desarrollo de personajes para videojuegos y animaciones u otras áreas menos especializadas de la edición) si deseas complementar tus ingresos.

Los cómics independientes, al ser, en su mayoría, de autor y autoeditados, no ofrecen oportunidad alguna a los diseñadores gráficos. Solo si logran el suficiente éxito como para que una editorial comercial se interese por ellos se encargará su diseño a un diseñador interno o a uno independiente. Con todo, las editoriales de cómics comerciales contratan diseñadores gráficos al igual que lo hacen otras editoriales regulares y realizan también encargos a ilustradores y diseñadores interesados en el diseño de letras.

La vía independiente

Los cómics independientes son en su mayoría obras de autor con completo control artístico por parte del creador, quien también posee los derechos sobre la obra vinculados con las hipotéticas condiciones que pueda ofrecer después otra editorial, en el caso de que tenga la suerte de que alguna muestre interés. Los editores (incluso los especialistas devotos de las novelas gráficas más bizarras) están ahí para ganar dinero, por lo que no considerarán la publicación de algo que no cuente ya con un número significativo de lectores. Así las cosas, es trabajo del propio autor autoeditado conseguir un público tan grande como pueda antes de acudir a una editorial comercial.

Este paso puede darse de diferentes maneras: a través de tiendas especializadas en cómics, en librerías de arte e independientes, o incluso en tiendas de ropa y de música, ya que esta clase de negocios suelen aceptar vender publicaciones a cambio de una retribución porcentual. Las redes de distribución independientes pueden abastecer comercios fuera de tu área geográfica y/o vender tu trabajo a través de la Red, aunque nada te impide vender o incluso publicar tú mismo tu material *online* (mucha gente lo hace). Algunas distribuidoras funcionan como editoriales de ediciones limitadas y producen tiradas caseras muy reducidas. Por otro lado, las ferias y convenciones del libro y del cómic independiente dedicadas a las pequeñas editoriales, como la muy veterana y concurrida que se celebra cada año en la ciudad de Angulema en el sur de Francia, o la Small Press Expo de Maryland en los Estados Unidos atraen a los coleccionistas y proporcionan la oportunidad para hacer contactos con otros autores y con distribuidores y guionistas en busca de artistas con los que colaborar.

Los ilustradores que logran publicar con una editorial comercial suelen obtener además la recompensa de ver publicados sus trabajos anteriores (generalmente fruto de sus esfuerzos de autoedición) en forma de antologías que les permiten llegar a un público más amplio. Aunque algunos autores consiguen instalarse en el mercado comercial, con adaptaciones cinematográficas de su obra y hasta *merchandising* para coleccionistas, el ámbito de los cómics independientes no suele ser muy lucrativo y hasta los autores más populares tienen que compaginar su labor con otras actividades creativas para poder vivir como artistas profesionales.

La vía comercial

Los cómics comerciales son otra historia. El ilustrador (contratado como independiente y que trabaja por lo general desde casa) no suele tener mucho margen de creatividad personal y trabaja como parte de un equipo, colaborando con guionistas, rotuladores, etc., en historias de personajes cuyos derechos obran en posesión de la editorial y del creador original. Muchas de estas obras suelen estar relacionadas con películas de acción, de ciencia-ficción y fantasía o con programas de televisión. El género de los superhéroes goza de especial popularidad en Francia y los Estados Unidos. Los estilos son muy variados y las editoriales buscan incesantemente nuevas formas de insuflar vida a los viejos clásicos. Los gigantes de la industria Marvel y DC imperan en el mercado mundial y acaparan los mejores artistas, por lo que la competencia es dura, especialmente en el Reino Unido, donde hay menos editoriales de cómic y novela gráfica que en ninguna otra parte. Sea cual sea tu estilo, tu trabajo con las figuras y los personajes debe ser muy sólido y consistente, así como tu habilidad para los dibujos secuenciales. Es particularmente importante que seas capaz de dibujar los personajes que aparecen en los cómics en los que te gustaría trabajar.

Las grandes convenciones del cómic, como las que se celebran en Bristol y en Birminghman en Inglaterra, o el Salón Interna-

NOBROW 6

THE NEW GHOST
ROBERT HUNTER
NOBROW PRESS

NOBROW 6
the double

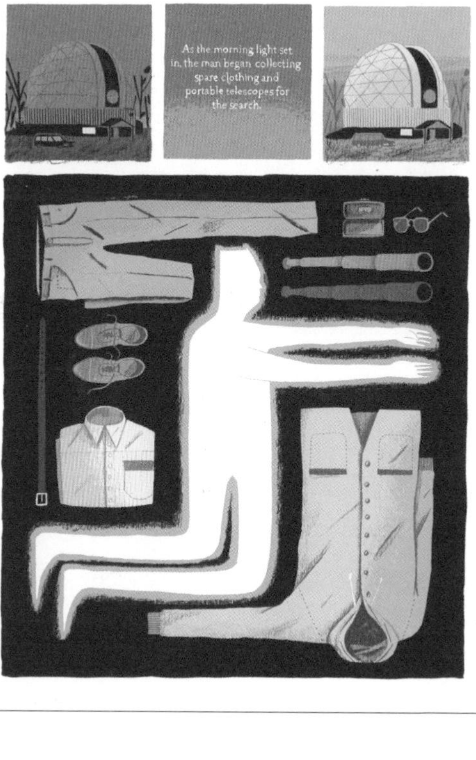
As the morning light set in, the man began collecting spare clothing and portable telescopes for the search.

Deciding that the town would be a good place to start our search, we set off.
As we looked, the man pointed out areas of town he enjoyed most.
I started to doubt his concentration until he noticed a flying figure.
As I aligned the telescope, I decided to observe my colleague to get an understanding of my purpose.

“Si consideramos la cantidad de talento en bruto que hay en el ámbito del cómic en el Reino Unido, el número de puntos de venta sigue sin estar a la altura y la lucha por el éxito puede suponer una ardua y desalentadora empresa. Cruza el charco hasta Francia o España y encontrarás, sin embargo, países que abrazan con pasión este género y cuyos mercados prosperan de modo sorprendente.”

Boo Cook, dibujante de cómic

cional del Cómic de Barcelona en España ofrecen a cualquiera deseoso de entrar en este mundo la oportunidad de conocer a editores de modo informal y de asistir a charlas y ponencias a cargo de los dibujantes de cómics más importantes de los diversos géneros. Algunos de estos acontecimientos también permiten a los artistas recabar opiniones sobre sus portfolios por parte de los profesionales invitados a la muestra. Sé de varios ilustradores que, una vez allí, han logrado algunos encargos relativamente bien pagados. Aunque las convenciones suelen atraer a un tipo de clientela diferente a la habitual de las editoriales independientes y minoritarias, nada impide a aquellos que se autoeditan alquilar un *stand* para presentar su trabajo al gran público. Eso sí, deben estar preparados para afrontar pérdidas.

Junto a las ferias de la industria existen también recursos *online* con información detallada sobre editoriales de diferentes partes del globo. Ten en cuenta, sin embargo, que las directrices para remitir material varían y mientras que puede que algunas solo acepten proyectos acabados, otras pueden querer ver tan solo algunas muestras aisladas y relevantes de tu estilo. Siempre es aconsejable contactar antes con la editorial en cuestión para conocer bien sus requerimientos.

Ya que ganarse bien la vida como ilustrador de cómics o de novelas gráficas es muy complicado, aunque sea en el sector más comercial, conviene recordar que existen otros tipos de publicaciones que también optan por un enfoque secuencial de los mecanismos narrativos. Muchas editoriales de material educativo utilizan estilos prestados del cómic para atraer a adolescentes con poca afición a la lectura, o para hacer más interesantes determinados libros que de otro modo resultarían un poco duros para niños ya algo mayores, en especial chicos. Shakespeare en estilo *manga* o clásicos literarios convertidos en novela gráfica son ejemplos de una práctica cada vez más común. Hay incluso una Biblia en estilo *manga*. Las revistas, incluidos los títulos juveniles, suelen contener tiras cómicas, así que si posees la inspiración y la voluntad necesarias, este podría ser también otro medio para reforzar tu perfil profesional.

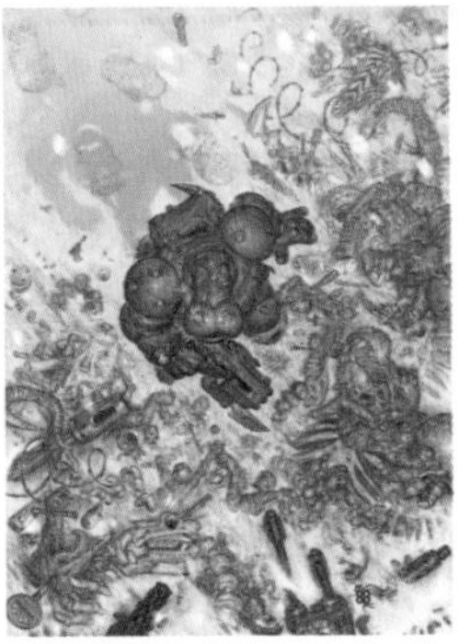

Página anterior: Algunos de los trabajos del autor de cómics comerciales Bo Cook para el cómic mensual *Elephantmen* (arriba) y su miniserie *War Toys* (abajo). Las series de cómics que cosechan éxito suelen editarse después en antologías en rústica, que a su vez pueden reportar nuevos encargos.

Abajo: Hasta la publicación de su novela *The Time Traveler's Wife*, Audrey Niffenegger era conocida sobre todo como pintora y grabadora. *The Three Incestuous Sisters* (publicado por The Random House Group Ltd.) se publicó originalmente como una edición limitada de diez libros confeccionados a mano que llevó catorce años completar.

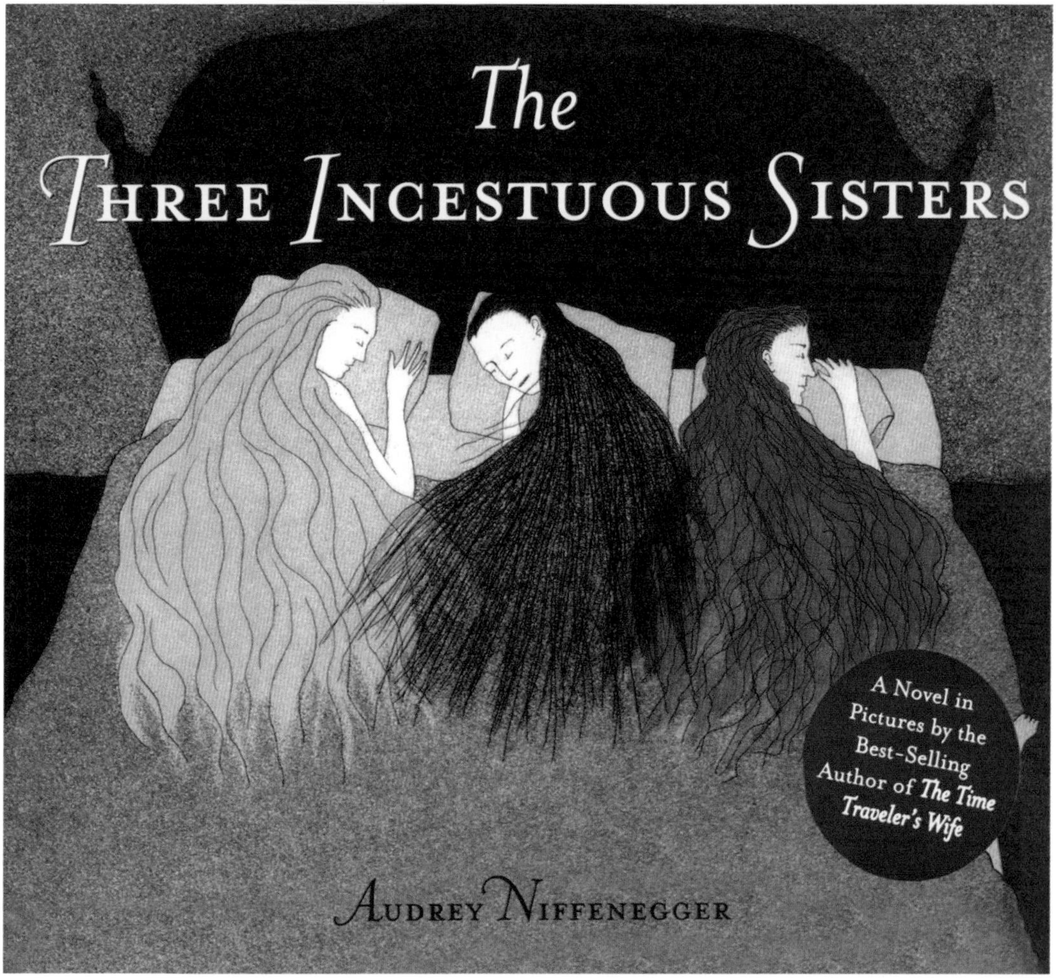

Cine y televisión

Como se ha mencionado anteriormente en este capítulo, ciertos estudios de diseño y consultoras de *branding* están especializados en servir a las necesidades de la industria del entretenimiento. Huelga decir, dado que se trata de un codiciado nicho de mercado, que existe gran competencia para trabajar en el mundo del cine y la televisión.

"El tamaño de la compañía es un factor importante, pero también creo que un diseñador puede recabar experiencias sanas y formativas en una amplia variedad de entornos laborales."

Doug Powell, director creativo, Schwartz Powell Design

Oportunidades para los diseñadores

El trabajo de *branding* para una televisión o un grupo mediático puede implicar la creación de la identidad de una nueva cadena o la renovación de una antigua. Tráileres, títulos de crédito, cuñas y campañas publicitarias que promocionen programas o cadenas específicos pueden todos ellos ser labor del diseñador, que en ocasiones puede asumir también funciones de dirección de realización. Sin embargo, las televisiones suelen tener a pocos diseñadores gráficos empleados en plantilla y, dado que la mayoría de los programas se compran a productoras que los realizan en paquetes completos que incluyen también las secuencias de títulos de crédito, los diseñadores internos tienen más posibilidades de trabajar creando material gráfico para producciones locales, como los informativos (la BBC, por ejemplo, tiene un departamento gráfico específico para sus telediarios) o tráileres promocionales.

A los diseñadores con un interés particular en los gráficos de movimiento (*motion graphics*) les convendrá más dirigirse a estudios especializados en diseño audiovisual o a productoras. Sin embargo, estas últimas pueden ofrecer menos garantías en términos de libertad creativa y satisfacción personal, ya que la función que desempeña en ellas un diseñador gráfico es esencialmente técnica y en la mayoría de los casos su labor consiste en poner en práctica las ideas del director más que en implementar las suyas. Como consecuencia, a la hora de contratar principiantes, las productoras dan más importancia al dominio técnico del *software* de lo que lo hacen los estudios de diseño, más preocupados con la generación de ideas y la resolución creativa de problemas. Diseñar para la industria del cine también puede implicar la creación de *motion graphics*, generalmente en la producción de tráileres o en la edición de los ya existentes. Asimismo, también se produce mucho material web e impreso, como carteles, *flyers* y anuncios de prensa y *online* que promocionan los lanzamientos en cines y DVD; sitios web dedicados a la promoción de películas individuales y, finalmente, el diseño del *packaging* de los DVD y los puntos de venta.

Mis recomendaciones para acceder a las oportunidades laborales que ofrecen estos dos ámbitos, televisión y cine, incluirían: investiga e infórmate (existen publicaciones y directorios *online* con listas de productoras en las que se proporcionan vínculos a sus sitios web); permanece atento a estancias en prácticas, ofertas de empleo y concursos; trabaja en tu red de contactos y estate al día con los últimos avances de tu sector. No hace falta recordar que tu portfolio (o tu bobina o cinta demo) debe reflejar adecuadamente tus áreas de interés y las disciplinas en las que eres capaz de trabajar.

"Por lo general, buscamos un rango específico de cualidades y después alentamos la experimentación y la formación con diferentes técnicas y aplicaciones de *software*. Por nuestro tamaño, y también por elección propia, siempre estamos alternando tareas. Eso hace más interesante el proceso. Cada miembro del equipo participa de diferentes métodos y técnicas al tiempo que se especializa en una serie de destrezas clave."

Judy Wellfare, directora creativa, Plus et Plus

Bahn TV es el canal de televisión de la compañía nacional ferroviaria de Alemania, Deutsche Bahn, a cuyos usuarios está orientado (aunque en la actualidad solo emite en Internet). Las cuñas identificativas, como esta creada por la diseñadora audiovisual Sascha Verwiebe, afincada en Berlín, son parte de la labor de los diseñadores que trabajan en este campo, al igual que los tráileres, las secuencias de títulos de crédito o las campañas de *branding*.

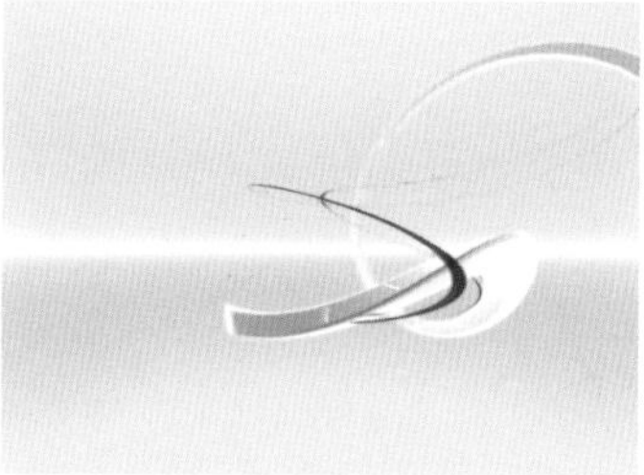

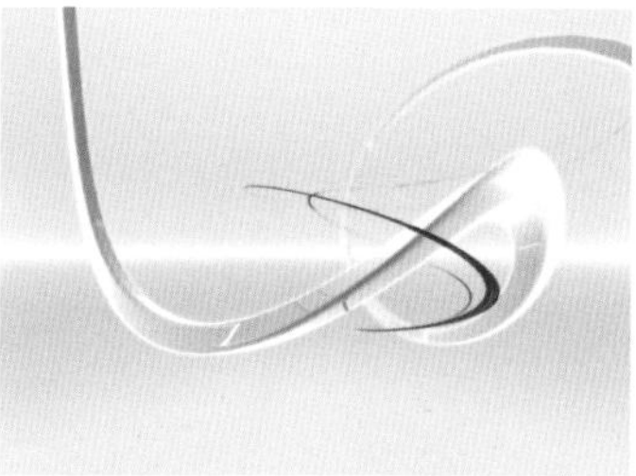

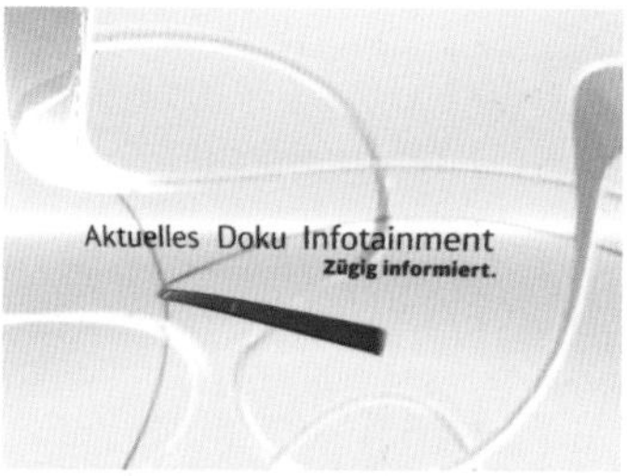

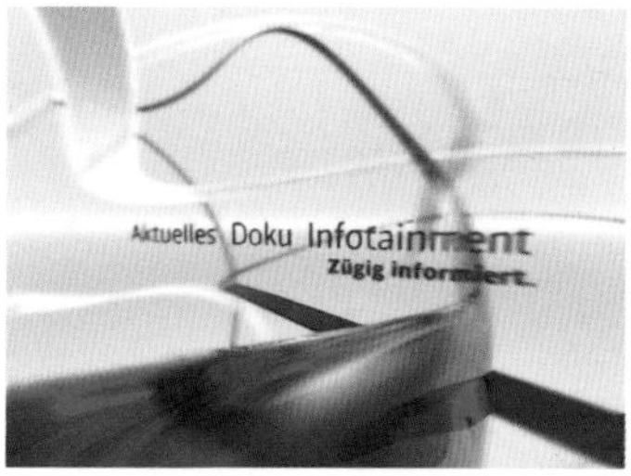

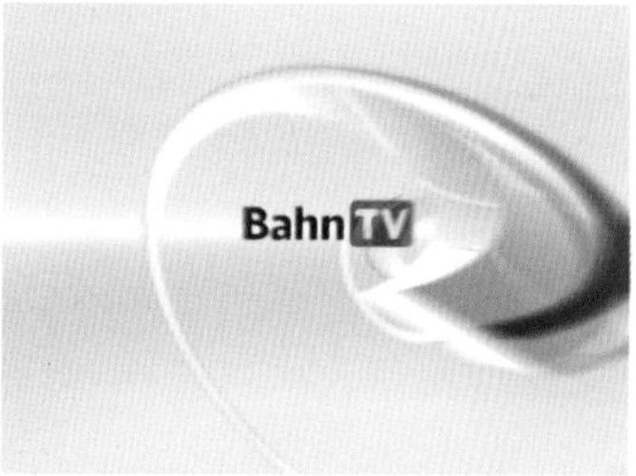

Desde su inclusión en el disco de presentación de Ladyhawke, el estilo de la artista australiana Sarah Larnach se ha convertido en sinónimo de la identidad visual de la cantante. Estos fotogramas pertenecen al vídeo promocional del sencillo *My Delirium*, en el que la obra de Larnach cobra vida mediante la animación. El videoclip fue dirigido por la productora Frater, de Partizan Lab, para Modular Recordings.

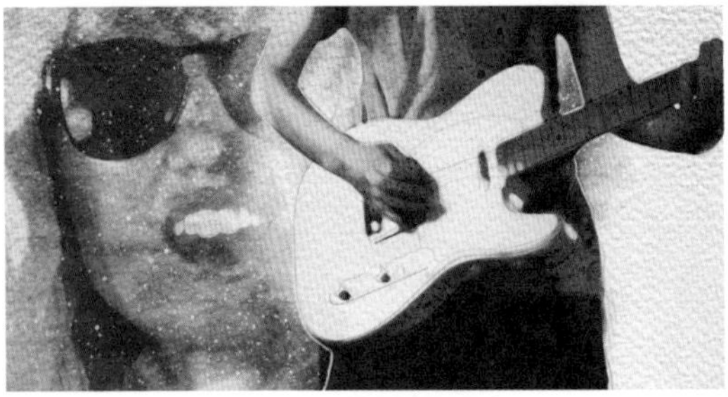

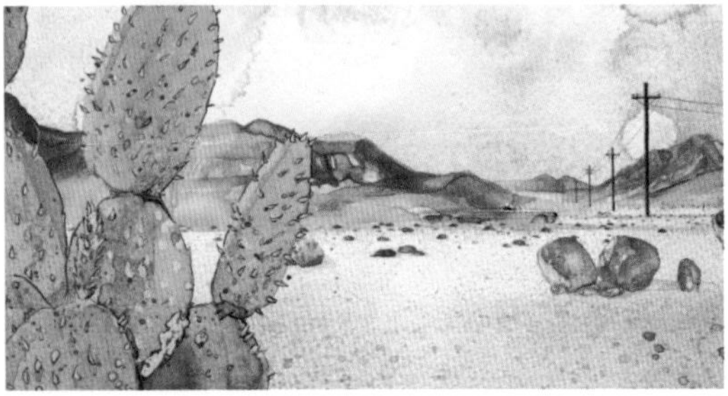

Oportunidades para los ilustradores

Es raro que las cadenas de televisión encarguen ilustraciones para sus identidades. Como los logotipos y otros símbolos identitarios pueden utilizarse durante algunos años, la empresa en cuestión tendría o bien que comprar los derechos de esa obra gráfica o bien ir renovando su licencia, lo que muchos consideran engorroso. En la promoción de películas, la ilustración es una cuestión de modas. En el momento en el que escribo esto hay poca cabida para ella, aparte de pequeñas producciones independientes y de cine de autor y de algún pastiche *retro*. La mayor parte del trabajo de ilustración suele ser muy especializado y las productoras contratan de manera regular profesionales independientes para la confección de *storyboards* y la ilustración de conceptos. Como sucede con los estudios de diseño, estas empresas difieren mucho en lo tocante a las áreas a las que dirigen sus servicios y aquellas técnicas en las que se especializan. Por lo tanto, junto al cine y a los programas de televisión, un artista de *storyboard* que trabaje para una diversa variedad de productoras puede estar potencialmente inmerso en el desarrollo de anuncios, promociones musicales, vídeos corporativos, educativos o demostrativos o de audiovisuales para acontecimientos en directo.

Storyboards

Existen dos tipos fundamentales de *storyboard*. El primero es aquel que establece el tono visual deseado para una película, un vídeo promocional, una secuencia de títulos o un anuncio. En el caso del cine, es labor de la productora conseguir financiación para un proyecto antes de coordinarlo y este material visual de preproducción —aunque con un acabado muy pulido y a todo color— desempeña una función vital en el proceso (de hecho no es raro que un director en ciernes acuda primero a un artista de *storyboard* antes de tantear a una productora). Un montaje con las imágenes relacionadas con las secuencias clave también permite al director hablar al cliente durante las primeras fases de la gestación de un proyecto. Dependiendo del sector y de la localización geográfica, este *storyboard* de preproducción (conocido también como *client board* [boceto para el cliente] o *mood board* [boceto de ambientación]) concierne más a la ambientación que a los detalles técnicos.

El segundo tipo (llamado a veces *shooting board* [boceto de rodaje]) cumple un propósito muy diferente. Se ocupa enteramente de los detalles técnicos y de dirección, proporciona un desglose de la acción fotograma a fotograma, incluyendo primeros planos y ángulos de cámara y constituye una guía a la que se adhiere estrictamente el equipo de rodaje durante la producción. Como consecuencia, suele realizarse en blanco y negro en un estilo básico y esquemático fácil de fotocopiar. Dado que los proyectos rara vez se ruedan en secuencia cronológica, este *storyboard* muestra a primera vista qué escenas pueden rodarse juntas con el fin de reducir los gastos de producción.

Algunos sectores se ajustan más a ciertos tipos de personalidad (y destrezas) que otros. Producir un *storyboard* para una agencia de publicidad puede reportar jugosos ingresos, pero tendrás que tenerlo preparado en un par de días y te dejará muy poco margen de creatividad personal. Por el contrario, hacerlo para una película puede llevarte unos tres o cuatro meses y no estará tan bien pagado, pero es menos estresante y el elemento creativo está más presente.

Los diversos tipos de cliente querrán ver diferentes temas tratados en tu portfolio. A una agencia de publicidad, por ejemplo, tendrás que convencerla de que puedes moverte en lo cotidiano y lo mundano ("madre atareada abre un paquete de cereales para el desayuno"), mientras que una productora especializada en la magia de los efectos especiales y las imágenes generadas por ordenador (CGI) buscará algo más en la línea de "superhéroe abrasa hordas de vampiros con el solo poder de su mente". Junto al dominio del dibujo secuencial y la habilidad para volcar rápidamente las ideas creativas de otros sobre el papel, tienes que ser capaz de pensar de forma cinemática, por lo que es de ayuda poseer un conocimiento funcional de qué es lo que hace una cámara.

Ilustración de conceptos

Las productoras de cine buscan a veces ilustradores ya establecidos con una reputación en el campo de la ciencia-ficción o el género fantástico para contratarlos como ilustradores de concepto. Toda gran producción de cine fantástico contrata al menos uno de estos profesionales, que son los responsables de la estética general de la película. Como sucede con los *storyboards* de ambientación, se trata de una labor de visualización de preproducción principalmente. El artista de concepto trabaja con el director y el diseñador de producción, quien a su vez encabeza el departamento artístico (el personal que construye los *sets* y diseña los vehículos, las criaturas, el vestuario, etc., y con quien el artista interactúa a menudo) para garantizar que todo el material visual se ajusta a su visión. Todo aquel que quiera trabajar en cualquier aspecto visual dentro del cine debería indagar y comprobar qué producciones están buscando personal y contactar con el diseñador de producción a través de la productora en cuestión. Un sitio excelente para comenzar a hacerlo es por ejemplo www.mandy.com, donde se muestran ofertas de empleo de producciones que reclutan personal de todo el mundo. A su vez, los ilustradores ya establecidos que deseen involucrarse en el área del *storyboard* pueden anunciarse gratis en diversos sitios web especializados.

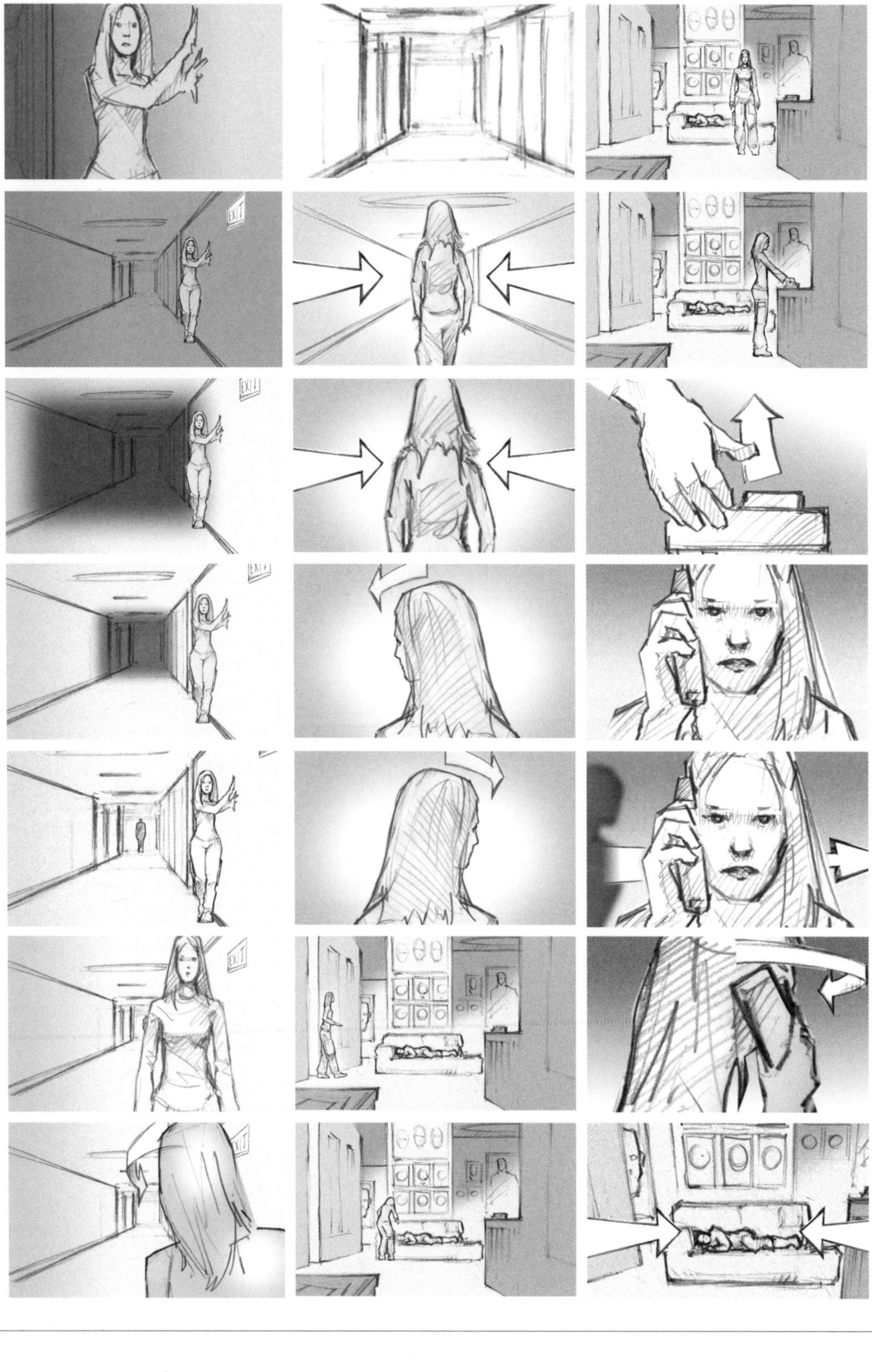
EXIT

Página anterior: Un *storyboard* de rodaje incluye los detalles técnicos de dirección y realización, y suele producirse en un estilo esquemático y en blanco y negro. Aquí se muestra el de la película *Reverb* (2007), de Etian Arrusi, creado por el diseñador, ilustrador y artista de *storyboards* Graham Humphreys.

Abajo: Ilustración de concepto, detallada y atmosférica, para la película de terror de bajo presupuesto *Flick* (2008). Su director, David Howard, contactó con el ilustrador Alex Tomlinson después de ver algunos de sus trabajos editoriales. El encargo incluía el diseño final del cartel promocional (abajo a la izquierda) y el de una doble página de cómic usada para la secuencia de títulos (abajo a la derecha).

Desarrollo de videojuegos

Este popular sector, siempre en expansión, opera de manera algo distinta a la mayoría de los descritos en este libro. En primer lugar, es una de las pocas áreas que puede ofrecer a los ilustradores un trabajo con contrato fijo en plantilla, contratos temporales por proyecto o encargos en calidad de externos. Desde la perspectiva de la empresa desarrolladora, tener a los artistas en plantilla permite ejercer cierto control sobre proyectos de alta confidencialidad. En segundo lugar, el hecho de que la industria esté en fase de crecimiento y de que existan desarrolladores que operan en todo el mundo implica que hay oportunidad de viajar.

Si bien los diseñadores gráficos suelen trabajar en el *packaging* y la promoción de los juegos en la fase de posproducción/edición, existen muchas más posibilidades para los artistas y animadores. Aun así, dependiendo de la empresa y del proyecto, puede resultar útil contar con un ilustrador o animador que tenga además experiencia como diseñador y algunos empleadores reclutan personal con ambas destrezas (por ejemplo, un ilustrador con experiencia en diseño web o de impresión, ya que el diseño de interfaces, relacionado con las páginas de inicio [*splash screens*], los menús, etc., tiene lugar durante la fase de preproducción). El tamaño de la empresa y sus valores corporativos varían enormemente y no existen estándares fijos: el tipo de trabajo ofertado y el número de profesionales involucrados depende enteramente de cada proyecto. Dado que las funciones se solapan muy a menudo, la capacidad para trabajar en equipo es esencial y, como sucede en otras áreas laborales creativas, la habilidad para comunicar ideas tanto de modo verbal como visual es vital para desarrollar un producto final potente.

Cualidades del ilustrador

En términos generales, existen dos tipos de ilustrador que operan en el desarrollo de videojuegos: los ilustradores de concepto, que trabajan en 2D en la fase temprana de preproducción; y los modeladores de 3D y los texturizadores, altamente especializados, que insuflan vida digital a sus conceptos. Aunque algunos artistas prefieren concentrarse solo en un área, como los personajes, los vehículos o los entornos, en un nivel de principiante es recomendable mostrar cierta diversidad de estilos y cierto grado de flexibilidad hacia el tema tratado. Como sucede en la mayoría de los sectores que funcionan por encargos, poseer un estilo distintivo y personal puede constituir una ventaja. Sin embargo, teniendo en cuenta que la estética de un videojuego puede tener que ser realista, estilizada, o caricaturesca, el punto débil de contar solo con un estilo es que puede no ser el que el desarrollador anda buscando. De manera similar, si empiezas ya con la idea de concentrarte en un área concreta es posible que te lleve más tiempo hacerte con un sitio en la industria. Considera la especialización como un objetivo más a largo plazo que a corto.

A pesar de la popularidad de programas como Paint Shop Pro y Painter, Adobe es la gran dominadora del sector y la destreza con el Photoshop es tan imprescindible como ser un dibujante excelente.

Los desarrolladores no son necesariamente prescriptivos a la hora de fijar cómo deben crearse los conceptos, pero dado que este trabajo va a verse involucrado con otros aspectos del desarrollo tendrá que ser compatible con cualquier otro sistema que venga a continuación. Si tienes la oportunidad de hacerlo, acostúmbrate a trabajar con las resoluciones de pantalla y los formatos de archivo determinados que se usan en el modelado digital, así como a hacerlo con la mayor resolución que requiere el material destinado a la imprenta. En lo que respecta a los videojuegos y la animación, el modelado digital no debe confundirse con el modelado de alta poligonalización utilizado en cine y televisión. Alias Maya, LightWave o 3ds Max son hoy los estándares.

Muchos desarrolladores están estableciendo hoy vínculos específicos con centros docentes en los que se imparten cursos de diseño de videojuegos, por lo que se están comenzando a desarrollar currículos específicos con vistas a formar profesionales altamente cualificados. Así pues, se demandan titulados. Las ofertas de trabajo pueden consultarse con frecuencia en los propios sitios web de las empresas desarrolladoras, así como en las revistas y sitios web especializados en videojuegos (muchos de los cuales también pueden ofrecer excelente orientación profesional), en agencias de empleo especializadas y en comunidades virtuales. Existen también recursos *online* que permiten a los artistas de concepto promocionar su trabajo, en algunos casos incluso de forma gratuita, si bien muchos de los sitios que los alojan exigen un año de experiencia profesional para poder hacerlo. Una vez más, las estancias en prácticas y los encargos como independiente cuentan para tu progresivo afianzamiento en la profesión.

El juego Invention Suspension fue producido por Aardman Digital para promocionar la exposición *Wallace and Gromit Present a World of Cracking Ideas* celebrada en el Museo de Ciencias de Londres. El juego funcionaba como una pieza de marketing viral diseñada para derivar el tráfico hacia el sitio web promocional de Cracking Ideas al tiempo que entretenía a sus jugadores.

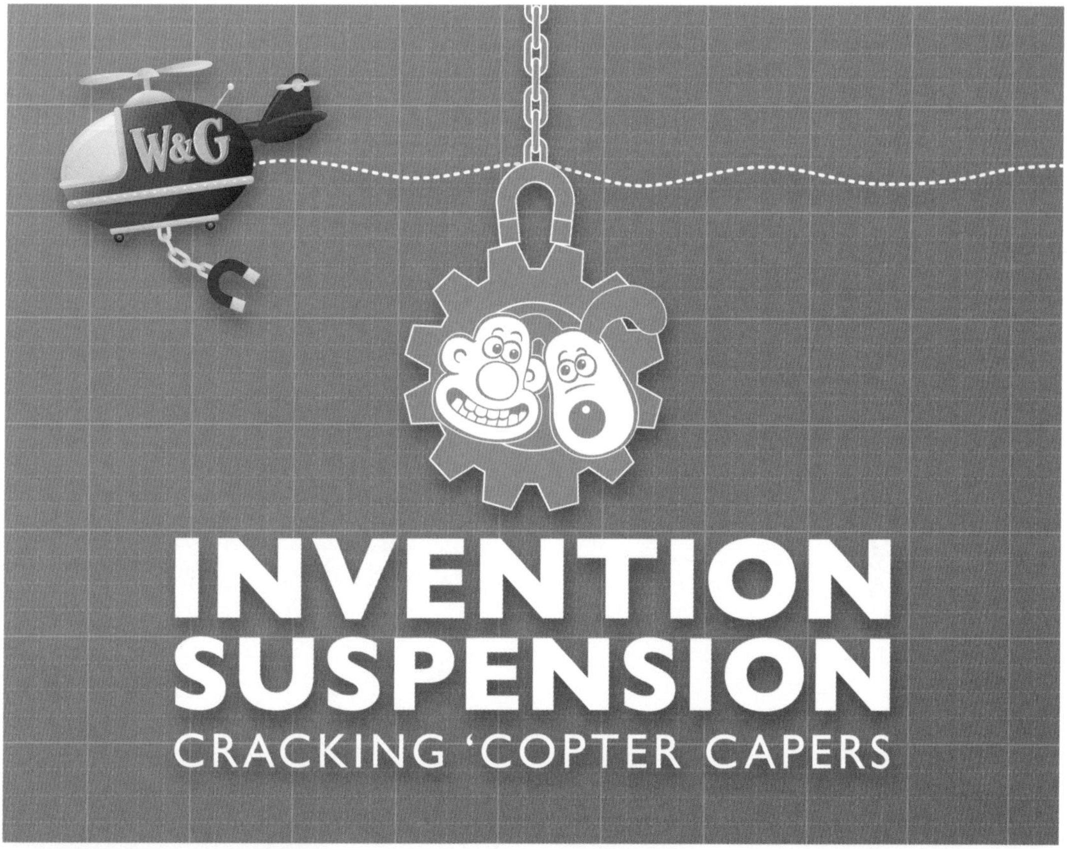

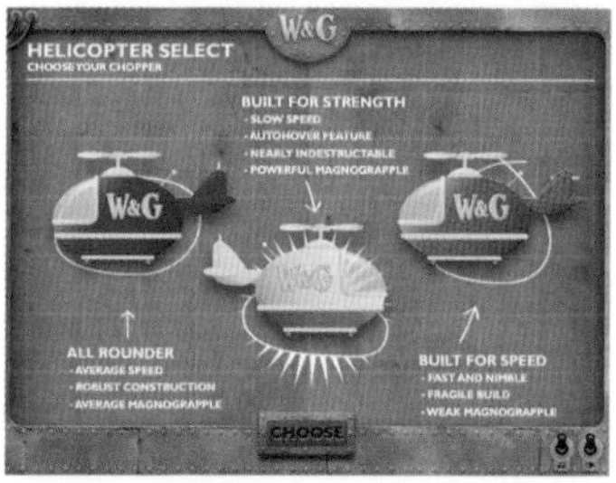

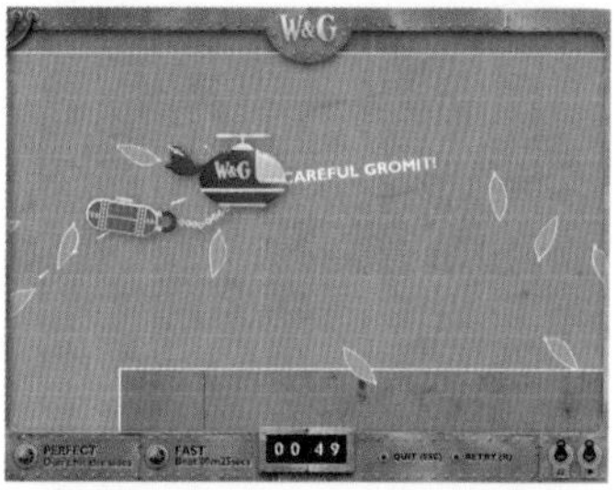

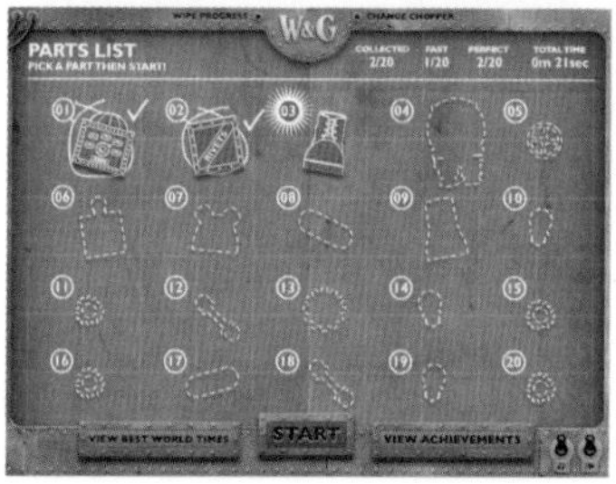

“El mejor consejo que puede darse a un ilustrador principiante es que abarque tanto como pueda. Mucha gente llega con la idea de ser diseñador de personajes, pero eso te puede limitar mucho. Las empresas buscan gente capaz de ilustrar entornos, objetos, etc., y a medida que un ilustrador progresa y demuestra su talento puede comenzar a hacerse un nombre por su excelencia en cierta área.”

Jim Thompson, coordinador de curso, Licenciatura y Máster en Diseño de Videojuegos, Universidad de Central Lancashire (RU)

Página anterior: Fotograma y trabajo de desarrollo del entorno y los personajes del videojuego en línea Machinarium, protagonizado por un pequeño robot. Amanita Design, un desarrollador independiente de videojuegos, fue fundada por el diseñador de videojuegos y artista visual checo Jakub Dvorsky, poseedor de una estética marcadamente original y distintiva.

Abajo: Ejemplos de trabajo de desarrollo de personajes mediante modelado en 3D de un proyecto de un alumno. Los bocetos iniciales (abajo a la derecha) se emplean para definir los rasgos, que después se trasladan al ordenador utilizando la aplicación de *software* Zbrush (arriba).

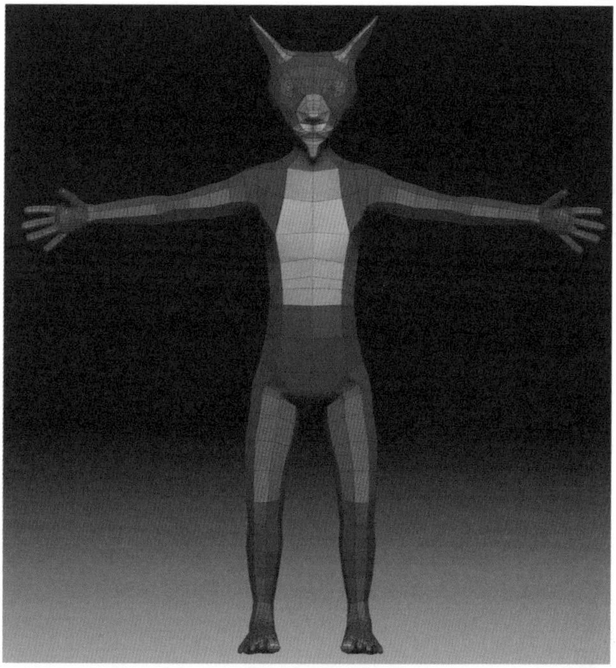

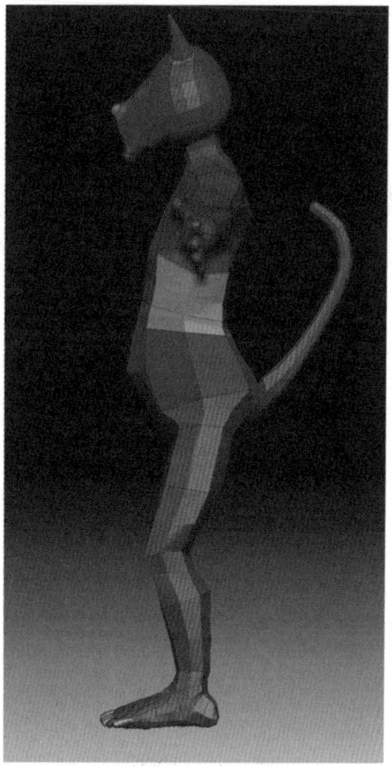

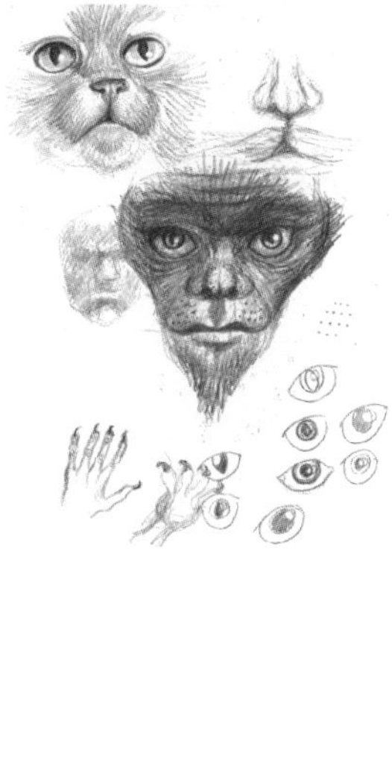

Happy
Birthday!
HAPPY BIRTHDAY
celebrate!
good
Party!!

Página anterior: Diseños de tarjetas a cargo de Andrew Pavitt (arriba). Pavitt comenzó por publicar y distribuir sus propias tarjetas, pero descubrió que prefería diseñar a encargarse de los aspectos administrativos del negocio. En la actualidad publica su trabajo con Art Angels. Rachel Harper (abajo) pertenece a la escudería de diseñadores que trabajan para la empresa de obtención de licencias de explotación Inspire by Design, que, al igual que muchas firmas textiles, funciona sobre una base especulativa.

Tarjetas de felicitación

Las empresas que producen tarjetas de felicitación varían desde grandes operadores a escala internacional a diminutas firmas unipersonales y pueden agruparse en dos categorías: las que fabrican para mayoristas y las que lo hacen directamente para minoristas. Aunque es cierto que la calidad del producto ha mejorado en los últimos años, en el ámbito de los mayoristas las tarjetas suelen ser muy anodinas y polivalentes. Por eso es preferible que lo intentes en el sector minorista, ya que está mejor pagado y el trabajo que desarrollas es menos genérico.

Puestos de diseñador en plantilla

Las tarjetas de felicitación conforman una parte sustancial pero discreta de la industria del regalo y pueden proporcionar trabajo a tiempo completo tanto a diseñadores principiantes como a veteranos. Las ofertas pueden encontrarse en las publicaciones relacionadas con esta industria y en sitios web de búsqueda de empleo, además de en los propios sitios web de las empresas fabricantes. Algunas de estas (Hallmark, por ejemplo) ofrecen puestos de becarios para estudiantes. Dependiendo del tamaño de la empresa, las funciones pueden variar y algunas de ellas muestran preferencia por los aspirantes con destrezas múltiples, incluida la ilustración. Sin embargo, no todas las editoriales del sector trabajan con ilustradores: algunas se concentran más en la tipografía y las bellas artes, y la labor de los diseñadores que trabajan para ellas incluye la documentación fotográfica. Aquellas que basan su reputación en sus tarjetas ilustradas pueden generar todo o parte del material ellas mismas, mientras que otras confían a un diseñador la tarea de realizar encargos a ilustradores externos. Con independencia de la empresa, requisitos imprescindibles para trabajar en el sector son un firme interés en las diferentes tendencias que lo animan y estar familiarizado con Illustrator, Photoshop, QuarkXpress e InDesign. El dominio de la tipografía y la maquetación son también claves. Algunas empresas de tarjetas emplean a expertos en cartones y cartulinas, por lo que algunos conocimientos o el interés sobre este punto pueden concederte ventaja si estás interesado en trabajar con tarjetas desplegables.

Ilustrar tarjetas de felicitación

El sector de las tarjetas de felicitación es uno de los pocos en los que poseer diversos estilos de ilustración es considerado como un plus a la hora de asignar un encargo. Con todo, la industria del regalo es eminentemente especulativa y los ilustradores de tarjetas de felicitación rara vez cobran por el trabajo de desarrollo. Es más, a no ser que un artista goce de una trayectoria consolidada con una empresa particular, no existe garantía de que una serie de tarjetas proyectada salga adelante. Si es la primera vez que el ilustrador trabaja con ella, o si está trabajando en una serie que se desvía de modo significativo de la producción anterior de la compañía, el fabricante necesitará estar seguro de que las tarjetas se venderán bien antes de invertir en el coste de su producción.

La industria del regalo trabaja con varias temporadas de adelanto (los productos para San Valentín y Semana Santa se lanzan en verano del año anterior) y algunos fabricantes de tarjetas emiten pronósticos sobre tendencias a partir de los cuales trabajan sus diseñadores decorativos contemporáneos. Aun así, las identidades visuales de las compañías pueden variar mucho y el trabajo decorativo no es el único solicitado por las empresas. Otros géneros populares ilustrados incluyen las tarjetas tiernas/caprichosas, las extravagantes/humorísticas, las tradicionales, las artísticas, las juveniles y las hechas o acabadas a mano.

Encontrar el fabricante adecuado

Las empresas promocionan sus tarjetas de felicitación de muy diversas maneras, incluida su exhibición en las diferentes ferias anuales de la industria, nacionales y regionales, que se celebran durante todo el año. A las muestras asisten compradores que van desde los propietarios de pequeñas tiendas de regalos y galerías a los representantes de grandes almacenes y cadenas, así como agentes, mayoristas y distribuidores en el extranjero. Todo profesional que aspire a labrarse una carrera en el ámbito de las tarjetas de felicitación debería ir a tantas de estas ferias como pueda para conocer a fondo el negocio. Esto es así tanto si eres un diseñador en busca de un trabajo a tiempo completo como si eres un ilustrador en busca de encargos o si quieres establecer tu propia empresa dentro del sector. Las ferias brindan la oportunidad de conocer a cientos de fabricantes bajo un mismo techo y de ver muchos más ejemplos de las diferentes líneas en las que trabajan de los que podrías ver tienda a tienda. Recuerda, sin embargo, que la mayoría está allí para vender, más que para comprar, y que pocas dispondrán del tiempo o la inclinación a examinar con calma un portfolio. Es preferible preguntarles si puedes enviarles una muestra de tu trabajo cuando la feria concluya.

Por lo que respecta a los ilustradores, lo ideal es trabajar para un fabricante de tarjetas que cuente en plantilla con un diseñador que realiza los encargos artísticos, ya que alguien con el ojo entrenado tomará decisiones sensatas en materia estética. El control de calidad es un buen indicador de la ética que rige la empresa. Antes de acercarte a ninguna de ellas debes asegurarte de que cumple al menos dos condiciones: en primer lugar, que el material que produce es de patente calidad; y en segundo, que su estética sea adecuada a tu trabajo. Si estás en la misma onda que tu empleador será más difícil que te rechacen proyectos, ya sea él o las tiendas con las que trabaja. Por último, nunca caigas en la tentación de responder a anuncios en publicaciones ajenas a la indus-

Siobhan Harrison se formó y trabajó en la industria textil antes de iniciarse en el mundo de la ilustración, tras lo cual ha trabajado desde su casa como creador de tarjetas de felicitación. En la actualidad compagina esta labor con la ilustración editorial. Su adaptabilidad le ha granjeado una gran reputación entre una amplia clientela, pues su producción abarca una gran diversidad de géneros de tarjetas de felicitación, incluidas las basadas en personajes entrañables (izquierda) o las decorativas (derecha).

tria del tipo de "entusiasta nueva empresa de tarjetas busca nuevos diseñadores igualmente entusiastas". O se trata de una banda de piratas o de unos pardillos principiantes y toda relación con ellos está abocada a acabar en lágrimas.

Crear un portfolio

Cuando confeccionas un portfolio con muestras destinado a los posibles fabricanes de tus tarjetas merece la pena recordar que, aunque mucha gente prefiere las tarjetas del tipo "escriba dentro su propio mensaje" en las que puedan reflejar su propio gusto, estilo o personalidad, otras prefieren, con mucha diferencia, las más obvias, hasta en rima. He trabajado en tiendas y en una ocasión un cliente que andaba en busca de una tarjeta con la leyenda "Feliz cumpleaños a mi mujer" me informó (contra la sugerencia de escribir su propio mensaje en una tarjeta de cumpleaños para esposas que fuese menos específica) que así lo mandaba "el protocolo". Después me di cuenta de que los ilustradores que contaban con carta blanca para producir series de tarjetas en blanco lo habían logrado solo después de pasar años en el sector de las tarjetas con mensaje y haber demostrado su eficacia comercial. Por lo tanto, recomiendo desarrollar una pequeña selección de muestras que prueben que puedes tratar temas comunes: una línea de tarjetas para bodas, compromisos y San Valentín, quizás; otra de tarjetas de cumpleaños para diferentes franjas de edad o diferentes familiares, otra para embarazos, nacimientos, bautizos, etc. Esto te brindará la oportunidad de desplegar toda tu versatilidad estilística.

Establecerse como fabricante

Tanto si eres diseñador como si eres ilustrador, si estás considerando la posibilidad de montar tú mismo un negocio de edición de tarjetas de felicitación tendrás que calibrar cuidadosamente tu talento empresarial y cómo encontrar financiación para tu proyecto. Invertirás un tiempo comparativamente pequeño en las labores de diseño o ilustración, ya que tendrás que atender todos los procesos de producción y marketing de tu línea, de los suministros y materiales, tratar con las imprentas, ocuparte del procesamiento, embalaje y envío de los pedidos, ampliar mercado por todos los medios, emitir facturas e informes de cuentas y reclamar pagos pendientes. Todo ello mientras haces malabares con tu liquidez. El periodo de aprendizaje puede ser muy duro y la documentación e información son vitales.

Acude a ferias del regalo, habla con agentes, vendedores y otros fabricantes de tarjetas acerca de tu viabilidad comercial antes siquiera de pensar en llevar tus ideas a la imprenta. Mejor aún, antes aprende el oficio trabajando diseñando o ilustrando para otros fabricantes. He visto a editores primerizos tomar deci-

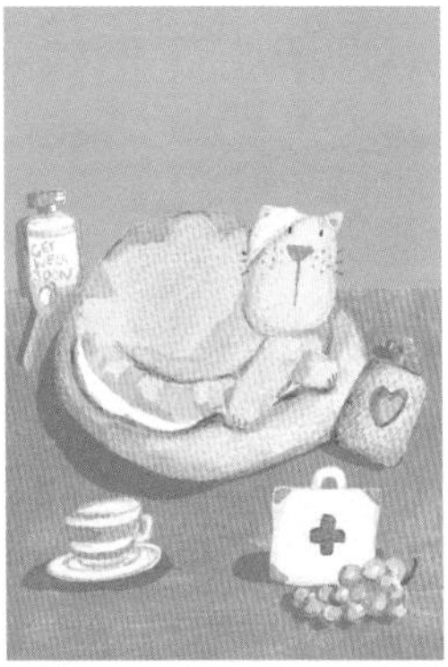

siones empresariales muy desafortunadas por la simple falta de experiencia; desde imprimir líneas demasiado limitadas (la mayoría de las tiendas prefieren tener tres o cuatro diseños a la vista) o hacerlas en formatos con poco tirón (cuadradas) hasta fabricar tarjetas carentes de gancho comercial o invertir tanto dinero en la producción que el precio de venta al público era prohibitivo.

Por último, por lo que respecta a la venta de tus tarjetas, comienza por exponerlas en alguna de las ferias regionales del regalo más pequeñas, ya que se trata de eventos más asequibles y menos corporativos que los de las grandes muestras internacionales.

Resumen
Familiarizarse con el mercado

1.

Informarse sobre las áreas clave de la industria creativa y conocerlas bien es esencial a la hora de decidir qué sectores son los que más te interesan y cuáles tantear en busca de trabajo.

2.

Las estancias en prácticas en estudios de diseño, agencias publicitarias y revistas a menudo allanan el camino para conseguir un puesto de diseñador gráfico a tiempo completo. La mayoría de los ilustradores suele trabajar por su cuenta y, generalmente, sus primeros encargos vienen del sector editorial.

3.

Los estudios de diseño varían mucho en cuanto al tamaño y los servicios que proporcionan a sus clientes. Pueden abarcar un gran espectro y/o ser multidisciplinares o concentrase en sectores específicos como la moda o las finanzas. Las especializaciones son también muy diversas y van del *branding* al *packaging* y el diseño web.

4.

Las agencias de publicidad son las que pagan mejor, pero también donde se trabaja más duro y con plazos más exigentes. Algunas están especializadas en medios y soportes específicos, como material impreso, cine y televisión, campañas en la Red o buzoneo.

5.

El sector editorial es muy amplio y abarca revistas, periódicos y publicaciones especializadas. Los estilos de diseño e ilustración varían según el público, por lo que es esencial para un profesional decidir qué tipo de publicación se adecua mejor a su perfil técnico.

6.

La edición de libros incluye obras de ficción y no ficción, en tapa dura y blanda, y tanto para adultos como para niños. Muchos de los diseñadores que luego se establecen por su cuenta comienzan primero trabajando en una editorial. Los libros infantiles ilustrados proporcionan trabajo a los ilustradores cuyo estilo se adapta bien a este mercado.

7.

Los cómics y las novelas gráficas constituyen un terreno más interesante para los ilustradores que para los diseñadores. Existen dos vías de acceso a este sector: crear y autoeditar cómics de forma independiente, o bien trabajar para una editorial comercial como ilustrador externo.

8.

El cine y la televisión son parte de la industria del entretenimiento y, como se trata de un mercado altamente especializado, existe gran competencia por trabajar en ambos sectores. El dominio de aplicaciones de *software* es esencial en aquellos diseñadores que deseen trabajar en productoras. En cuanto a los ilustradores, se suelen contratar regularmente como artistas de concepto y *storyboards*.

9.

El desarrollo de videojuegos ofrece más oportunidades a artistas y animadores que a diseñadores, además de ser uno de los pocos sectores en los que se contrata a ilustradores en plantilla, ya sea fijos o por proyecto. Los artistas deben familiarizarse con las diferentes resoluciones de pantalla y los distintos formatos de archivo empleados en el modelado digital.

10.

Las tarjetas de felicitación son parte de la industria del regalo y pueden proporcionar puestos trabajo a tiempo completo para diseñadores gráficos. Los perfiles varían y hay empresas que prefieren contratar profesionales con destrezas multidisciplinares. Esta área creativa es una de las pocas en las que contar con una variedad de estilos ilustrativos diferenciados es una ventaja.

Long Island Graphic Design Agency,
Lyon, France
I try to be creative and to see things differently to make my projects interesting to me and to others.
ALIX JEAMBRUN
Curriculum Vitae
12 Peoples Place
Warwick road
OX16 0FJ, Banbury, UK
07544666516
alixjeambrun@gmail.com

3

Búsqueda de información y llamadas en frío

Antes de tantear a empresas y profesionales de los diferentes sectores de la industria creativa que más te interesen, es necesario que averigües tanto como puedas sobre ellos. Comprender la naturaleza específica del trabajo que desarrolla una empresa concreta, cómo podrías serles más útil y los medios por los que prefieren que se contacte con ellos te será de mucha más ayuda que intentarlo con un montón de empleadores vagamente apropiados. Dirígete tan solo a aquellos a los que tu trabajo se adecue verdaderamente y asegúrate de que lo que les envías como muestra representa con fidelidad el contenido de tu portfolio y a ti como profesional. En algunos casos, esto implicará confeccionar *packs* promocionales individuales en lugar de/o además del material más genérico que ya tienes preparado. Incluso puede ser necesario producir una nueva pieza con el fin de ajustarte aún más a las necesidades específicas de quien tengas en el punto de mira.

Página anterior: La hermosa presentación del currículum de Alix Jeambrun es tan difícil de olvidar como apropiada para su público objetivo. Es representativa del tipo de trabajo que aspira a conseguir: ilustración y diseño artesano.

Por qué es importante recabar información

Cuanto más sepas sobre un potencial empleador antes de una entrevista, más probabilidades tendrás de causar buena impresión. Por desgracia, existe una peculiar raza de entrevistador que se deleita descolocando a todo nervioso principiante en busca de su primer trabajo, así que cuanto más preparado vayas, más confianza tendrás. Se oyen historias sobre directores de arte rasgando en pedazos las muestras del candidato o despreciándolas de la manera más hiriente (algunas industrias, como la publicidad, tienen fama de ser peores que otras). O, sencillamente, ocurre que circulan unos cuantos personajes desagradables por ahí, que disfrutan malversando su poder y la influencia que les otorga su posición. Te encontrarás más de uno durante tu carrera profesional, así que intenta enfocar estos paréntesis como experiencias formativas de tu carácter. El truco consiste en saber reconocer las críticas legítimas y constructivas, que suelen adoptar las siguientes formas:

"Necesitaría ver ejemplos específicos de X/Y/Z antes de estar completamente seguro de que nos conviene contratarte."

"Tus personajes carecen de la originalidad y particularidad requeridas para el mercado de los libros infantiles."

"Tu X es muy fuerte, pero tu Y necesita trabajarse más."

"Hay demasiados estilos ilustrativos aquí; lo encuentro confuso."

"Tu trabajo probablemente se adapta mejor al sector X que al nuestro."

"No solemos encargar mucho de X. ¿Has pensado en tal y tal en su lugar?"

Si bien es cierto que las opiniones pueden ser subjetivas, si una crítica se convierte en recurrente ahí tendrás un indicador fiable de que persiste un problema que hay que solventar. Cuanto más consciente seas de lo que un empleador o entrevistador está buscando y cuanta más confianza tengas en tu habilidad para satisfacer sus requisitos más sencillo resultará saber apreciar una crítica constructiva y actuar en consecuencia.

"Siempre merece la pena hacer bien los deberes y ser franco contigo mismo sobre cuál es tu estilo y a quién quieres dirigirte."

Hazel Brown, editora artística adjunta, *Radio Times*

A su vez, cuanto menos específicos y estudiados sean tus objetivos, más deambularás sin rumbo, perdido en un mar de críticas dispares que ni siquiera podrán serte de mucha ayuda. Cuando era un diseñador recién licenciado y desesperado por conseguir mi primer trabajo, una vez viajé kilómetros para ir a una empresa que había elegido al azar en el único directorio de estudios de diseño que había por aquel entonces. Al llegar, se hizo manifiesto al instante que se dedicaban más bien al diseño industrial (un ámbito para el que yo no tenía cualidades, ni siquiera formación). Mi entrevistador, sin duda tan desconcertado como yo acerca de las razones que habrían podido conducirme hasta allí, pero sintiéndose al mismo tiempo obligado a ofrecerme algo parecido a un consejo profesional, me dijo: "creo que deberías montar otra vez tu carpeta y hacerlo en gris". Visto en retrospectiva, y teniendo en cuenta que mi trabajo lucía muy bien montado en negro, fue un claro ejemplo de situación en la que ambas partes pierden el tiempo.

"Infórmate bien acerca de las empresas cuyo trabajo te gusta. No solo las más obvias. Averigua quién trabaja en ellas y quién realiza los encargos, su nombre (correctamente deletreado) y un poco acerca de él o ella: su formación, dónde estudiaron... Envíales una carta o un correo electrónico personal y profesional, considerado y atento, bien maquetado y firmado. Nada de cartas-tipo encabezadas con 'Querido fulanito...'"

Andy Ewan, socio fundador, Ewan Searle Studio

Páginas siguientes: Algunas páginas del portfolio *online* de la profesional multidisciplinar Tien-Min Liao, taiwanesa afincada en Nueva York (izquierda); y cartel autopromocional que muestra varias de sus creaciones (derecha).

Enfocar tu investigación

Como mencionamos en el capítulo uno, algunas escuelas de arte y diseño ofrecen más orientación profesional que otras y, por supuesto, existen también muchos alumnos que se empeñan en permanecer en su burbuja hasta que se licencian. Con frecuencia me encuentro con profesionales novatos que no solo parecen no darse cuenta de la competencia que rige en toda esfera, sino que además alimentan unas ambiciones muy alejadas de la realidad. Si solo trabajas en blanco y negro, tendrás menos opciones que alguien que lo haga en color; si no sabes dibujar niños, o personajes *per se*, te enfrentas a una carrera muy limitada como ilustrador de libros infantiles; e incluso si eres el mayor experto del planeta en Tolkien o en *Star Trek*, eso no implica que de forma automática tu trabajo se ajuste al estándar requerido para ilustrar cubiertas de *best-sellers*.

Verdades amargas como estas abundan. Seas ilustrador o diseñador, no conviene construir castillos en el aire. No obstante, la abundancia de material impreso y en Internet hace que sea relativamente sencillo encontrar posibles empleadores en el mundo del diseño, mientras que la naturaleza ubicua y conspicua de la ilustración facilita la búsqueda de posibles clientes.

Empleos en el mundo del diseño

Son muchos los diseñadores que encuentran un puesto de trabajo a tiempo completo en los estudios en los que hicieron las prácticas como estudiantes, por lo que es aconsejable investigar la posibilidad de entrar como becario mientras aún estás estudiando. Definir tu objetivo es clave: si tienes inclinación por un área específica (el *branding* en comercios minoristas, por ejemplo, o el diseño de páginas web) indaga las posibilidades de hacer prácticas con una empresa que refleje tus intereses. En caso de que aún no lo tengas tan claro comienza a familiarizarte con el trabajo de tantos empleadores como te sea posible. Aunque no quieras especializarte descubrirás considerables variaciones en las diferentes políticas de empresa, en su clientela y en su aproximación al diseño en general. Por ejemplo, tienes que saber que algunos estudios de diseño no encargan prácticamente ninguna ilustración por lo que te conviene descartarlos.

Si has alcanzado ya la fase de selección de posibles empleadores a los que dirigirte, estudiar las distintas ofertas de empleo (incluso si no estás cualificado para solicitar los puestos que se ofrecen) es esencial. Las dimensiones de una empresa y su localización geográfica, su enfoque generalista o especializado, el sector al que se dirige y la tendencia que muestra a emplear profesionales multidisciplinares pueden especificarse en el anuncio, en su sitio web o en un perfil aparecido en la prensa de la industria creativa, si bien es más probable que encuentres ejemplos de su trabajo y nombres de contacto leyendo con asiduidad esta última.

También puedes descubrir, en las raras ocasiones en las que topes con una oferta para puesto de diseñador junior, que existen ciertas habilidades o destrezas técnicas que necesitas pulir o adquirir con vistas a embarcarte en el sector elegido. Si estás leyendo esto y todavía eres estudiante, hombre o mujer prevenidos valen por dos: utiliza todas las facilidades y recursos que estén al alcance de tu mano mientras sean gratis o subvencionadas, ya que seguir formándote en el futuro puede ser caro.

"El diseño de una pieza promocional me influye en parte, pero estoy más interesado en contactar con gente que haya mostrado ejemplos de naturaleza similar a lo que producimos."

Joy Monkhouse, diseñadora editorial independiente, Scholastic

CONTACT
tienmin.l@gmail.com
917 498 6633
TIEN
MIN
LIAO

about
Tien-Min is born and raised in Taipei, Taiwan. After graduating from National Chengchi University inTaiwan with a BA degree in Advertising, She got The Ministry of Education Scholarship to advance her education at Pratt Institute in New York. Her work has received design awards, such as iF Concept Award 2010 and How International Design Awards 2010, andd is part of the permanent collection of Taiwan Design Center.
food perference / western + chinese
language / chinese, english
hobby / photography

drawing
digital skills
chinese calligraphy
handcraft
photography

mainland china 1,384
taiwan 23
mainland china 59:1 taiwan
population
"ilha formosa"
ARK ROOM
Alphabet
thunderstorm
rains
typhoon
meiyu
may
oct
廣告學研究
TARS
S
Visual design is just like a band performance. The guitarist, the bass player, the drummer, the vocalist, and the fiddler have to play their own parts excellently, and yet coordinate with the other performers, so they can perform to perfection. Besides the ability to portray different aspects of visual expression, it is important to understand how to balance each visual element, and then creating harmony.

“Recibes un montón de trabajos que sabes que no encargarás en un millón de años. El material impreso tiene que ser muy especial para que quieras preservarlo. Solo tiene valor si es precioso.”

Mark Reddy, director de arte, Bartle Bogle Hegarty

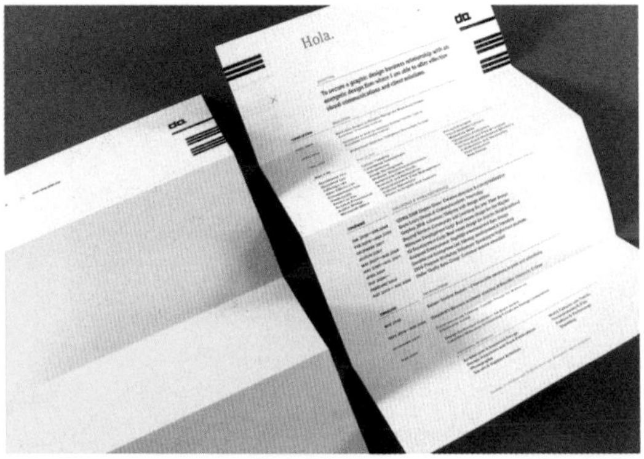

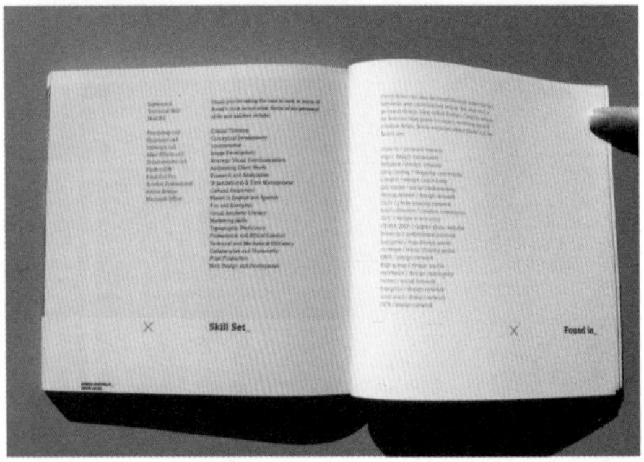

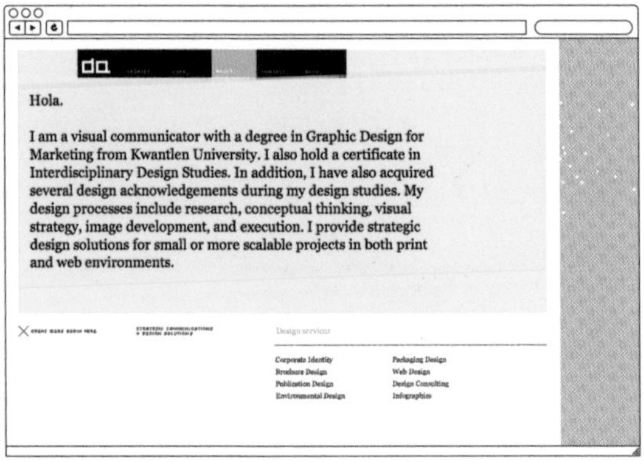

Página anterior: El diseñador independiente canadiense David Arias ha creado un libro de 246 páginas que hace las veces de portfolio cuando visita a clientes y estudios de diseño. Advierte cómo cada forma adicional de autopromoción evoca el diseño del libro y se ajusta a él creando una marcada identidad personal.

Abajo: El diseño de material autopromocional puede suponer una oportunidad para ejercitar tu creatividad sin las limitaciones que impone un encargo comercial. Estas tarjetas forman parte de una serie coleccionable que Russell Cobb lanzó cada 3 o 4 meses durante un lustro. En total produjo 38 diseños, que a su vez le permitieron adjuntar miniportfolios completos que los clientes podían quedarse.

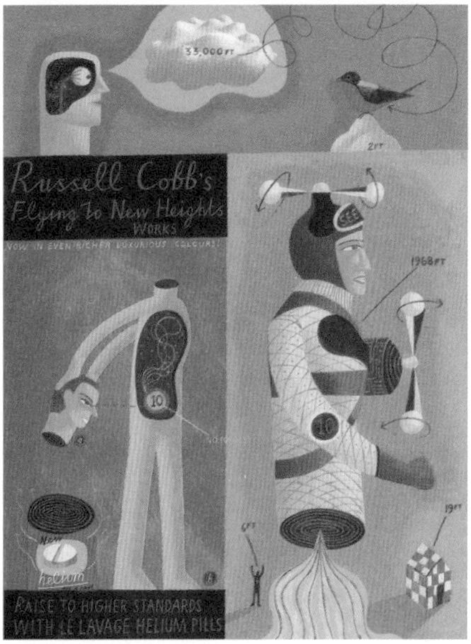

Encargos de ilustración

Como se mencionó en el segundo capítulo, la mayoría de los ilustradores independientes suelen conseguir sus primeros clientes en el mundo de las publicaciones periódicas. Por lo tanto, tu primera misión debe ser familiarizarte con tantas revistas y periódicos como te sea posible (no solo aquellos que lees o aquellos que te suenan, aquí no estamos hablando de estilos de vida sino de cómo ganársela) y tomar nota de qué tipos de ilustración utilizan, cómo y dónde. Pregúntate a ti mismo si el material de trabajo que los caracteriza guarda alguna similitud con el tuyo. Puede consistir en un parecido estilístico o estar más relacionado con los temas escogidos o la forma de pensar. Si detectas una o más de esas similitudes, enhorabuena, acabas de encontrar un cliente potencial.

"Trabajo con libros infantiles y recibo material de desnudos, violencia extrema y otros contenidos editoriales para adultos continuamente. Diría que un 10 o 15 % lo podré aprovechar para algo algún día."

Steve Scott, director de arte, Scholastic

De todas formas, esto es válido para contenidos editoriales ilustrados. Cuando se trata de anuncios, las ilustraciones no habrán sido encargadas por la revista sino por el anunciante que haya pagado por aparecer en la publicación. Si una revista no suele trabajar con ilustraciones ni hacer encargos externos, pasa de largo: las publicaciones que prescinden de la ilustración habitualmente lo hacen por algo (y no precisamente por falta de ilustradores). Algunos editores del sector sencillamente no tienen interés en ella o no la consideran apropiada para su producto.

"Sucede con todos los ilustradores, no solo con los novatos. Recibo con mucha frecuencia muestras de trabajo que son totalmente inapropiadas para mi empresa."

Jonathan Christie, director de arte, Conran Octopus

En la página de créditos de una revista suele figurar el nombre de la persona responsable de contratar externos, generalmente el editor de arte o el director de arte. Los periódicos suelen ser menos abiertos en este sentido, aunque por lo general puedes encontrar la dirección y el número de teléfono de la editorial indicados en algún lugar de la publicación. Un simple telefonazo sirve para conseguir el nombre de contacto que necesitas. Al mismo tiempo, tu propio sentido común te dirá si tienes alguna muestra en tu portfolio que se ajuste de modo específico a tu objetivo. De no ser así, genera alguna nueva, pues la vas a necesitar para convencer al editor de que eres un ilustrador adecuado para la publicación.

Prepárate, asimismo, a enfrentarte a un público de áreas que no has considerado previamente y a trabajar con nuevos contenidos si la necesidad así lo requiere. Por ejemplo, puedes estar interesado en el género narrativo pero encontrar pocas publicaciones que incluyan cuentos o relatos ilustrados. Una publicación médica o psiquiátrica, o una revista dirigida a trabajadores sociales pueden contener historias ilustradas de casos y, desde el punto de vista del ilustrador, estos pueden ser tratados como narraciones. Una mente abierta siempre será una ventaja a la hora de buscar nuevos clientes.

"Poseo un conocimiento razonablemente amplio del diseño (tipografía, maquetación, etc.), aunque me dedico sobre todo a la ilustración. Pero lo primero ayuda mucho. Escribo mis propios libros infantiles y me encargo de la maquetación y del *packaging* general. Creo que ese bagaje gráfico me convierte en un ilustrador mejor y es una ventaja a la hora de hablar con clientes diseñadores."

Ian Bilbey, ilustrador independiente

Recursos y material de referencia

Hoy día no existe excusa para no ser todo un experto sobre la industria y sus avances, si bien es cierto que es tal la abundancia de material de referencia al alcance de la mano que a veces puede resultar complicado saber por dónde empezar. Aunque este libro incluye al final una lista extensa de recursos, aquí, por el momento, daremos un repaso general a algunos de los que te pueden servir de ayuda.

"Creo que es imposible sacar nada positivo de un trabajo que no es realmente el adecuado para ti y que embarcarse en esas experiencias es perder el tiempo. Solicitar un puesto que no te va es como tener citas con personas que no te gustan. A largo plazo no tiene sentido y lo único que hace es distraerte de tus verdaderos objetivos."

Josh Keay, diseñador independiente

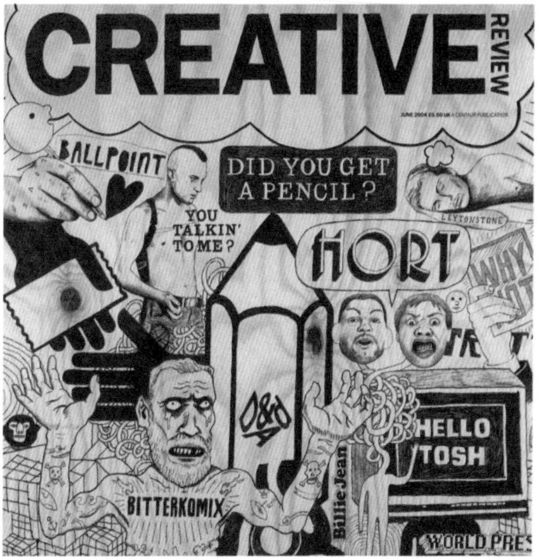

La publicación británica *Creative Review* es solo una de las muchas revistas altamente informativas de la industria que sirven además de escaparate a talentos creativos. La mayoría de las bibliotecas de las facultades y escuelas de arte están suscritas a estas publicaciones, al igual que algunas otras públicas. (La portada de *Creative Review* que aquí se muestra está ilustrada por Billie Jean.)

Publicaciones profesionales

Existen numerosas publicaciones semanales, mensuales o bimensuales, impresas y *online* dedicadas a la industria creativa. Muchas contienen perfiles de empresas y de profesionales individuales, así como ofertas de trabajo. Ahí puedes encontrar además artículos sobre las últimas tendencias del sector y las últimas novedades sobre clientes, absorciones y fusiones de firmas y sobre los movimientos y promoción de las personas más influyentes del negocio. Incluso las revistas dedicadas a aficionados y aspirantes a profesionales merecen un buen vistazo, ya que ofrecen con frecuencia consejos y sugerencias diversos a cargo de profesionales asentados.

Anuarios y manuales de consulta

Hoy día abundan los anuarios ilustrados de gran formato y los manuales de consulta que celebran el diseño, la publicidad, la ilustración, la fotografía y los medios digitales. Algunos van acompañados de concursos y sus entradas responden a la elección de jurados compuestos por profesionales de la industria. Comprueba siempre quiénes son los jueces, ya que algunos son menos conocidos (y por lo tanto convocan a menos principiantes) que los que aparecen regularmente en la prensa del gremio. Otros son sencillamente directorios que anuncian el trabajo de profesionales, de organizaciones que representan a profesionales, o de ambos y pueden ofrecer pistas interesantes sobre el tipo de clientes, proyectos y perfiles técnicos con los que se relacionan los potenciales empleadores. Los ilustradores que anden en busca de representante pueden encontrar aquí un panorama realista de las diversas agencias y sus diferencias. Ambas clases de publicaciones suelen distribuirse de forma gratuita entre empleadores y encargados de asignar proyectos, y pueden encontrarse también publicadas en la Red, o incluso contar con sitios web afiliados.

"Los puestos de diseñador gráfico los ofertamos en nuestros propios títulos, *Design Week* y *Creative Review*."

Colin McHenry, director de arte del grupo, Centaur Media

"(Ofertamos empleo) en nuestro sitio web; en escuelas escogidas y en el sitio web de AIGA."

Christopher Pullman, departamento de Diseño, Public Television (EE. UU.)

(De arriba abajo y de izquierda a derecha): Varias asociaciones y organizaciones de afiliados pertenecientes a la industria creativa existen con la finalidad de nutrir, promover y recompensar el talento, y todas tienen presencia en Internet. Aquí se incluyen AIGA, la asociación profesional de diseñadores; The Design Council; Design and Art Direction (D&AD); y The Society of Illustrators.

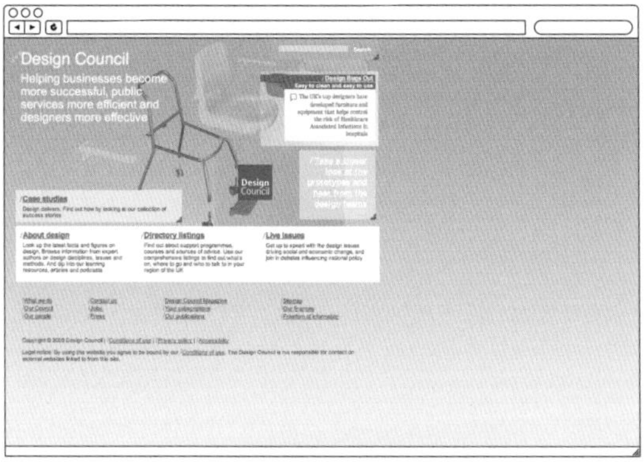

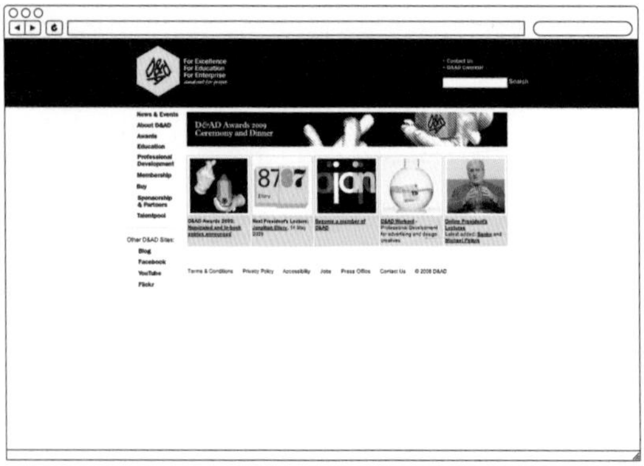

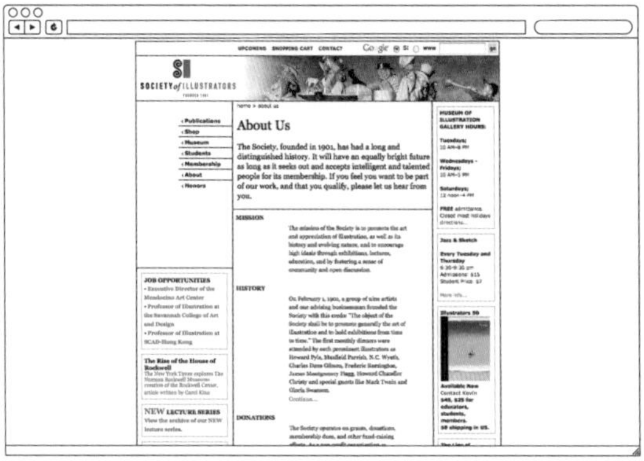

Otros anuarios, listas de correo y directorios de la industria

Existen diversos anuarios con recursos asociados *online* dedicados a mercados específicos como puedan ser la edición, la publicidad, los videojuegos y la industria del cine y la televisión. También es posible comprar a precios razonables bases de datos y listas de correo de empresas creativas de todo tipo a firmas especialistas en recursos de marketing. Suelen ser específicas de cada sector, actualizarse con frecuencia e incluir información de contacto. Además, existen varios directorios de la industria que permiten adquirir una perspectiva más general del negocio y que pueden encontrarse en bibliotecas especializadas, o bien a través de la Red.

Bibliotecas

Para quienes no estén muy sobrados de dinero, la sección de obras de referencia de muchas bibliotecas públicas contiene anuarios, directorios y revistas especializadas, sobre todo si existe alguna escuela de arte en el vecindario. También puedes probar en bibliotecas universitarias de las propias facultades de arte (recuerda, sin embargo, que los diferentes campus no tienen por qué tener las mismas publicaciones). Los ilustradores emprendedores que anden en busca de títulos menos habituales pueden a su vez curiosear por los pasillos de las bibliotecas universitarias, ya que las revistas allí archivadas son reflejo de las materias impartidas.

Sitios web, portales y blogs relacionados con la industria

Hoy día es raro que una empresa no cuente con su propio sitio web. Tanto si quieres averiguar para qué clientes trabaja una agencia de publicidad, si un estudio de diseño trabaja con medios digitales además de para la imprenta o si una editorial suele emplear ilustraciones en sus diseños de cubierta, el primer sitio por donde debes empezar a buscar es en sus respectivas webs. No solo te permitirán hacerte una idea global de su producción, sino que también podrás hallar ofertas de empleo, anuncios de concursos o información sobre envíos de trabajos y sobre estancias en prácticas.

Las instituciones y asociaciones de profesionales de la industria también tienen sitios web en los que se anuncian publicaciones diversas, puestos de trabajo y diferentes acontecimientos como seminarios, concursos, conferencias y exposiciones. Algunas ofrecen a sus suscriptores la posibilidad de promocionar su trabajo en la Red, mientras que las que alojan foros de debate permiten a los usuarios afiliados contactar entre ellos y compartir su experiencia.

Por supuesto, no basta con tener un dominio básico de Internet y acceso a una página de alojamiento web para erigirse en portavoz de la industria. Aun así, el control de calidad existe. Los *blogs* de diseño e ilustración selectivos, a cargo de varios autores o restringidos, son lugares excelentes en los que informarte y en ellos podrás encontrar además vínculos útiles a otras páginas. Los *blogs* individuales también pueden servirte como material de referencia, ya que los profesionales postean con frecuencia información relativa a sus clientes.

Por último, existe una plétora de comunidades y directorios en Internet de muy diverso pelaje y relacionados con actividades creativas de todo tipo. Algunos se crean desinteresadamente y son moderados por profesionales. Otros responden a iniciativas lucrativas de agencias de empleo especializadas, revistas del sector, prensa nacional o empresas dedicadas a la promoción de portfolios. Muchas de ellas son gratuitas para los empleadores y los encargados de asignación de proyectos, mientras que los diseñadores e ilustradores pagan una tarifa por colgar en Internet sus currículos y portfolios. Algunas cuentan con foros de debate y también proporcionan consejos profesionales y vínculos a *blogs* y artículos de prensa sobre el sector en cuestión. Los directorios, en particular, son extraordinariamente valiosos en la medida en que facilitan la búsqueda de empleadores de la industria creativa por disciplina y área geográfica.

"Todos nuestros empleados júnior proceden de anteriores estancias en prácticas. Son personas que han mantenido el contacto o que supieron hacerse indispensables cuando empezaron aquí. También vemos a diseñadores que se acercan a nosotros para tantear las posibilidades. Si nos convence un PDF o un sitio web, nos ponemos en contacto con ellos. Nunca ponemos anuncios de empleo."

Rob Howsam, director creativo, Purpose Design

Llamadas en frío

A pesar de la creciente popularidad del correo electrónico y los recursos de la Red, sigo creyendo firmemente en el valor de los encuentros cara a cara y te recomiendo (sobre todo en el caso de solicitudes de carácter más especulativo y con independencia de cuál sea tu disciplina) que intentes conseguir uno con tu objetivo siempre que la distancia geográfica lo permita. Si bien las empresas e individuos a los que te dirijas conservarán casi siempre todo material promocional bien diseñado e imaginativo que les hayas enviado en archivos, impresionarles con otras muestras de tu brillantez mientras cuentas con su atención garantizará que tengan tu trabajo en mente durante más tiempo. Esto significa que tienes que ponerte al teléfono y hacer todos los acercamientos que sean necesarios a un posible empleador, no importa lo tímido que seas o lo incómodo que te resulte.

En situaciones de competitividad extrema, mandar unos cuantos correos y después sentarse a esperar a que caigan del cielo propuestas milagrosas no es ni eficaz ni realista. En el caso concreto de los ilustradores, adoptar una actitud proactiva es crucial, ya que muchos de los editores que asignan los encargos lo hacen a intervalos muy rápidos y sus requerimientos varían por lo tanto de modo constante. Una buena manera de empezar es meter en Google los nombres de los editores y directores artísticos que hayan ejercido de jurado en concursos de ilustración.

"El 95 % de quienes llaman por teléfono han hecho bien sus deberes. De quienes envían correos electrónicos, solo un 75 % son interesantes. El correo postal es aún peor: casi un 60 % del material remitido es inapropiado."

Martin Coyler, director de arte, *Reader's Digest*

Tanto si eres diseñador gráfico como ilustrador, uno de los aspectos más frustrantes de las "llamadas en frío" es que te digan que una empresa o un profesional no necesitan de tus servicios porque ya cuenta con una reserva de incondicionales de la que llevan tirando durante años. En muchas áreas del sector creativo la revolución digital ha reducido de forma drástica el tamaño medio de los departamentos artísticos. Con cada vez menos diseñadores desempeñan el trabajo que solían hacer muchos, el tiempo escasea y, en consecuencia, asumir riesgos es muy poco apetecible desde la óptica del empleador. De ahí que no sea difícil comprender por qué tienden a recurrir a trabajar con profesionales que ya conocen. Aun así, dada la naturaleza de su profesión, están obligados a estar al tanto de las últimas tendencias por lo que tu anhelo de granjearte una reputación profesional puede, si tienes éxito, beneficiarles en último lugar. Es fácil desatender este hecho al principio de tu carrera cuando el temor a parecer prepotente pone límites a tu confianza. La persistencia educada (atributo tan esencial como un portfolio brillante) es la clave.

Cabe también la posibilidad de que tu habilidad para relacionarte desempeñe un papel importante a la hora de ganarte la confianza de tu empleador o entrevistador. Las muestras de tu trabajo no serán suficientes para que pueda determinar lo rápido, lo fiable o lo flexible que puedes ser, o si trabajaría bien contigo.

Conozco un director creativo que llamó hace poco a un recién licenciado con un portfolio prometedor y se topó con un individuo agresivo tan convencido de su genialidad que, a pesar de su inexperiencia profesional, consideraba que el puesto de diseñador junior estaba por debajo de sus posibilidades. Si bien ese desparpajo y esa fiera fe en uno mismo podrían haber funcionado en otro lugar, en el contexto de un estudio de diseño más bien pequeño y muy unido, en el que se comparte el espacio de trabajo, fueron considerados como una falta de humildad y potencialmente perjudiciales. Me he topado con ilustradores que han llegado cuarenta minutos tarde a una entrevista, en la fecha equivocada y hasta en diversos estados alterados de conciencia. También he encontrado ejemplos de arrogancia, de indiferencia cuasimonosilábica y de una carencia absoluta de habilidad para saber encajar críticas constructivas con una actitud lejanamente parecida a la deportividad (mal asunto si lo que quieres es trabajar con o para la persona que te está dando su opinión profesional). Aunque el talento es fundamental, en lo que respecta a la actitud y la química profesional, las relaciones laborales no se diferencian del resto de las relaciones.

"Evitamos a los que tratan de emular lo que ellos consideran que es el 'estilo Airside'. Buscamos diseñadores con sus propias ideas y su propio estilo con el fin de que puedan aportar algo nuevo a lo que ya tenemos."

Anne Brassier, departamento de Relaciones públicas y Nuevos negocios, Airside

Candidaturas espontáneas

Dado que los empleos a tiempo completo son comunes en el ámbito del diseño gráfico, muchos titulados dan por sentado que se pasarán el tiempo respondiendo a ofertas de trabajo específicas y acudiendo a entrevistas formales en vez de optar por la senda de la autocandidatura o solicitud espontánea, más asociada en principio a una carrera como ilustrador independiente. Sin embargo, las vacantes para puestos junior no siempre se anuncian y muchas de las que sí lo hacen exigen un mínimo de uno o dos años de experiencia. Algunos diseñadores consiguen su primer trabajo después de una estancia en prácticas, pero muchos también lo consiguen por el simple hecho de estar en el lugar adecuado en el momento adecuado y, para que esto suceda, hay que hacer contactos en la industria. Por todo ello, a no ser que pertenezcas al grupo de privilegiados al que ofrecen un puesto en la empresa tras una temporada como estudiante en prácticas, tienes muchas papeletas para presentar las llamadas "candidaturas espontáneas".

"Lo que más me fastidia son los diseñadores principiantes que llaman espontáneamente y se limitan a preguntarte '¿estáis cogiendo a gente?'. Ten por seguro que casi siempre me tomaré la molestia de echar un vistazo al portfolio de un diseñador joven que se acerque de forma respetuosa, cándida y seria. Pero, por muy necesitado que esté de nuevos talentos, nunca responderé un '¿estáis cogiendo a gente?' con un 'sí'."

Doug Powell, director creativo, Schwartz Powell Design

Ya seas diseñador o ilustrador, conseguir una entrevista de apenas diez minutos con un editor o un director de arte falto de tiempo y acosado por todos lados por estudiantes de diseño recién licenciados y desesperados por pagar sus préstamos universitarios es una tarea harto ardua hasta cuando has hecho bien tus deberes. Si encima se trata de una empresa que está de moda y en la cresta de la ola, para la que todo el mundo desea trabajar, la cosa será todavía más complicada. La reacción normal a esta peliaguda situación suele consistir en disparar solicitudes espontáneas y poco específicas a toda empresa o empleador potencial en cien kilómetros a la redonda, con la esperanza de hacer blanco al azar. Aunque sea comprensible, no es nada recomendable. Los gastos de envío pueden ser prohibitivos y si además la mayoría de tus objetivos son inapropiados, solo conseguirás aumentar tu frustración.

Los correos electrónicos ahorran dinero, pero es probable que sus destinatarios los extravíen o los pasen por alto si no los solicitaron, o que juren que jamás lo recibieron en primer lugar. Los correos no suelen llegar mucho más allá del filtro de *spam* de la empresa, y si lo hacen, es probable que sean considerados una molestia, ya que a nadie le gusta encontrarse con un archivo adjunto que tarda siglos en descargarse. Además, los editores y directores artísticos son caprichosos y muy sensibles respecto a las muestras que reciben. Algunos están locos por los medios digitales, otros prefieren abiertamente la imprenta. Hay muchos que no tienen problema en empapelar las paredes de su despacho con parafernalia promocional, mientras que otros consideran imprescindible un entorno desnudo y minimalista para el buen desarrollo de su proceso creativo y aquellos trabajos que no les atraen van de inmediato a la papelera. Lo único en lo que todos están de acuerdo es en que no les gusta perder el tiempo. Cuanto menos relevantes sean las muestras de trabajo que recibe un editor o un director de arte, más probable es que se deshagan de ellas y que no recibas una crítica constructiva a cambio. Si envías muestras poco adecuadas, tal vez logres una entrevista, pero será para recibir críticas negativas. En ambos casos, nada bueno para tu moral cuando estás intentando arrancar.

"Recibo muchas llamadas y correos electrónicos espontáneos, así como envíos postales con muestras de todas las formas y tamaños. Muchos de ellos son en mi opinión inadecuados para la revista. También recibo llamadas de ilustradores que se han informado muy poco sobre la revista y que a menudo no conocen siquiera la dirección postal. Espero de la gente que haga el trabajo preliminar y que sea consciente del estilo de ilustración de la revista y de sus contenidos."

Alison Lawn, directora de arte, *New Scientist*

Entre las categorías de los prestigiosos Illustration Awards del Victoria and Albert Museum se encuentran la de mejor libro ilustrado, mejor cubierta, mejor ilustración editorial y estudiante de ilustración del año. Las obras ganadoras se exhiben posteriormente en la exposición anual del museo, y las obras de todos los participantes están disponibles *online*. Aquí reproducimos dos de las creaciones del ganador de 2011, Michael Redmond, del Royal College of Art: *Before The Dive* (izquierda) y *Fruits* (derecha).

Exposiciones y concursos estudiantiles

Muchos empleadores de la industria creativa acuden a exposiciones de fin de curso (como puedan ser *New Designers* o la *New Blood* organizada por la D&AD en el Reino Unido), o a acontecimientos organizados por asociaciones como la Australian Graphic Design Association el Art Directors Club. Teniendo esto en cuenta, recuerda que en estas ocasiones especiales son los empleadores o clientes potenciales los que te buscan a ti y no al revés; así que intenta no estar muy lejos de tu *stand* la noche de la apertura y asegúrate de tener un libro de visitas y gran cantidad de material promocional para que los interesados puedan llevárselo consigo. Por último, los concursos estudiantiles pueden ser otra forma de potenciar sustancialmente tu perfil, así que preséntate a todos los que tengas oportunidad. Recuerda: cuantos más contactos profesionales hagas, más fácil te será encontrar trabajo a largo plazo.

"No hacemos ofertas de trabajo a diseñadores junior. Almacenamos todos los currículos interesantes que nos llegan o llamamos a diseñadores que ya conocemos. También asistimos a exposiciones de graduación y a la muestra *New Designers*."

Anne Brassier, departamento de Relaciones públicas y Nuevos negocios, Airside

Resumen
Búsqueda de información y llamadas en frío

1.

Averiguar todo lo que puedas sobre las empresas y profesionales individuales del sector de la industria creativa que hayas elegido te permitirá dirigirte solo a aquellos para los que tu trabajo resulta apropiado.

2.

Las fuentes de información abarcan la prensa especializada, manuales de consulta, anuarios, listas de correo y directorios del sector en cuestión. También existen otros recursos como las páginas web, los portales y los *blogs*, así como comunidades y directorios *online* especializados en actividades laborales creativas y en gran diversidad de disciplinas.

3.

Conseguir una entrevista cara a cara con un empleador o cliente potencial debe ser uno de tus mayores objetivos. Una vez hayas remitido cualquier clase de material promocional es esencial llamar por teléfono y preguntarles si puedes ir a mostrarles tu portfolio.

4.

La habilidad social para relacionarte puede desempeñar un papel importante durante tu presentación: tu empleador o cliente potencial tiene que poder determinar si podría tener una buena relación laboral contigo y calibrar lo fiable o lo flexible que eres.

5.

Sé muy específico cuando envíes candidaturas espontáneas. A los directores y editores artísticos no les gusta que les hagan perder el tiempo, así que asegúrate de que toda muestra que remitas por esta vía a una empresa se ajuste a sus necesidades.

6.

Los concursos estudiantiles y las exposiciones celebradas con motivo de la graduación pueden ayudarte a potenciar tu incipiente perfil profesional frente a los empleadores y clientes potenciales que, en estas ocasiones, además, serán los que te busquen a ti, y no al revés.

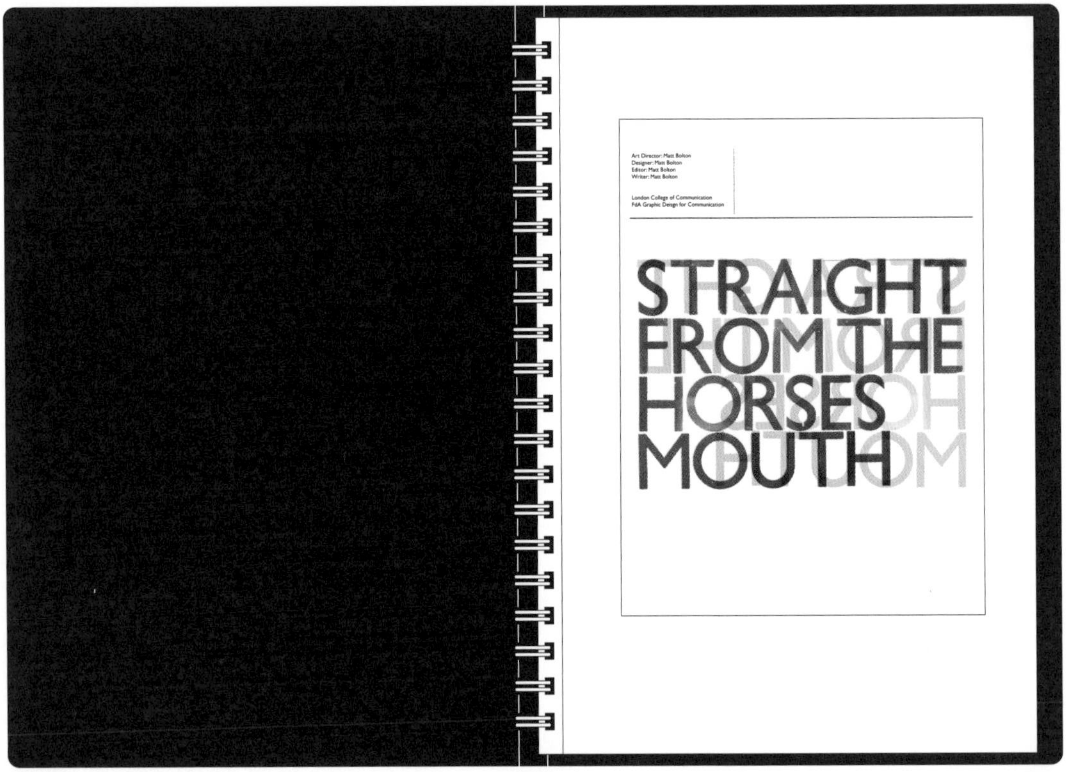
Art Director: Matt Bolton
Designer: Matt Bolton
Editor: Matt Bolton
Writer: Matt Bolton
London College of Communication
FdA Graphic Deisgn for Communication
STRAIGHT FROM THE HORSES MOUTH

STRAIGHT FROM THE HORSES MOUTH

4

Crear un buen portfolio

Aun a riesgo de decir una perogrullada, conviene recordar que un buen portfolio —ya sea impreso o digital— es aquel que te permite obtener el tipo de trabajo o de encargo que buscas. Tu portfolio es el instrumento mediante el que los empleadores o clientes potenciales se familiarizarán con tu trabajo. Deberá, por lo tanto, reflejar de modo adecuado tus cualidades sin aburrir soberanamente a quien lo revise ni, por el contrario, ser desestimable de inmediato.

Página anterior: El diseñador gráfico Matt Bolton demuestra sin complejos cómo causar una impresión visual potente tanto al principio (arriba) como al final (abajo) de un portfolio.

Tanteos básicos

En cierta ocasión fui consultado por un ilustrador botánico ya asentado en su profesión. Su trabajo era de gran calidad y cubría una gran diversidad de temas relacionados con su disciplina, en diferentes medios y soportes, tanto desde el punto de vista decorativo como informativo. Aun así, me vi obligado a ver nada más y nada menos que cinco portfolios con el fin de poder determinar esto, lo que se llevó gran parte de la hora de entrevista que habíamos acordado. A mitad de camino ya había perdido las ganas de vivir: una sucesión de hojas y más hojas sueltas con dibujos en blanco y negro de planos de jardines difícilmente distinguibles que conté puntualmente, ya que para entonces era la única forma de no quedarme dormido, había casi cuarenta. Ningún cliente necesita tanto material para convencerse de que alguien sabe dibujar un salto de agua. El ilustrador en cuestión podría haberse evitado la ignominia de figurar en este libro como ejemplo de lo que no debe hacerse si hubiera aplicado una buena poda preliminar orientada a mostrar, por ejemplo, tres planos, tal vez uno de ellos en color, en los que se exhibieran tres tipos diferentes y bien discernibles de planos de diseño de jardín. Para ello, un minuto sobraba y bastaba. Y a por la siguiente sección del portfolio.

"En cierta ocasión, oí decir que tu trabajo debía ser lo suficientemente bueno como para permitirte que lo lleves incluso en una bolsa de papel. No puedo más que estar de acuerdo. Una presentación bonita ayuda siempre y cuando no perjudique al propio trabajo."

Kristina DiMatteo, directora de arte, *Print*

Ya no eres un estudiante; no hay ninguna necesidad de mostrar todos y cada uno de los proyectos en los que has trabajado con el fin de impresionar a tu interlocutor o demostrar tu dedicación. Para lograr la máxima eficacia, tu portfolio debería mostrar, sencillamente, lo mejor que eres capaz de hacer como profesional y lo bien que te haces cargo de las necesidades del interesado. Es más, deberá hacer todo eso y hacerlo rápido, pues la mayoría de las presentaciones introductorias no se acercan remotamente a la hora: la verdad sea dicha, tendrás suerte si cuentas con 15 minutos (y más aún si son sin interrupciones). Este punto es especialmente pertinente para ilustradores que presentan candidaturas espontáneas, más que para los diseñadores que acuden a entrevistas formales para puestos a tiempo completo. Y, si bien es imperativo que seas capaz de hablar a tus empleadores de forma articulada y en profundidad sobre el material contenido en tu carpeta, tus puntos fuertes deben ser también manifiestos sin necesidad de contar con tu presencia para explicarlos. Dada la escasez de tiempo, la entrega de portfolios es la norma en muchas empresas, ya que permite a los empleadores ver material en su tiempo libre con la opción añadida de mostrárselo a colegas suyos que pueden no tener tiempo para asistir a presentaciones. Las agencias de ilustración también tienden a favorecer este método, ya que suelen ser organizaciones pequeñas a las que los artistas se dirigen con frecuencia con material inapropiado.

"Siempre he pensado que la sencillez es la mejor opción. Creo que lo que debe brillar es el trabajo en sí, no necesariamente el estilo de la presentación."

Alison Lawn, directora de arte, *New Scientist*

Si te piden que les dejes una versión impresa de tu portfolio durante un par de horas —o incluso un par de días—, no te alarmes más de lo que lo harías si un cliente te pidiera que le enviaras unos archivos JPEG o un PDF de tu trabajo. Ninguna firma respetable intentaría jamás fugarse con tu portfolio, no digamos ya publicarlo sin tu consentimiento, por más que las probabilidades de que lo averigües y les denuncies sean pequeñas. De igual modo, no desesperes por la brevedad del tiempo que te concedan para tu presentación si tienes la suerte de conseguir una entrevista cara a cara. Todo aquel que haya trabajado el tiempo suficiente en la industria creativa para ascender a puestos sénior no solo es capaz de escrutar un portfolio en minutos, sino también de captar totalmente sus diferentes contenidos. Se ganan la vida con la "comunicación visual". Además, tampoco lleva tanto tiempo responder la pregunta: "¿tiene esta persona el talento suficiente para trabajar para mí?".

"Un estudiante o un diseñador debe incluir en su portfolio trabajos suyos y debe ser capaz de exponer el papel que ha desempeñado en su creación, sea el que sea. Si el encargado del diseño ha sido un diseñador sénior y él ha ayudado con los retoques finales está bien, pero debe ser honesto acerca de su función."

Robert Linsky, vicepresidente sénior de diseño, Art Plus Technology

Aprender a ser objetivo

Ser capaz de evaluar con justeza tus puntos fuertes y débiles como profesional es tan importante como comprender bien las necesidades de las organizaciones a las que te dirijas. Los clientes, los empleadores e incluso los profesionales tienen opiniones muy diversas a la hora de indicar qué debe contener un portfolio, pero por lo general hay cierto consenso en que conviene empezar por tu mejor pieza y concluir con otra de pareja calidad. Dado que es una realidad de este negocio que muy pocos profesionales están (o quedan) satisfechos al 100 % con lo que producen, recomiendo que empieces con algo que te genere al menos un 87 % de satisfacción y, a tal efecto, lo mismo es aplicable a lo que vaya detrás. Aunque por una parte creo que se trata de algo realista y factible, también sé que es más fácil decirlo que hacerlo, sobre todo para alguien que está empezando.

"Un portfolio profesional debe contener muestras finales impresas de su mejor trabajo y debe mostrar piezas que se ajusten a la naturaleza del trabajo que están buscando. Si alguien me enseña piezas que no están a la altura, es poco probable que haga algo con ellas. Prefiero ver una carpeta que contiene unas pocas muestras, pero excelentes, que una llena de material poco consistente."

Steve Scott, director de arte, Scholastic

Aunque los estudiantes reciben críticas constructivas y habituales mientras desarrollan sus aptitudes, los comentarios de tutores y compañeros pueden ser contradictorios a veces y, en ciertas ocasiones, tendenciosos, por lo que no es de extrañar que algunos diseñadores e ilustradores terminen sus estudios algo confusos e inseguros acerca de sí mismos. A pesar de ello, dado que los profesionales de la industria tienden a mostrar una similar diversidad de reacciones frente al trabajo que ven, tu portfolio estará condenado al caos si no aprendes a valorar tu propio criterio. Me he topado con demasiados licenciados que confesaban estar mediados por opiniones ajenas, por ejemplo: "Fulano y Mengano me dijeron que este era mi punto fuerte, pero a mí nunca me ha gustado mucho". En la mayoría de los casos, la decisión de incluir una muestra de la que no estás seguro puede surgir del pánico. Son del tipo: "¿Y si esta resulta ser la pieza por la que me dan el trabajo?". Pero, sinceramente: y si es así, ¿qué? Si en tu fuero interno tú mismo sospechas que ese trabajo es malo o la simple idea de tener que repetir el ejercicio te desagrada profundamente, ¿de verdad quieres el trabajo que te conseguiría? Ya que es tan difícil vender un material en el que no confías como ser todas las cosas a la vez para todas las personas que conoces en esta profesión, lo mejor que puedes hacer es ser siempre fiel a ti mismo.

El material de poca calidad deja impronta en la mente del observador, ya se trate por su irrelevancia, su incoherencia, su repetitividad, su autoindulgencia, su obsolescencia (hay casos de aspirantes que muestran piezas con quince o veinte años de antigüedad y un ilustrador me enseñó una vez un dibujo que había hecho con seis años como prueba de su talento innato) o, simplemente, por el hecho de que no está a la altura del resto. Incluirlo indicará, en particular, que no eres capaz de discriminar tus mejores trabajos, los más serios, de los demás, hecho que dificultará que un empleador deposite su confianza en ti. Piénsalo desde su punto de vista: ¿por qué arriesgarse a contratar a alguien cuyo trabajo es claramente inconsistente cuando existen muchos otros profesionales entre los que pueden elegir?

"Ver trabajos cuya calidad varía perceptiblemente en un mismo portfolio me disuade a la hora de contratar a alguien."

Anamaria Stanley, directora de arte, *TimeOut*

Los contenidos

Dada la abundancia de talentos entusiastas y emergentes a su disposición, los empleadores y clientes juzgarán el contenido de tu portfolio por lo que esté a la vista y sin dar rodeos. Es decir, si una muestra ocupa un lugar privilegiado asumirán que estás preparado, deseoso y en disposición de producir más material del mismo estilo y, por la misma regla, si la carpeta solo muestra material de calidad y riguroso darán por supuesta tu fiabilidad. Sin embargo, si ciertas cualidades brillan por su ausencia entenderán que o bien no las posees o bien eras reacio a ejercitarlas. A la hora de decidir qué trabajos incluir en tu portfolio tendrás que hacerte a ti mismo varias preguntas serias. Sugiero que empieces con algunas de las siguientes:

¿Son todas las piezas un ejemplo de lo mejor que soy capaz de hacer?

Siempre es más eficaz mostrar una selección pequeña y bien editada de tu mejor trabajo que resmas de trabajos mediocres. Revisa cuidadosamente los contenidos de tu portfolio y elimina todo aquello que pertenezca a alguna de las siguientes categorías:

Trabajos que consideras flojos. Te van a pedir que hables sobre las muestras incluidas en el portfolio. Todo aquello por lo que te sientas impelido a excusarte no debería estar ahí. Ídem con todo aquello que sabes que otro profesional podría haber hecho cien veces mejor que tú. Si no crees en ello, a la papelera.

Trabajos que puedan desconcertar. Aquí se incluyen las piezas experimentales y únicas que no estás muy seguro de si serías capaz de repetir, ejercicios académicos que no llegaron a interesarte, encargos que aceptaste por la sencilla razón de que alguien estaba lo suficientemente loco o desesperado para pagarte por hacerlos o estilos de ilustración con los que ya no disfrutas trabajando (o, peor aún, con los que nunca disfrutaste). Si bien es cierto que los trabajos que han sido publicados y una amplia gama de habilidades pueden impresionar a tu potencial empleador, no es conveniente mostrar piezas que no te representan en absoluto a ti o a la clase de trabajo que quieres desarrollar. Quien lo mire dará por sentado que quieres hacer más en esa línea. Comienza con aquello con lo que te gustaría continuar.

Trabajos que ya no puedes producir. Este punto tiende a afectar a los diseñadores más que a los ilustradores. Por ejemplo, a la hora de producir imágenes similares a las que contiene su portfolio algunos requerirían equipo al que ya no tienen acceso. Un antiguo tutor puede haber prometido al artista que puede utilizar los talleres de impresión de la escuela siempre que quiera, pero los clientes necesitan que los encargos se hagan en fines de semana y también en vacaciones. Y tampoco tiene sentido mostrar una pieza cuya producción requiere un tiempo diez veces superior al de un plazo medio de entrega de dicho cliente. La cruda realidad es que exhibir una técnica que ya no puedes aplicar no va a hacer ningún favor a tu credibilidad profesional. Indaga cómo alquilar o compartir un estudio de impresión, encuentra la forma de acelerar tu producción, pero no gastes tiempo ni dinero vendiendo un servicio o producto que no puedes garantizar.

"Cualquier falta de cuidado en la confección de portfolio es inaceptable."

Jennifer Pastore, editora asociada de fotografía, *T: The New York Times Style Magazine*

¿Hay trabajos autocomplacientes que ocupan posiciones privilegiadas dentro del portfolio?

Aunque los empleadores y clientes estén buscando originalidad en tu reflexión y aunque los proyectos personales sean ideales para expresar tu individualidad creativa, tu trabajo tiene que resultar accesible si quieres que te contraten. Hasta cierto punto, un elemento de autoindulgencia es inevitable, especialmente si acabas de salir de la facultad. Después de todo, probablemente te hayas pasado los dos últimos meses trabajando sin descanso en un par de grandes proyectos de fin de carrera, autodirigidos. Si eres diseñador habrás profundizado, con un poco de suerte, en las áreas de diseño en las que más te interesa encontrar trabajo. Desafortunadamente, no puede decirse lo mismo de los ilustradores.

Los bocetos y esbozos del natural, a medio terminar y arrancados de tu cuaderno en los que salen a) tu abuela, b) tu mascota, c) gente diversa en cafés, d) músicos de *jazz* no son ilustraciones y, como estudios académicos del natural, no merecen ocupar el valioso espacio de tu portfolio. La mayoría de los clientes darán por sentado que un ilustrador sabe dibujar. La única situación en la que el dibujo de tu abuela posee pertinencia comercial es aquella en la que tienes una entrevista con un director o editor artístico que tiene que encargar las ilustraciones para un folleto que promociona un asilo para ancianos. Entonces, y solo entonces, debes incluirlo en tu carpeta.

La "comercialidad" consiste en producir trabajo adecuado al mercado. Si quieres comer esta semana y no el mes que viene en algún momento, necesitas encontrar una parcela común entre aquello con lo que disfrutas y lo que tu cliente necesita, sobre todo si no eres el único ilustrador del barrio.

El problema de los proyectos finales de carrera, cuya temática responde a una iniciativa personal, que afecta tanto a diseña-

"Una vez, un tío que quería demostrar las destrezas fotográficas y fílmicas adquiridas en sus estudios universitarios nos puso algunos fotogramas de un corto que había hecho, una especie de película de terror en la que él y otro estudiante se acuchillaban hasta la muerte (con toneladas de sangre y desnudos en el suelo de un baño público). Aunque estaba muy bien 'ejecutado', no cabe duda de que consiguió dejar una impresión profunda."

Joy Monkhouse, diseñadora editorial independiente, Scholastic

dores como ilustradores es que pueden terminar dominando un portfolio. Si un proyecto tiene una gran relevancia comercial puede convertirse en una sólida base sobre la que edificar tu propuesta. Por el contrario, si adolece de cierta falta de rigor y los clientes encuentran dificultades para dotarlo de valor comercial, tendrás, casi con seguridad, que crear uno nuevo.

Conseguir una entrevista es ya bastante complicado de por sí. Si no logras crear una buena impresión la primera vez, puede que no vuelvan a darte otra oportunidad. Conozco, por ejemplo, un ilustrador que estaba desesperado por trabajar y que consiguió una entrevista con un cliente potencial, un director de arte. El cliente manifestó su interés por una pieza que el artista había presentado a un concurso a nivel nacional y le preguntó sobre la idea que había detrás de ella. Cuando el ilustrador estaba a mitad de explicación, el cliente le espetó que eran demasiadas ideas a la vez las que informaban sobre el trabajo y que ya no le gustaba. El ilustrador, una persona modesta y educada, aceptó la crítica y dijo que intentaría tomar nota y aprender de ella, y que esperaba poder regresar en el futuro con un portfolio más pulido. El cliente respondió que él no concedía segundas oportunidades. Por muy duro que suene, es un tipo de entrevistador con el que puedes toparte.

"He visto muchos portfolios sin rumbo fijo. La persona no estaba segura de en qué área quería especializarse."

John Oakey, director de arte, TimeOut Group

¿Qué nuevas muestras debo añadir a mi portfolio?

Una vez que te hayas informado y documentado esforzadamente acerca de la producción y las necesidades de tu mercado y elegido un empleador, tendrás que preguntarte si has cubierto todos los frentes de modo adecuado. Los diseñadores que están buscando contratos a tiempo completo en sectores especializados tienen que demostrar pasión y compromiso por su campo. Las agencias de publicidad quieren ver anuncios; las editoriales, libros, etc.

También es necesario probar tu versatilidad en el área escogida. Muestra a la agencia de publicidad cómo enfocarías diferentes campañas para diferentes productos y servicios, sugiere ideas para anuncios en prensa, publicidad directa, buzoneo y marketing digital, apps, campañas virales, carteles y campañas en televisión (en este último caso, la mayoría de los directores artísticos aceptan e incluso prefieren que les muestres *storyboards*). Si una agencia se concentra en un sector particular, como las agencias de viajes o la automoción, asegúrate de que tu portfolio contiene al menos una muestra de campaña dirigida a esa área. De manera similar, muestra a un editor diferentes cubiertas de libros que abarquen diversos géneros y muéstrale maquetas de dobles páginas siempre que proceda hacerlo y considera también el diseño de carteles promocionales. Esfuérzate por mostrar una correcta comprensión del público específico al que la editorial se dirige y una fina apreciación del tipo de literatura con la que trabajan. Es posible que tengas que producir un considerable volumen de material referente al campo que has escogido y que tengas que elegir qué piezas incluir o eliminar de tu portfolio dependiendo de a quién vayas a ver. Lo mismo es aplicable para los diseñadores independientes que tanteen a diversos tipos de clientes. Un portfolio rara vez está "acabado" para siempre, considéralo más bien como un trabajo en proceso.

En el caso de diseñadores menos especializados que acuden a agencias multidisciplinares o con un enfoque menos específico, es vital que su portfolio no solo demuestre que poseen la destreza técnica necesaria para resolver una amplia gama de problemas de diseño, sino también coherencia y solidez en su visión. Si, por ejemplo, has diseñado la identidad corporativa de una cadena de restaurantes tal vez convenga que muestres su funcionamiento, más allá de un simple membrete. Puedes enseñar cómo usar el esquema cromático que has confeccionado en los interiores de los restaurantes o cómo funciona el logotipo en exteriores; o puedes sugerir el aspecto de la web del restaurante o anticipar el día en que la empresa decida comercializar sus propios productos y diseñar su *packaging*. Si, por el contrario, tu intención es solicitar trabajo en un estudio de diseño menos generalista (uno que esté especializado principalmente en diseño web, por ejemplo, o en *packaging*), debes concentrarte en mostrar tu versatilidad dentro de esa disciplina concreta.

"Es importante aprender a percibir las realidades del trabajo creativo profesional. Resolver un problema para un cliente difiere mucho de hacerlo para uno mismo."

Kristina DiMatteo, directora de arte, *Print*

¿Hay que contextualizar las muestras nuevas?

En el caso de los diseñadores, su trabajo es el contexto, y las imágenes deben, teóricamente, insertarse en él. Hasta hoy, el hecho de que un profesional multidisciplinar utilice sus propias fotografías o ilustraciones en una maqueta que ha sido diseñada por él no

Robert Maxon

Graphic Design & Typography

+44(0)7823 886010
maxonrobert@hotmail.com

Brief: Create an identity for a new museum based solely around typography.

Info: Logo and promotional items sent out in a pack to advertise the museum. Contains a brochure, stationary, poster/invite and t-shirt.

Response: A branding for a museum of type opening in 2009. The location of the museum is an old reconditioned print-works that has been converted into a museum dedicated to type. The identity reflects this contrast, referencing both the industrial era of design in which the print-works was running contrasting that with contemporary design of the era that the museum is now placed.

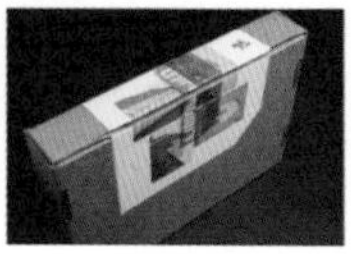

Pdf Portfolio

ISTD Student Brief - December 2008

Type Factory

Robert Maxon

Graphic Design & Typography

+44(0)7823 886010
maxonrobert@hotmail.com

Brief: Create a fanzine that can be produced and sold. The aim of the project is to make a financially viable piece of design. Essentially cover the costs of production and also, try to make a profit.

Info: Screenprinted t-shirts, posters and covers of the fanzine and inside a combination of typography, photography and illustration. Collaborative project.

Response: We chose to produce a fanzine that tought typographic and design related rules as well as celebrating popular pieces of design of the moment. Each fanzine came with a free t-shirt and also had the details so that the t-shirts could be bought afterwards on their own.

Pdf Portfolio

University Project - April 2006

Typographic T-Shirts

Página anterior: Estos proyectos académicos de Robert Moxon (hoy diseñador profesional) ponen de manifiesto la coherencia de visión necesaria para transmitir la versatilidad de un diseñador. Su portfolio, en formato PDF, muestra una campaña de *branding* para un museo de la tipografía ubicado en una antigua imprenta (arriba) y un diseño para un *fanzine* del gremio que viene acompañado con una camiseta de temática tipográfica libre (abajo).

suele representar ningún problema para la mayoría de los clientes o empleadores. Sin embargo, si estás peleando por un puesto en plantilla como diseñador, actuará en tu contra el hecho de que los elementos de diseño se vean eclipsados de modo significativo por la cantidad de ilustración o fotografía que los acompaña, sobre todo en entornos laborales como el del diseño editorial, en los que las funciones pueden estar delimitadas muy estrictamente. Para los ilustradores, sin embargo, una de las formas de convencer a un cliente potencial de su incontestable versatilidad es insertar su trabajo en el contexto de un diseño ya existente.

Dado que la mayoría de los ilustradores consigue sus primeros encargos en el ámbito editorial, la típica simulación consistente en reemplazar las ilustraciones de un artículo publicado en una revista con tus propias imágenes (ya sea de forma digital o mediante un corta-pega convencional) permite ubicar tu trabajo en un contexto que los clientes potenciales puedan relacionar. Además, producir esta clase de facsímiles puede suponer una valiosa experiencia como aprendizaje. Si no has hecho ninguno nunca, se parece bastante a desarrollar un encargo real: tener que generar ideas a partir de un texto que puede ser bastante gris, trabajar en función de un formato y tamaño específicos e incluso cubrir toda la gama de tipografías y/o tipos de impresión que guardan poca relación con los colores de tus ilustraciones. Por otro lado, ver tu trabajo reducido (a menudo, en la práctica, en gran medida) también te hará reflexionar sobre la calidad de sus líneas, la eficacia de los medios y soportes empleados y la complejidad de las imágenes. Asegúrate de que estas maquetas son legítimas y de que no haces pasar por tuya una ilustración ajena ni viceversa.

Si eres un ilustrador extremadamente diestro y seguro nada te impide rediseñar a tu gusto una maqueta editorial; y si estás más orientado hacia el mercado del libro, menos aún rediseñar la maqueta de una cubierta o sobrecubierta, sobre todo si uno de los elementos de tu trabajo es la rotulación o la tipografía manual. Con todo, si bien la mayoría de los empleadores no suele tener problemas con estos facsímiles de maquetas *per se*, los que sí los tienen suelen aducir la pobreza del diseño como argumento. Si el diseño no es tu punto fuerte, limítate a utilizar uno ya existente. Si no encuentras una maquetación que convenza en la publicación para la que vas a hacer la entrevista, escoge una de otra publicación similar que le haga más justicia a tu trabajo.

Algunas otras consideraciones relativas a esta clase de maquetas son:

Opta por maquetas de diseño sencillo, que no sean abigarradas.

Elige maquetas en las que la imagen que vas a reemplazar sea lo suficientemente grande como para hacer justicia a tu trabajo.

Utiliza siempre el artículo que tú ilustraste, en oposición a otro no relacionado cuya maquetación prefieras: insertar un dibujo que ilustre las fluctuaciones del mercado de valores junto con una receta veraniega no funcionará.

Muestra solo la versión rediseñada de la maqueta, no pongas la ilustración original junto a la tuya.

Evita usar maquetas viejas que parezcan desfasadas. Si una idea antigua merecía la pena, rehazla.

Cuando prepares el orden de las maquetas, evita situar una versión del material artístico a mayor tamaño en la página opuesta. Aunque esto puede funcionar en algún caso especial, su abuso resulta repetitivo.

En ausencia de este recurso de las maquetas rediseñadas, de material publicado o de fotografías de trabajo in situ, recomiendo tanto a ilustradores como diseñadores la utilización de pies. Estos deben ser legibles, concisos y coherentes en su estilo, así como discretos, con el fin de que no hagan sombra al contenido de tu trabajo.

“Prefiero ver el material aislado que inserto en una maqueta rediseñada. Los estudiantes suelen optar por ilustrar historias para las que yo hubiera preferido utilizar fotografías. Creo que distrae la atención del propio trabajo.”

Alison Lawn, directora de arte, *New Scientist*

Merry Christmas
orange
hello

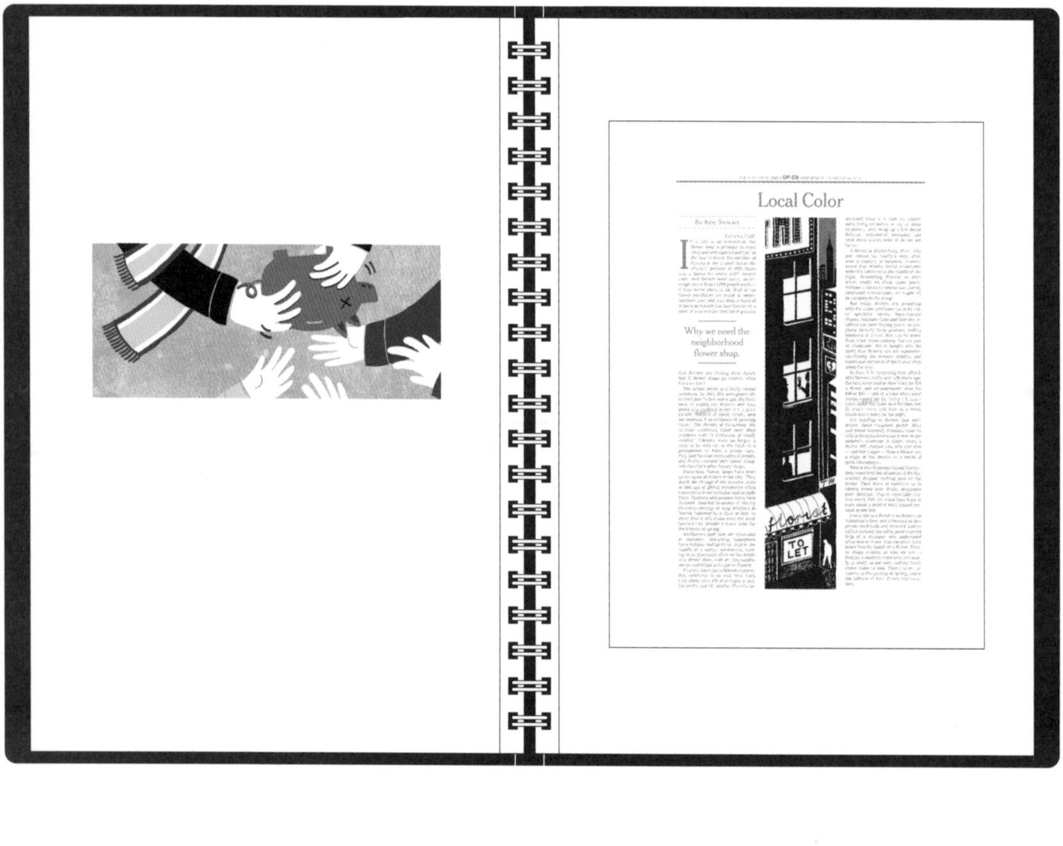
Local Color
By Amy Stewart
Why we need the neighborhood flower shop.
florist
TO LET

Página anterior: Insertar los trabajos en su contexto es una forma eficaz de mostrar a los empleadores potenciales cómo podrían utilizar tus servicios. Aquí pueden verse dos dobles páginas del portfolio del ilustrador Shaun Doyle, desarrollado con la intención de atraer clientes del ámbito de la edición y la publicidad.

¿Cuántas muestras debería incluir?

Creo firmemente que el número de piezas que debe contener un portfolio ha de supeditarse al criterio profesional de su autor y a su sentido común: no existe una respuesta estándar ni una verdad absoluta. Algunos editores y directores artísticos opinan que los aspirantes deben incluir de tres a seis proyectos y no exceder este número. Probablemente eso sea lo adecuado para aquellos diseñadores que quieran labrarse una carrera en el ámbito del *branding*, pero no será suficiente para los que quieren probar su versatilidad como diseñadores editoriales de cubiertas para libros. De manera similar, un ilustrador de libros infantiles especializado en animales, con un estilo complejo y lleno de intrincados detalles decorativos, requerirá muchos menos ejemplos para mostrar su singularidad que otro dibujante con un estilo más sencillo y lineal y una base de clientes potenciales mucho más amplia.

Aun así, es importante recordar que nada debe dejarse al azar. Si eres el ilustrador de libros infantiles especializado en animales y tus piezas muestran principalmente perros y gatos, los empleadores bien abastecidos de profesionales como tú asumirán de modo automático que no sabes dibujar cobayas o cebras. No esperes de ellos que te lean la mente, algunos, de hecho, te pedirán que expliques lo más obvio.

"Al final del día, todo consiste en la pertinencia y la calidad del trabajo."

Dave Day, director de arte, Fallon

¿Cómo debo mostrar mi trabajo ya publicado?

La mayoría de los empleadores del sector creativo estarán encantados y mucho más tranquilos al ver trabajo publicado en tu portfolio, así que otórgale un lugar privilegiado dentro del mismo. Las ofertas de trabajo para diseñadores junior a menudo estipulan un mínimo de experiencia profesional, lo que puede resultar desalentador, pero no hace falta que hayas estado en la plantilla de una empresa durante un año. El trabajo como independiente también cuenta. Eso incluye aquellos trabajos que hayas realizado para familiares y amigos, concursos a los que te hayas presentado durante la carrera o proyectos en los que hayas trabajado durante estancias de prácticas en empresas. Si el trabajo es representativo y cumple los mínimos exigidos de calidad, puede constituir una buena herramienta a la hora de conseguir un puesto a tiempo completo o futuros encargos como independiente. Tu entrevistador no tiene por qué saber que ese logotipo lo diseñaste para el sello discográfico de un amigo de tu hermano o para la cafetería de tu primo. Para él, es sencillamente una prueba de que alguien te dio una oportunidad y tú cumpliste.

En la facultad es costumbre que los alumnos muestren su trabajo en orden cronológico, terminando por su último proyecto, que suele ser el mejor. Sin embargo, en el contexto de las presentaciones en el "mundo real", esta no es la manera de proceder. Si un empleador o cliente potencial tiene que vérselas con infinitas muestras de tu trabajo académico te arriesgas a que ya haya perdido el interés cuando llegue por fin a la joya de la corona, así que ubica todo lo que hayas publicado tan adelante como sea posible. Frente a un entrevistador reacio a depositar su confianza en un principiante, esta estrategia te revelará como un profesional desde el comienzo, lo que, con un poco de suerte, contribuirá a crear una atmósfera más relajada para ambos.

La mayoría de los profesionales encargados de asignar los proyectos de ilustración prefiere ver material impreso en su contexto, ya que esto les facilitará el explicar a sus colegas o a sus clientes cómo piensa aprovecharte. Aun así, en el caso de directores artísticos publicitarios es mejor mostrar las imágenes de manera aislada. Esto se debe a que el personal encargado de estas asignaciones dentro de las agencias puede ser muy crítico con las campañas de sus rivales y, en algunos casos, esto hace que un ilustrador o fotógrafo sean víctimas de sus prejuicios. Hay artistas que sortean este problema con la inclusión al final del portfolio de imágenes adicionales reducidas en el contexto en que fueron publicadas. Sin embargo, no recomendaría obrar así salvo en el caso de que quieras trabajar exclusivamente para agencias de publicidad.

"El trabajo de los directores de arte júnior o, en nuestro caso, editores de arte, debe mostrar profundidad y frescura. Deben poder manejarse con soltura con la tipografía. Esto es muy importante. Elaborar un diseño detallista y con algún ingenio. Ser capaces de realizar encargos a fotógrafos e ilustradores."

Colin McHenry, Group Art Director, Centaur Media

Incluir cuadernos de bocetos como material extra de tu portfolio puede ser beneficioso, sobre todo si tienen mucha personalidad, como los de Russell Cobb (abajo). Si, por el contrario, prefieres ir ligero de equipaje, puedes optar, como también hace Cobb, por montar varios de los bocetos de modo que configuren una pequeña sección dentro de la propia carpeta (arriba).

"Me gusta ver bocetos y cuadernos. Con todo, es el resultado final lo que cuenta."

Alison Lawn, directora de arte, *New Scientist*

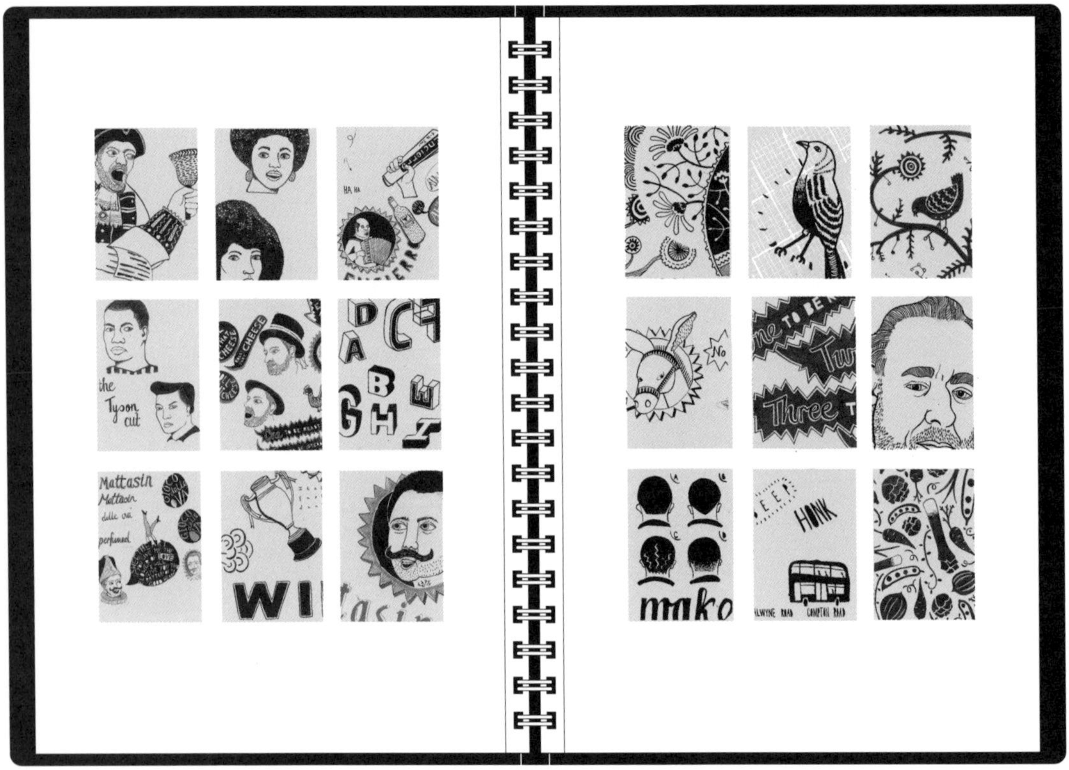

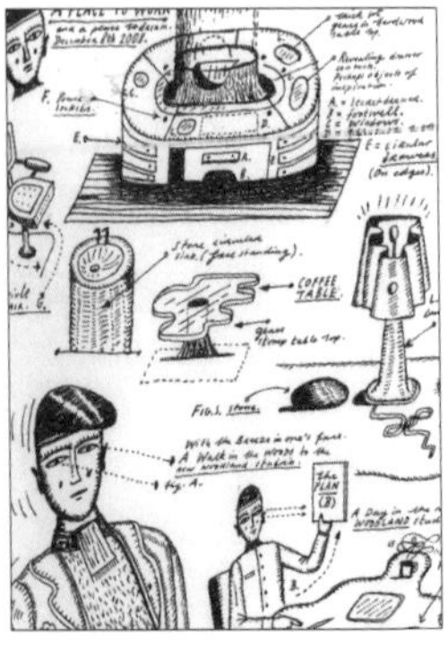

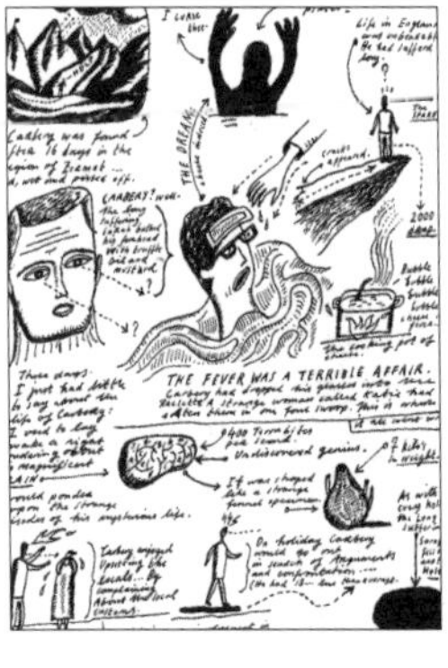

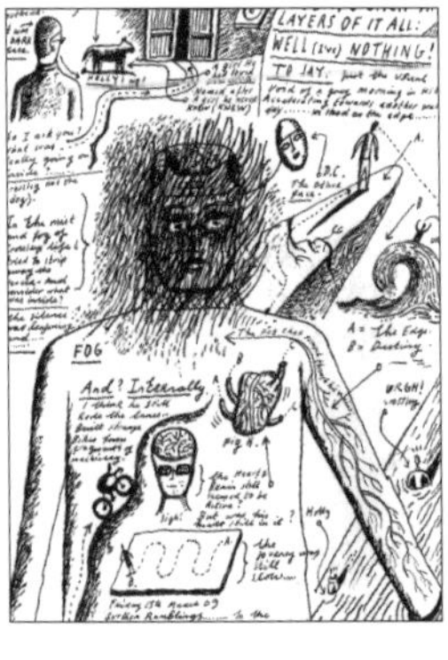

Página siguiente: Janine Rewell es una profesional multidisciplinar e independiente que trabaja desde Helsinki. Para facilitar las cosas a sus clientes, su portfolio *online* se divide en secciones separadas: una para diseño gráfico (arriba) y otra para ilustración (abajo).

¿Cuántos portfolios?

Puesto que hay varias maneras de presentar tu trabajo, es bastante probable que acabes teniendo varios portfolios. Tendrás versiones impresas a tamaño real o a escala para ir dejando en los sitios que te interesen, PDF para enviar por correo electrónico, versiones en papel, versiones para portátil o para tableta que utilizarás en las presentaciones cara a cara o combinaciones de todo lo anterior. Un diseñador que trabaja con medios impresos y digitales puede optar por confeccionar un portfolio con material impreso y mostrárselo al cliente junto a una presentación de su trabajo digital en un ordenador portátil, como hacen muchos profesionales multidisciplinares (es el caso, por ejemplo de los ilustradores que también son animadores). Ya seas diseñador, ilustrador o profesional multidisciplinar, lo normal es que tengas alguna ocasión de mostrar juntos dos o más portfolios, si bien una opción alternativa es dividir un mismo portfolio en diferentes secciones dedicadas a disciplinas o estilos específicos. La cuestión es tratar de confundir lo menos posible a quien tenga que verlo.

Lo más indicado para un ilustrador que posee una amplia gama de estilos muy diferenciados y apropiados para distintos mercados (ácida sátira política y libros ilustrados para niños menores de cinco años, por ejemplo) suele ser confeccionar portfolios diferentes. Si bien es cierto que no existen unas líneas claras de demarcación, cabe asimismo la posibilidad de incorporar varios estilos en un mismo portfolio, poniendo siempre especial cuidado en que las imágenes fluyan obedeciendo a alguna clase de lógica. Los trabajos se pueden agrupar atendiendo a su temática, al medio o soporte o a su estilo, pero, teniendo en cuenta que dispones de un tiempo muy limitado para causar una impresión duradera en tu entrevistador, es vital que el portfolio pueda leerse como un todo coherente. Una mezcla de imágenes dispersas que guardan poca o ninguna relación entre sí tiene pocas posibilidades de ser recordada como algo que no sea un simple cacao, por lo que nadie la tendrá luego en mente.

Aquellos diseñadores e ilustradores que presenten sus candidaturas de forma espontánea a varias empresas pueden utilizar dos portfolios: uno adecuado para envíos y entregas y otro para presentaciones cara a cara. Los profesionales multidisciplinares pueden optar a su vez por tener diferentes portfolios en cada uno de los cuales muestren las destrezas y trabajos específicos de cada campo (o exclusivamente los requisitos de un cliente con poca pinta de regocijarse al ver un glorioso compendio de todas tus habilidades). Por último, es probable que los ilustradores que opten por hacerse con los servicios de una agencia de representación tengan que elaborar también más de un portfolio, sobre todo si su trabajo cubre varios campos o si su agente posee oficinas en el extranjero.

¿Debo incluir mis cuadernos de bocetos?

En una palabra: sí. Sin embargo, no todos los empleadores y clientes están completamente de acuerdo sobre su utilidad, e incluso aquellos interesados en observar tu proceso creativo pueden aburrirse si se ven obligados a mirar muchos.

“Es divertido echar un ojo a los cuadernos de bocetos, pero, en mi caso, no vale con eso para contratar alguien.”

Steve Scott, director de arte, Scholastic

Recomiendo a ambos, diseñadores e ilustradores, que incluyan uno o dos cuadernos de bocetos como material extra en caso de que un cliente quiera echarles un vistazo al final de una presentación. Además, por lo que respecta a los diseñadores, hay algunos empleadores a los que no les disgusta ver ejemplos de ideas iniciales en el portfolio, junto con su resultado final. A pesar de ello, vuelvo a recomendar cierta precaución. No incluyas el trabajo de desarrollo de todas las piezas, concéntrate mejor en una de ellas o en aquellas en las que creas que tu pensamiento creativo se ve reflejado en su grado máximo. Incluir demasiados borradores puede generar una sensación de dispersión y redundar en contra del impacto general que provoque tu trabajo.

“Me gusta ver cómo trabajan las cabezas. Tampoco demasiado material, pero sí el suficiente que permita observar bocetos de reportajes, el desarrollo de una idea o el proceso de creación de una imagen.”

Jonathan Christie, director de arte, Conran Octopus

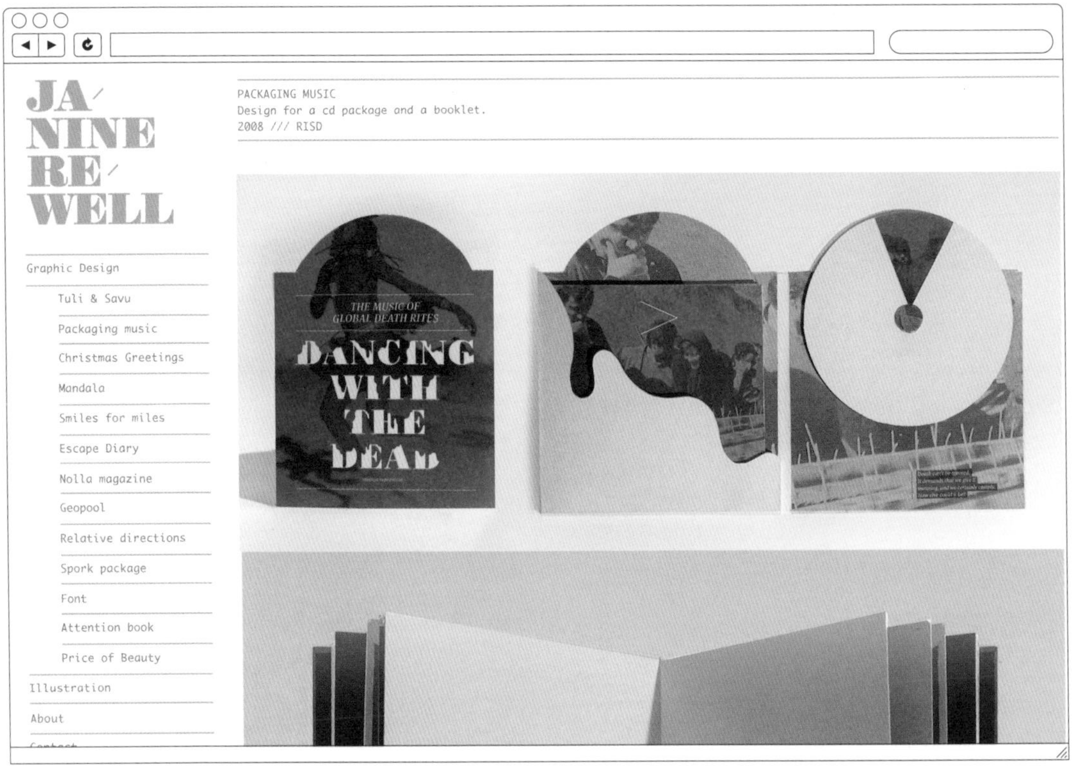
JA/
NINE
RE/
WELL
PACKAGING MUSIC
Design for a cd package and a booklet.
2008 /// RISD
Graphic Design
Tuli & Savu
Packaging music
Christmas Greetings
Mandala
Smiles for miles
Escape Diary
Nolla magazine
Geopool
Relative directions
Spork package
Font
Attention book
Price of Beauty
Illustration
About
THE MUSIC OF
GLOBAL DEATH RITES
DANCING
WITH
THE
DEAD

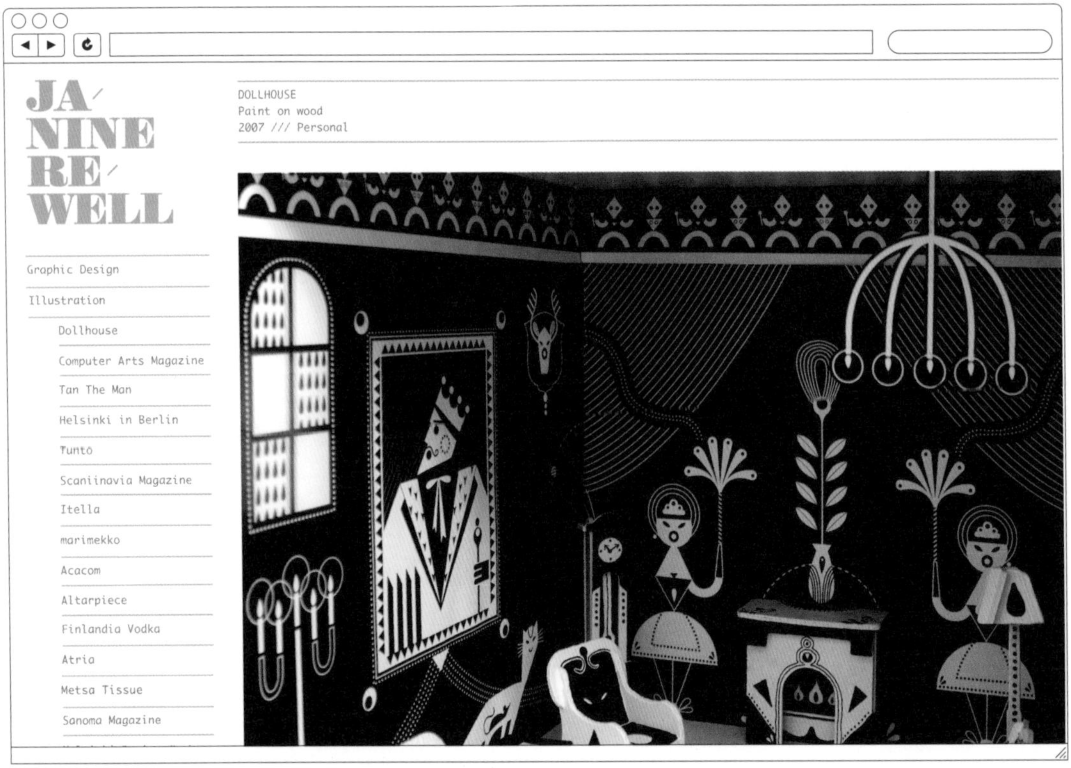
JA/
NINE
RE/
WELL
DOLLHOUSE
Paint on wood
2007 /// Personal
Graphic Design
Illustration
Dollhouse
Computer Arts Magazine
Tan The Man
Helsinki in Berlin
Tuntö
Scaniinavia Magazine
Itella
marimekko
Acacom
Altarpiece
Finlandia Vodka
Atria
Metsa Tissue
Sanoma Magazine

Resumen
Crear un buen portfolio

1.

Un buen portfolio es aquel que muestra a un tiempo tu mejor trabajo y tu comprensión de aquello que está buscando quien lo mira.

2.

Conocer y calibrar los puntos fuertes y débiles de tus destrezas creativas es tan importante como conocer la clase de trabajo que están buscando las empresas y clientes a las que te diriges. Aprende a ser objetivo: muestra solo aquellas piezas en las que confíes totalmente y asegúrate de que representan tus más altos estándares. Deja fuera todo material sospechoso de autoindulgencia.

3.

Los empleadores del sector creativo juzgarán el contenido de tu portfolio por lo que ven y nada más. Si es necesario, cuando estés confeccionando uno, añade nuevas piezas que sean relevantes para el campo específico en el que se especializa una empresa o cliente y que prueben tu versatilidad para desenvolverte en el mismo. Los ilustradores deberían también mostrar imágenes insertas en diseños o maquetas existentes.

4.

Otorga al material ya publicado un lugar de honor dentro de tu portfolio, tan cerca del principio como sea posible. Incluye también uno o dos cuadernos de bocetos en caso de que un cliente esté interesado en verlos al final de la presentación.

5.

Puede darse el caso de que tengas que elaborar más de un portfolio o dividir uno en diferentes secciones que muestren diferentes disciplinas y estilos. Los profesionales multidisciplinares, en particular, pueden optar por tener varios portfolios dedicados cada uno a diferentes destrezas y trabajos adecuados para campos específicos.

5

Escoger el portfolio adecuado

La forma en la que decidas mostrar tu trabajo vendrá determinada sobre todo por la practicidad y tu gusto personal. Su escala, naturaleza y aplicación pueden afectar tu elección de la misma manera en que pueden hacerlo tu presupuesto o tu localización geográfica. Por ejemplo, enviar por correo un portfolio impreso en tamaño A3 a través de medio mundo es caro y lento si lo comparas con enviar a un cliente un archivo PDF por correo electrónico o un vínculo a tu sitio web. Por otra parte, aunque huelga decir que tus muestras deben ser inmaculadas y exhibirse con arte, el aspecto funcional también es de gran importancia. Ya optes por una presentación impresa o digital o, incluso, como es cada vez más frecuente, una combinación de ambas, tu portfolio debe ser coherente y sencillo de negociar y debe comunicar tus virtudes como profesional de forma clara y concisa. Por encima de todo, su objetivo es atraer y atrapar la atención del observador desde un principio y sostenerla durante el tiempo que dure la presentación.

Página anterior: Portfolio fabricado a medida, diseñado para una presentación personalizada de las muestras y acompañado de un maletín protector para su transporte.

El portfolio digital

Algunas clases de trabajo (sobre todo si se trata de gráficos animados y diseño web) no pueden mostrarse en formato impreso sin desmerecer. De hecho, algunos empleadores y clientes consideran engorrosos los portfolios impresos y los desaprueban activamente. Incluso entre aquellos que trabajan preferentemente para la imprenta los hay que prefieren ver el trabajo de un profesional en un PDF o un sitio web antes de entrevistarse con ellos o, directamente, en lugar de hacerlo. Los sitios web pueden marcarse como favoritos, el trabajo puede contemplarse con calma sin tener que oír cómo te lo venden y las imágenes se pueden descargar con facilidad, compartirse con los colegas de trabajo o enviarse a los clientes sin importar en qué lugar del globo se encuentren.

"Un vínculo a un sitio web puede introducirse fácilmente en nuestra base de datos de empleo. Los discos compactos se pierden en los armarios y al papel se lo come el papel."

Judy Wellfare, directora creativa, Plus et Plus

En lo que respecta a las presentaciones digitales hechas cara a cara, tanto los ordenadores portátiles como los dispositivos tipo tableta ofrecen muchas ventajas. Las tabletas pesan incluso menos que los portátiles extrafinos de última generación, pero ambos son más ligeros que el clásico portfolio de papel de tamaño A3 y, sobre una mesa, ocupan un espacio considerablemente menor. Una de las principales ventajas de las presentaciones digitales es que te permiten mostrar tu trabajo de varias maneras: puedes, por ejemplo, explicarle a la persona susceptible de contratarte los entresijos de tu página web, tu blog, tu portfolio *online*, tu página de Flickr o su equivalente mientras se lo enseñas; si tus intereses profesionales giran en torno a Internet, puedes acceder a páginas diseñadas por ti. También puedes recurrir a una presentación con diapositivas o en vídeo, o simplemente mostrar una serie de capturas y/o imágenes en movimiento (la cantidad que puedes llevar a una reunión es ilimitada). Con una inversión relativamente pequeña puedes comprar una aplicación con la que presentar imágenes y vídeo en tu tableta, con una interfaz sencilla. En la práctica en un dispositivo electrónico se pueden llevar a una reunión tantos portfolios como sea necesario, lo cual puede ser útil para quienes se muevan en diferentes disciplinas, aspiren a diferentes puestos de trabajo o tengan varios estilos de ilustración. Tanto el portátil como los dispositivos tipo tableta ofrecen la posibilidad de ver las imágenes en una pantalla más grande con tan solo conectarlos a un proyector o a una pasarela multimedia inalámbrica.

Cuando me propusieron escribir la primera edición de este libro, el iPad y sus muchas secuelas aún no habían entrado en escena. En mi opinión, la tableta ofrece una ventaja con respecto al ordenador portátil. A la hora de escribir, la tableta carece de algunas de las opciones de los programas y de las funciones más sofisticadas del portátil, pero probablemente esa sea la razón por la que me parece preferible: las presentaciones en ordenador portátil tienden a alargarse demasiado y, cuando el tiempo apremia, eso puede causar una impresión poco profesional. Una presentación en una tableta tiene la velocidad y la sencillez de una presentación impresa y el propio dispositivo puede pasar de mano en mano en torno a una mesa de reunión con la facilidad con que lo haría un portfolio tradicional. La función interactiva de la pantalla de la tableta permite a quien la emplea modificar el tamaño de la imagen y verla en detalle de manera simple e intuitiva, algo que no se puede hacer con un portátil. De modo que, a pesar de tener una pantalla más pequeña, la tableta es, en muchos sentidos, más versátil, y su resolución cada vez mayor. Por otro lado, no puedes dejarle al cliente un dispositivo electrónico cuando te vas, como se hace con los portfolios impresos, y esta opción no satisface del todo a los partidarios de hojear y tocar el trabajo. También hay un riesgo considerable de que una presentación salga mal si se utiliza un portátil sin organizarse previamente.

"Dado que recibimos una cantidad enorme de material de partes interesadas nos es imposible conocerlas a todas en persona, por lo que en un nivel inicial es preferible que las muestras se envíen en formato digital. Después, si nos gustan, podemos conocernos cara a cara."

Anne Brassier, departamento de Relaciones públicas y Nuevos negocios, Airside

¿Qué puede ir mal?

He sufrido presentaciones realizadas con ordenadores portátiles prestados con los que el profesional en cuestión no estaba familiarizado y hasta una en la que la pantalla estaba bloqueada porque el ordenador se había estropeado la noche anterior. Y he escuchado las palabras "¡Pero tiene que estar aquí! ¡Transferí los archivos anoche!" más veces de las que puedo recordar. Los ha habido que han llegado con un CD o un lápiz USB, dando por sentado alegremente que podían usar mi ordenador para su presentación sin necesidad de preguntar antes y otros han dado por hecho que tendría Wi-Fi (y no siempre la he tenido). He visto presentaciones de diapositivas en las que el tiempo asignado a cada imagen excedía con mucho lo recomendable, y he tenido que esperar muchísimo para ver archivos muy pesados que al final eran dibujos del natural). He visto tipografía e imágenes que no se mostraban como sus creadores tenían programado (al revés, por ejemplo) y aguantado presentaciones que podrían describirse como el equivalente digital a sacudir un portfolio de estudiante tamaño A1 con todos sus contenidos sueltos y revueltos: portátiles saturados de archivos y de imágenes aleatorias, muchas de ellas ni siquiera relevantes, que parecen no acabarse nunca. No hay excusa para nada de ello, y menos aún para alguien cuya especialidad es, se supone, la comunicación visual.

"El entorno digital se ha vuelto cada vez más accesible a medida que las herramientas informáticas de los clientes han mejorado. Estos parecen valorar el hecho de no tener que lidiar con portfolios físicos y aprecian la inmediatez del correo electrónico y la facilidad con la que pueden reenviarlo a sus colegas. El PDF es hoy, sin duda, el formato predilecto."

Lance Hidy, diseñador independiente

Cómo hacer una buena presentación en un ordenador portátil

En primer lugar, ten un plan general y sigue un orden lógico. Teniendo en cuenta que las presentaciones digitales son más complejas que las impresas y ofrecen más opciones y flexibilidad, precisan una reflexión más detallada a la hora de decidir qué mostrar, cómo mostrarlo y en qué orden. Aunque te libres de tener que estar viéndotelas con el cúter y el *spray* adhesivo, tu objetivo sigue siendo el mismo: reunir con criterio una selección de ejemplos que ponga de relieve tu trabajo sin aspavientos y en un lapso de tiempo breve. Las imágenes tienen que ser de máxima calidad y tiene que poderse acceder a ellas de modo sencillo y rápido; las páginas web, si proceden, deben ser también de fácil manejo (véase capítulo seis). Y huelga decir que si tu área es precisamente el diseño web, tu propio sitio web tendrá que impresionar a tus empleadores potenciales, aunque favorezcas la funcionalidad sobre el estilo.

Como sucede con la inclusión de cuadernos de bocetos en los portfolios impresos, todo material adicional que lleves a la presentación será considerado como una opción extra por tu entrevistador. Si durante la reunión muestran su interés por ver más trabajos en la misma línea, hablará muy bien de ti que vayas preparado a ese respecto. La mejor forma de garantizar una respuesta seria y sin fisuras es clasificar y etiquetar tus imágenes de modo que sepas exactamente qué contienen. Hacer clic sobre una sucesión de misteriosos archivos JPG inspirará menos confianza.

En segundo lugar, ten plena confianza en ti mismo. Carga toda la batería del ordenador antes de la reunión y prevé cualquier desastre llevando contigo lo necesario para evitarlo, como cables y un adaptador de corriente por si la batería, por alguna razón, falla; discos compactos y/o lápiz de memoria USB en caso de que algún archivo desaparezca incomprensiblemente o se caiga el servidor de tu web. Unas muestras impresas de emergencia tampoco están de más. Si cuentas con un servicio de Internet móvil Mobile Broadband, llévalo también. En resumen, deja al azar lo mínimo y nunca des por sentado que puedes usar el ordenador de tu cliente o futuro empleador: te están haciendo un favor solo por concederte su tiempo. Trata de realizar la presentación en tu portátil o, si falla, en un ordenador que sepas manejar con eficacia.

Cómo hacer una buena presentación en una tableta

Mucho de lo que ya hemos dicho se aplica también a las presentaciones en tableta, al menos en lo que respecta a la concisión de la exposición y a la necesidad de tener una estrategia general. No obstante, una presentación en tableta plantea problemas específicos. En la página siguiente hemos reunido algunos consejos para lograr superarlos.

Presentaciones a distancia

Cuando tienes que dirigirte a clientes situados en diferentes localizaciones geográficas a la tuya, los archivos PDF, los DVD y los discos compactos, las películas QuickTime, los JPG y similares son una bendición. Con todo, asegúrate siempre de que aquello que vas a mandar será bienvenido. Una vez más, confirma que los diseños e imágenes se ajustan a los requisitos del cliente y no le bombardees con cientos de muestras. De forma similar, evita archivos monstruosos que requieran horas para su descarga.

HOME • ABOUT
RAEWYN BRANDON
WEB & GRAPHIC DESIGN
WORK • CONTACT
INTELLECTUAL PROPERTY
WWF Climate Change
PRINT

HOME • ABOUT
EST. 2011
RAEWYN BRANDON
WEB & GRAPHIC DESIGN
WORK • CONTACT
Welcome to the portfolio website of Raewyn Brandon, a graphic and web designer. I hope you enjoy looking through a selection of my work. Feel free to contact me, I would love to hear from you!

Página anterior: Tanto los proyectos impresos como digitales de Raewyn Brandon, neozelandesa residente en Nueva York, causan una impresión igual de clara en un dispositivo tipo tableta y en un monitor convencional.

Presentar un portfolio en formato digital

En un dispositivo tipo tableta como el iPad, las imágenes pueden llegar a lucir muchísimo al presentarlas como portfolio. No obstante, para causar una buena impresión, es fundamental prepararlas previamente. A la hora de preparar tu trabajo para una presentación en una tableta es imprescindible tanto contar con buenas fotografías de tus creaciones bidimensionales para que tengan buena nitidez en alta resolución, como estar familiarizado con el manejo de programas de diseño.

Preparar el terreno para una presentación digital

Si eres ilustrador o diseñador digital y ya estás acostumbrado a trabajar con Adobe Illustrator, Photoshop o InDesign, el proceso de postproducción digital te será relativamente fácil. Empieza a trabajar en la nueva imagen de tu portfolio con un programa vectorial (Illustrator) o de mapa de bits (Photoshop, Corel Painter) en alta resolución. El espacio de color debería ser RGB (así se llama el modelo de color que mezcla los colores primarios rojo, verde y azul). Guarda las imágenes para tu portfolio en el formato nativo del programa y archívalas.

Los dibujos, cuadros y demás obras elaboradas de manera tradicional son algo más complejos de procesar, pues es preciso fotografiarlos o escanearlos en alta resolución. Una imagen bidimensional debe estar iluminada uniformemente y el encuadre debe encajar exactamente en el visor de la cámara. Usa siempre un trípode para estabilizar la cámara, te permitirá experimentar con diferencias de exposición sin necesidad de reajustes. Pon mucha atención en este paso. Puede resultar un tanto frustrante, pero sin duda el esfuerzo merecerá la pena.

Graba las imágenes que vayas a incluir en el portfolio en la cámara, en formato RAW. RAW es el término con el que nos referimos a las imágenes sin procesar, antes de ser imprimidas o editadas. Este formato es el que contiene mayor cantidad de información y hace las veces de negativo digital. Tendrás que someter estas imágenes a ciertos ajustes, los más importantes son los que respectan al color, el contraste, el brillo y la nitidez. Es preciso corregir también las perspectivas involuntarias (distorsión trapezoidal) y la curvatura. Puedes llevar a cabo estas operaciones usando un programa RAW en la cámara y Photoshop, guarda el resultado en formato TIFF y almacénalo con el sistema de organización de archivos que suelas emplear.

Antes de dar formato a las imágenes para poder utilizarlas en la tableta tendrás que hacer copias de los archivos originales. Nunca modifiques los originales y comprueba que siempre tienes una copia de seguridad de cada una de las imágenes. Tendrás que establecer el formato de las imágenes que utilices en la presentación, teniendo en cuenta que este debe doblar la resolución máxima de pantalla. En el caso de la pantalla actual del iPad, por ejemplo, esta medida es de 2.048 píxeles. Puede que la cifra varíe con la salida al mercado de nuevas versiones. Cambia el formato de archivo de las copias a JPEG y termina seleccionando "Guardar para web y dispositivos" en alta calidad.

Las copias que tengas almacenadas en el ordenador pueden sincronizarse con el iPad a través de iTunes. También puedes guardar imágenes en la "nube" empleando servicios como el iCloud de Apple o Dropbox. Ambos servicios te permiten tener tus imágenes siempre disponiles para su importación a cualquier dispositivo digital en el que quieras mostrarlas.

Aplicaciones para las presentaciones en tableta

Hay muchas aplicaciones que puedes usar para presentar un portfolio en un dispositivo tipo tableta. Cada una de ellas es única en lo que respecta a la apariencia y las sensaciones que confiere a las imágenes que vas a mostrar. Estas aplicaciones son relativamente baratas, algunas son incluso gratuitas. Keynote, Portfolio, Padfolio y Minipal Portfolio son solo algunos ejemplos. Hay otras muchas.

Keynote forma parte de Apple iWork y es un programa para presentaciones similar a Microsoft Powerpoint. Permite crear presentaciones elegantes y reproducirlas, bien como conjunto de diapositivas, según los tiempos que tengas preestablecidos, bien como imágenes individuales que puedes ir mostrando al ritmo que decidas sobre la marcha. Cualquiera de las alternativas ofrece interesantes efectos de transición. Padfolio te permite guardar varios portfolios en un mismo lugar, de modo que puedas mostrar la selección de imágenes más apropiada en cada momento. También ofrece la opción de presentar los portfolios de manera similar a Keynote.

Todas las aplicaciones incluyen opciones creativas a disposición de quien desee modificar el modo en que presenta su trabajo. Las presentaciones de portfolio en tableta funcionan muy bien para reuniones con una o dos personas, pero pueden quedarse pequeñas para exposiciones ante grupos. Como ya avanzábamos, una opción muy ventajosa es la de conectar el dispositivo a un proyector o a una gran pantalla cuando nos enfrentamos a un grupo más numeroso.

Un profesional preparado y que haya practicado previamente puede tener a mano durante la presentación toda una gama de recursos artísticos con los que hacer que esta resulte aún más impactante. Hay muchas aplicaciones asequibles que permiten usar versiones reducidas a escala de programas de dibujo, pintura o composición de páginas a los que ya estés acostumbrado. Si al artista le parece apropiado, puede improvisar un dibujo digital o una manipulación fotográfica en la propia oficina del cliente delante de este. Esto puede sorprender muy gratamente, sobre todo si lo hace alguien que conozca bien todas las posibilidades de las aplicaciones.

El portfolio impreso

Los directores y editores artísticos que trabajan predominantemente para la imprenta y que por lo tanto asignan encargos para ese medio están, por regla general, encantados de ver un portfolio que hable su mismo lenguaje (aunque también en el caso de *storyboards* para diseño web es válido presentar un portfolio impreso). Por lo que respecta a las presentaciones, el portfolio impreso es un método a prueba de bombas, tanto para diseñadores como ilustradores. La carpeta se puede revisar rápidamente, pasar de mano en mano durante la reunión y su contenido se puede fotocopiar y escanear con facilidad si es preciso hacerlo. Además, es perfecto también para entregas y como copia de seguridad. No hay que llevar periféricos aparatosos ni poco fiables y no hace falta batería o conexiones eléctricas, así que no tendrás que preocuparte de condiciones climáticas adversas o cortes en el suministro eléctrico. Optar por la impresión también supone una ventaja económica para todo principiante falto de fondos, ya que incluso los portfolios más lujosos del mercado salen más baratos que un ordenador portátil. Eso sí, existe un límite para la cantidad de trabajo que puedes portar contigo físicamente a una entrevista, si bien en caso de necesidad siempre se pueden enviar más muestras por correo electrónico a todo aquel que las solicite.

“Siempre es bueno disponer de algo táctil que se pueda hojear y que sea también más fácil de mostrar a los clientes en una entrevista, pues algunos de ellos tienen unos PC tan viejos que no pueden siquiera abrir archivos en JPG. Además, está la ventaja de que no tienes que preocuparte de que el ordenador falle durante la reunión.”

Steve Rutterford, director de arte, Brooklyn Brothers

El tamaño importa

Hay una razón por la que los portfolios de formato A3 (297 × 420 mm) y A4 (210 × 297 mm) [y no A1 (594 × 841 mm), A2 (420 × 594 mm) ni A0 (841 × 1.188 mm)] se han convertido en un estándar dentro de la industria. No siempre tendrás una gran mesa sobre la que desplegar tu trabajo, la mayoría de las veces los profesionales presentan su portfolio en el mismo espacio de trabajo de su cliente, por lo general un pequeño estudio o espacio. El espacio en mesas e incluso el suelo es muy escaso, por lo que siempre se agradecerá presentar un portfolio de dimensiones manejables (lo bastante pequeño y ligero para que el entrevistador pueda posarlo cómodamente sobre su regazo y hojearlo). Por lo que respecta a ti, un portfolio de tamaño A3 o A4 es más barato de enviar por correo y más fácil de mandar por mensajería a clientes locales. Las razones más comunes por las que la gente persiste en llevar consigo un portfolio enorme suelen ser la falta de dinero y no poder pasar a formato reducido sus piezas más grandes.

Diseños publicados

Es preferible mostrar el trabajo publicado en su contexto siempre que sea posible, recomiendo utilizar A3 en vez de A4, pese a las ventajas de compacidad y ligereza que ofrece este último. Un diseño para una doble página o para la cubierta de un libro cabrá sobradamente en una sola página, mientras que un portfolio A4 requeriría dividirlas en dos o reducir su tamaño para poder mostrarlas. En el caso de la primera, una tosca encuadernación de anillas o un hueco sustancial entre ambas mitades puede ser muy contraproducente, ya que interrumpen el flujo visual y reducen el impacto potencial del diseño. Por otra parte, tanto los *storyboards*, que se ven así en mayor detalle, como los *sets* (de *packaging* o de cubiertas de libros, por ejemplo) producen mayor impresión cuando pueden verse en tamaño máximo y en grupos mayores de los que permite el formato A4. También los diseños de carteles tienen más peso visual en A3. Si un diseño incluye ilustraciones y, sobre todo, si las imágenes impresas no son todas tan grandes, su reducción a la mitad de tamaño puede dificultar su legibilidad o hacer que pasen desapercibidas, advertencia que vale también para trabajos muy finos o con gran densidad de detalles. Sin embargo, puede que tú lo veas de otra manera. Son muchos los profesionales que consideran que el A4 satisface sus necesidades.

Ilustraciones originales

Los ilustradores, especialmente aquellos que trabajan a gran escala en medios no digitales, pueden querer que sus clientes vean su trabajo en su forma original, de manera que mantenga toda la sutileza de matices cromáticos y texturas que se pierden en la impresión. Aunque existen algunos empleadores que agradecen contar con la oportunidad de ver los originales, es importante recordar que las ilustraciones se crean, fundamentalmente, para ser reproducidas. Por lo tanto, los clientes estarán más preocupados por comprobar cómo se verá un trabajo en un contexto impreso que colgado en la pared de una galería de arte. Ninguna reproducción impresa guarda nunca una precisión absoluta en su correspondencia con la obra original, así que no tiene sentido dramatizar más de la cuenta sobre este aspecto. En lugar de ello, conténtate pensando que hay algunas piezas impresas que salen ganando respecto al original. Si tu material artístico es flexible y estás decidido a mostrar originales en formatos mayores que un A4 o un A3, enrolla un par de ilustraciones y guárdalas en un tubo cilíndrico y ligero con un asa de mano o una cinta para llevarlo al hombro. Incluso en el caso de que tu trabajo quepa en un portfolio A3 o A4, es aconsejable que muestres impresiones digitales de alta calidad en lugar de los preciosos originales para prevenir daños accidentales o extravíos (como cualquiera que se haya dejado el portfolio en un vagón del tren te podrá decir: "yo recuperé el mío, pero fueron los diez días más largos de mi vida").

¿Qué clase de portfolio?

La amplia diversidad de tipologías, formatos y sistemas de portfolios del mercado abarca desde carpetas blandas con fundas de plástico fijas o extraíbles a portfolios encuadernados con anillas, de tapas duras con cremallera, cajas para presentar muestras sueltas y caros modelos de lujo hechos a medida y que se ajustan a las necesidades de su comprador. Dicho todo esto, nada impide que quien así lo desee se lance a crear y personalizar su propio portfolio. El acabado de los que ya vienen de fábrica también varía mucho y en ninguna parte se estipula que deban ser imitación de cuero negro o de cuero auténtico. Los he visto hasta en tela vaquera azul, en PVC rosa Day-Glo y (en una memorable ocasión) de AstroTurf. Si lo que quieres es destacar entre la multitud, vete a por ello y haz lo que debas, pero no pierdas de vista el hecho de que es el interior del portfolio lo que cuenta.

"Depende del tipo de trabajo (el trabajo para la web no se presenta bien en el tradicional formato impreso de portfolio)."

Doug Powell, director creativo, Schwartz Powell Design

Los portfolios encuadernados tienen la obvia ventaja de mantener todo tu trabajo agrupado e impedir que se extravíen hojas sueltas en las entregas. Por su parte, los empleadores y clientes que los prefieren lo hacen porque son sencillos y rápidos de ver. Aun así, es mejor escoger un diseño que te permita añadir o quitar hojas de acuerdo con los requerimientos de cada ocasión. De esa forma no te verás limitado por el número de piezas que puedas incluir, ni te quedarás con un montón de fundas vacías en caso de que la selección no sea muy extensa. Esto puede suceder si el profesional opta por el tipo más barato de carpeta, cuyas hojas son parte integral del diseño, aunque estos casos también pueden producirse en las gamas más altas del mercado. Una ilustradora que conozco tenía que llevar su portfolio a la empresa que se lo fabricaba a medida para que le reemplazaran las hojas cada vez que quería añadir una nueva muestra o cambiar de orden las que había. Es más, tenía que pagar (una cantidad simbólica, eso sí) por semejante privilegio. Otro factor a tener en cuenta cuando estés sopesando tus opciones es, por tanto, la flexibilidad.

Algunos de los empleadores encargados de contratar diseñadores prefieren manejar muestras individuales a habérselas con un formato encuadernado. Aunque siempre es conveniente darles esa opción (el diseño gráfico está, después de todo, ideado para ser tocado, utilizado, leído, explorado y generalmente para interactuar con él), lo cierto es que no siempre es posible. Si estás presentando proyectos académicos o personales, entregarlos en mano, de modo aislado, no debería representar un gran problema siempre que puedas producir una muestra idéntica cuando la vieja esté un poco estropeada (cuando haya pasado por las manos de, digamos, veintiún directores artísticos). Sin embargo, si se trata de trabajo publicado, no siempre es posible contar con más de una muestra y, en ocasiones, incluso esta es difícil de obtener. En situaciones así, consigue imágenes a gran resolución del trabajo en cuestión. Estas pueden imprimirse y exhibirse de manera convencional en un portfolio impreso o cargarse en uno digital, y te dan la opción de entregar en mano el original a aquellos clientes que quieran verlo.

Hojas y laminados

Con independencia del formato que escojas, tu trabajo debe estar siempre bien protegido, sobre todo si vas a mostrar originales o piezas caras, muy trabajosas o imposibles de reemplazar. Para los portfolios en forma de caja y los de encuadernación de anillas existen hojas y fundas en varios tamaños diferentes. Los profesionales que quieran mostrar hojas sueltas pueden hacerlo usando láminas individuales. Los colores pueden apagarse un poco bajo la superficie brillante del plástico, pero esto es preferible a que alguien derrame su café sobre tu trabajo o, aún peor, lo agujeree.

"Debe mostrarse en fundas. En mi opinión demuestra atención por el detalle y mejora la presentación. Las páginas montadas pueden ir sueltas, por supuesto, si se trata de un portfolio en forma de caja, pero un revoltijo de trabajos en un maletín no transmite profesionalidad ni organización."

Richard Ogle, director de arte, Random House

"Las presentaciones impresas están muy bien. Mi viejo portfolio impreso es muy fiable, pero rara vez lo actualizo. Mucha gente presenta portfolios *online*. También me gusta enseñar cuadernos de bocetos y procesos."

Josh Key, diseñador independiente

Página anterior: Para quienes se inclinan por algo más lujoso, están los portfolios confeccionados a medida, pero son caros. Estas carpetas con grabado en relieve y encuadernadas en cuero fueron fabricadas por Brodies, una empresa londinense especializada que produce portfolios exclusivos según especificaciones individuales.

Abajo: Algunos profesionales, como la ilustradora Lydia Fee, prefieren diseñar su propio portfolio o personalizar un diseño existente con el propósito de distinguirse de los demás colegas.

Página siguiente: Siempre que sea posible, dispón las muestras de tu portfolio de manera que ambas páginas de una doble plana miren en la misma dirección (arriba) con el fin de reducir al mínimo las maniobras y giros que tú o tu entrevistador tengáis que hacer para revisarlo (abajo).

Páginas 122-123: (122) Escoger un color de fondo inadecuado a la hora de montar tu trabajo puede volver este invisible (arriba). Opta por uno que lo realce sin eclipsarlo y evita que el resultado sea demasiado abigarrado (abajo) para que tus piezas puedan respirar bien en la página. (123) Una presentación eficaz de una doble página editorial (arriba), aquí con ilustración de Stuart Briers, puede incluir el pie de referencia de forma discreta y breve o bien insertarlo en contexto (abajo), como muestra esta serie de pequeñas ilustraciones publicitarias de Gemma Robinson, que lucen en la leyenda el logotipo de la revista en la que aparecieron.

Cómo mostrar tu trabajo

Si tu obra es densa y oscura, con un toque gótico, montar las imágenes sobre negro no será una buena idea. De modo similar, tampoco convendrá montar piezas delicadas, etéreas y en tonos pálidos sobre fondo blanco. A no ser que juegue a tu favor, olvida todo lo que te hayan dicho en la escuela: el trabajo no tiene por qué montarse en blanco o negro, ni siquiera en beis o en gris. De hecho, hay algunas piezas que ni siquiera precisan ser montadas. Algunos ilustradores optan por imprimir sus imágenes a sangre y es una elección muy aceptable. Siempre que sea posible, una ilustración debe montarse en cualquiera que sea el color que la realce y si en tu opinión este resulta ser un marrón Harris *tweed* o papel de seda lavanda, que así sea. Con todo, como es obvio, el montaje deber reforzar la imagen sin dominarla.

“(Un portfolio impreso) se revisa más rápido y se puede pasar de mano en mano. También es cierto que nosotros diseñamos para la imprenta, no para la web.”

Eleanor Crow, directora de arte, The Folio Society

Trata de evitar la tendencia a incluir muchos montajes, unos dentro de otros. Estás confeccionando un portfolio para las empresas, no para la Bienal de Venecia y, sobre todo, seas diseñador o ilustrador, evita los portfolios aparatosos. De lo contrario no solo pesará una tonelada, sino que, en el caso de que esté encuadernado con anillas, muchas veces las hojas irán suspendidas de un lomo central al que va fijada el asa y un peso excesivo terminará por hacer que los agujeros de las fundas den de sí. Reemplazar las hojas del portfolio de manera regular es costoso y no hay mucho que puedas hacer con un cúter y cinta adhesiva antes de que no te quede más remedio que cambiarlo. Opta por montar las muestras con papel de buena calidad o cartón pluma en lugar de cartulina y acompañadas de un texto descriptivo en caso de que sea necesario (las pegatinas o los *post-it* escritos a mano son poco profesionales).

Otra de las cosas que termina por hacer que un portfolio pese el doble de lo que debiera es mostrar una sola pieza por cada doble página, dejando en blanco la página opuesta. En el mundo que habitamos el grafismo y las ilustraciones compiten con imágenes rivales. Piensa en cuántas veces pasas junto a una pared en la que hay pegados docenas de carteles y *flyers*, u hojea una revista en la que es difícil distinguir los anuncios del contenido editorial. Los lanzamientos de libros, discos compactos, DVD, videojuegos y películas compiten por nuestra atención visual. Fíate de mí, dos piezas de tu trabajo pueden compartir doble página sin perder su impacto o neutralizarse mutuamente. Y si no es así, casi con seguridad una de las dos no era tan buena como para empezar también con ella.

Por último, es muy probable que ambos, diseñadores e ilustradores, tengan que decidir cómo incluir en el mismo portfolio muestras en formato de retrato y en formato de paisaje. Aunque lo ideal es encontrar una pareja similar para compartir cada doble página, esto no siempre es posible. Por lo tanto, trata de minimizar el número de veces que tu entrevistador se vea obligado a girar la carpeta decidiendo de antemano en qué dirección irán ambos formatos y respetando dicha decisión a lo largo de todo el portfolio.

“Nunca un portfolio me ha dejado boquiabierto. Solo su contenido.”

Steve Rutterford, director de arte, Brooklyn Brothers

Las fotografías de muestra

Si en tu portfolio vas a incluir material que tiene que ser fotografiado, como escaparates, diseños de exposición, murales o trabajos no transportables o en tres dimensiones, asegúrate de que las fotos las saque alguien que sabe lo que está haciendo o invierte en una cámara decente y un trípode y hazlo tú mismo. Todavía hoy me encuentro a menudo con fotografías cutres y mal enfocadas de piezas de ilustradores, apoyadas sobre la valla del jardín y realizadas en un día terriblemente nublado. No hay excusa para esta falta de profesionalidad. El mismo consejo es aplicable para todos aquellos trabajos lo suficientemente delicados como para no sobrevivir al manoseo de muchos empleadores con exceso de celo.

addiction

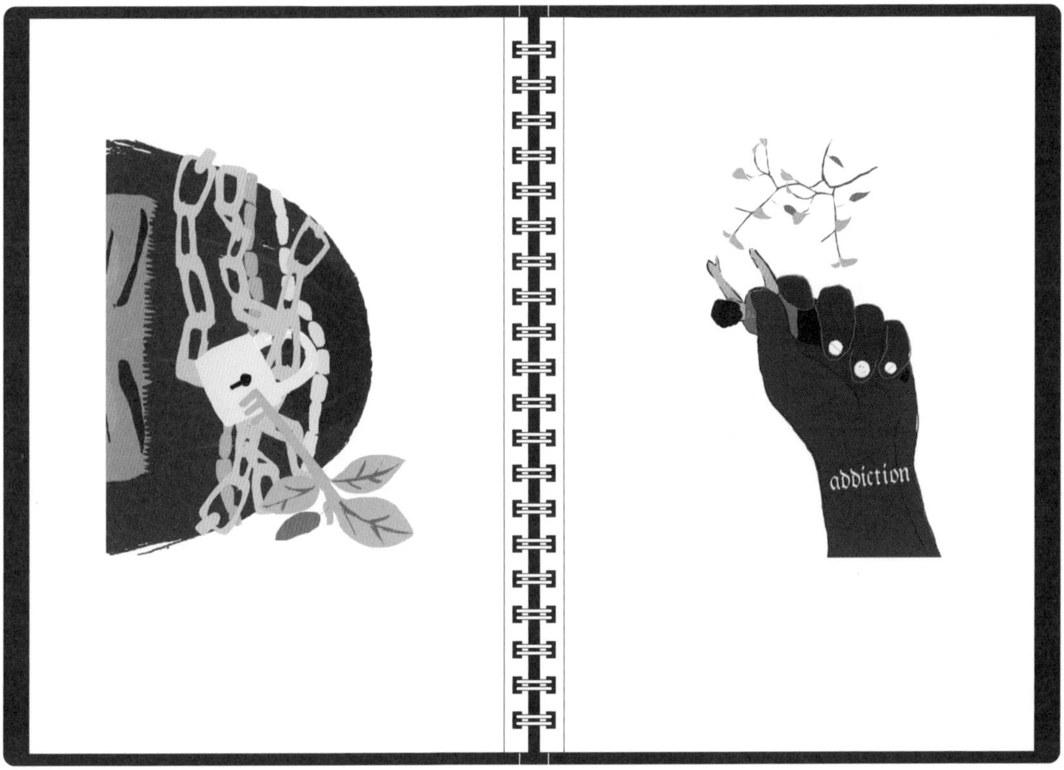
addiction

DANGER

Face and fortune

As Western populations grow older, the pressure to look young grows stronger. As she nears her 50th birthday, **Daphne Merkin** must decide whether to face up to her age, or succumb to the surgeon's knife.

Illustrations by **Stuart Briers**

Lying in bed, I am reading Dr Gerald Imber's *The Youth Corridor*, a friendly and sagacious book with helpful drawings and a clearly laid-out text, about the whys and wherefores of plastic surgery. I am reading this book because in another minute I'll be – but can this be? – 50. It's actually more a matter of weeks than minutes, and yes, I'm keeping count, but the particulars don't make much difference because it's clear that whenever 50 shows up – it could be tomorrow or two years from now – it comes as a blow to one's perennially youthful psyche, as impossible to grasp about one's own sprightly self as it is plausible when it comes to other people.

Reaching one's 50th birthday is no longer a feat the way it was in, say, the 16th-century essayist Montaigne's time, when the odds were against reaching 60 (Montaigne didn't) and 'death of old age' was 'a rare, singular and extraordinary death'. And it may be true, as Francis Bacon observed, that age will not be defied, but that doesn't mean we're prepared to yield to its advance either. Like the proverbial thin person stuck inside every fat person, inside every 50-year-old is nestled a 30- or 25-year-old – if not an even younger ghostly self, an adolescent habitué of dreams and fantasies who haunts the sites of ancient traumas, replaying juvenile regrets or hopes, failing the chemistry final or bedding the crush-object who never gave you a second look back then. As far as I can tell, this milestone – one that most of the population had little hope of reaching until the beginning of the 20th century brought a dazzling advance in life expectancy – doesn't call out for celebration. What's to get festive about when all I can see in front of me is a decades-long campaign of vigilantly keeping decrepitude at bay as I totter into first the demographic embrace of the 'young old' (the oxymoronic term coined by the gerontologist Bernice Neugarten to demarcate the age group from 65 to 74); then into the trembling clutches of the 'old old' (the over-75s); and then, if the fates and my genes are so inclined, finally into the frail company of the 'oldest old'. One doesn't need to have 'mortuary inclinations', like the death-fixated Alice James, the younger sister of William and Henry, to get a bit grim around the mouth at the prospect. At what point do I let my hair go grey? Cease apologising for my lapses in memory? Allow myself to huff and puff after climbing half a flight of stairs? Is there any moment when it becomes OK for a woman to stop sucking in her stomach and holding her wobbly chins up?

The paradox is that while our culture increasingly treats growing old as a malady, women are increasingly pressured to treat ageing as an inconvenience best not acknowledged. Of course, lying about one's age is second nature for most women. Ageing, like gender, is a social construction, shaped by culture more than by biology, and there is much to be said for fighting artifice with artifice. All the same, few of us have the wit – or the aristocratic temerity – to pick a number, like the great hostess and horsewoman Nancy Astor did, and stoutly stick with it: 'I refuse to admit that I am more than 52,' she declared, 'even if that does make my sons illegitimate.' Most of us are conveniently vague in our strategies, like the friend of mine who, when I asked her how old she was, answered that she had been lying so long about her age that she couldn't remember her real one. Or we are touchingly modest in our self-fabrications, chopping off a year or two. Oscar Wilde, who understood the importance of social masks as well as anyone, considered women who didn't lie about their age to be suspect: 'One should never trust a woman who tells one her real age,' he opined. 'A woman who would tell one that would tell one anything.'

So call me brave or call me foolhardy for announcing the advent of my sixth decade in this bald and inelegant way, but I must confess I do so more in a spirit of defeat than liberation. I wish I could say that I thought committing this wince-inducing truth to print would free me to age gracefully, much less daringly – to accept my crow's feet and sagging muscle tone as signs of having endured, of having lived to tell the tale of life as I know it to those who come after me, like some massively wrinkled tribal woman with a pair of proudly bared drooping breasts. But the reality is that I consider myself to be a hostage to an age-phobic culture, one that fears the inevitability of ageing the way earlier cultures feared death.

Back in bed, I read *The Youth Corridor* into the early morning with mounting anxiety, in spite of Dr Imber's insistence that the subject of how we age 'is not nearly as terrifying as it sounds'. Who's the man kidding? Here on page 19 he has just spelled out the appalling situation: wrinkles are forever. What it comes down to is this: you're born; you get about three decades to prance around looking fresh as a daisy before the inexorable forces of gravity, the sun, free radicals and pesky emotions like sadness and happiness put the shiv in; and, eventually, after looking haggard for the next umpteen years, you die. If you're 23 and a model who exercises and diets rigorously, you're not treading dangerous waters just yet, but you should, according to Imber, already be buoying yourself with time-consuming and deeply boring preventive care. By the time you've passed 40, you would do well to be looking beyond the wonders of Retin-A, vitamin C, alpha hydroxy and other topical applications and into the claustrophobic vista of the operating room. If you haven't gone under the surgeon's knife by 50, it seems, yours is the

If you haven't gone under the surgeon's knife by 50, it seems, yours is the face nature meant you to have – the face, that is, of an incipient hag

Housing illustration

HR
Human Resources

S.Dallyn.
all
identity
print
websites
contact
fullscreen
MERIDIEN
PROMENADE DES
ANGLAIS, NICE, FRANCE

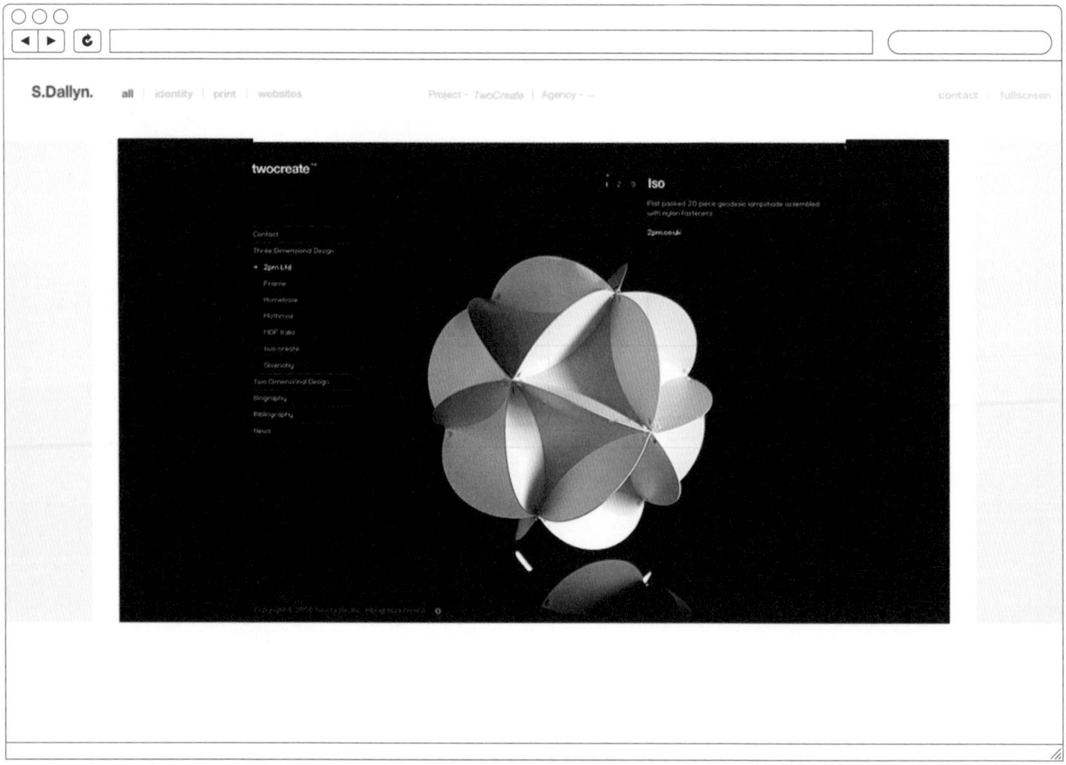
S.Dallyn.
all
identity
print
websites
Project - TwoCreate
Agency - --
contact
fullscreen
twocreate
Iso
2pm.co.uk

Resumen
Escoger el portfolio adecuado

1.

Un portfolio debe ser coherente y fácil de manejar y debe mostrar las piezas de forma clara e inmaculada. Debe captar la atención del observador desde el principio y sostenerla hasta el final de la presentación.

2.

Un portfolio impreso puede verse de forma rápida y sencilla y sus muestras pueden escanearse y fotocopiarse. Los formatos A3 y A4 suelen ser la norma, si bien el A3 es preferible al A4 si vas a mostrar en su contexto trabajos publicados.

3.

Los portfolios impresos pueden ser de muchos tipos, formatos y sistemas diferentes. Los que están encuadernados permiten mantener todas las muestras agrupadas y reducen la posibilidad de que alguna se extravíe. A su vez, los que son en forma de caja permiten que el entrevistador pueda palpar cada una de las piezas a su gusto.

4.

Con independencia de qué tipo de portfolio escojas, su contenido debe estar siempre bien protegido, ya sea presentándolo en hojas plastificadas o, si las muestras van sueltas, laminando cada una de ellas. Evita usar cartulinas o cartón que pesen demasiado a la hora de montarlas y emplea en su lugar papel de buena calidad o cartón pluma.

5.

Si tu trabajo consiste en gráficos en movimiento o diseño web, la mejor opción para mostrarlo es un portfolio digital. Algunos empleadores prefieren ver las muestras en un sitio web o en formato PDF, de manera que pueden remitírselas a sus colegas o enviárselas a los clientes.

6.

Utiliza un ordenador portátil en las presentaciones cara a cara. Es ligero, ocupa poco espacio en una mesa y te permite mostrar tu trabajo de muy diversas maneras.

Página anterior: El portfolio digital del director artístico y diseñador Sam Dallyn, basado en Flash, expone su trabajo de manera clara y limpia. Aquí se muestran el sitio web diseñado para el grupo de hoteles de lujo Le Meridien (arriba) y el del estudio de diseño multidisciplinar Two Create (abajo).

Saint Y&R
Nick Clement

Darte a conocer en el mercado

6

Es importante que conozcas personalmente, siempre que puedas y allí donde puedas, a empleadores y clientes de la industria creativa. Dado que las ofertas de empleo para diseñadores junior con menos de uno o dos años de experiencia escasean y aquellas para ilustradores son casi inexistentes (los anuncios a cargo de agentes que quieren engrosar su lista de representados no cuentan porque no garantizan nada), será tarea tuya tomar la iniciativa y darte a conocer dentro del mercado creativo por todos los medios que estén a tu alcance. Llevarte bien con un posible empleador, descubrir que compartís afinidades creativas o intereses similares puede darte una ventaja decisiva cuando una plaza quede vacante o surja el encargo apropiado.

Página anterior: Portfolio Night organizada por D&AD. En ella los creativos del sector comparten su experiencia con estudiantes y jóvenes diseñadores y les aconsejan acerca del formato de los portfolios y su estructuración y edición.

Hacer contactos da sus frutos

"Antes de concertar una entrevista necesito ver algunas muestras excelentes o bien haber recibido una recomendación de alguien conocido. Cualquiera de esos dos requisitos me vale para reunirme."

Steve Scott, director de arte, Scholastic

Una de las ventajas de las entrevistas cara a cara es que incluso en el caso de que tu contacto no tenga en ese momento un puesto o un encargo apropiados para ti, puede que conozca a alguien que sí lo tiene y, cuando se trata de establecer conexiones en el negocio, una recomendación personal siempre es mucho más efectiva que una llamada en frío. Así, cada vez que un cliente o un empleador hagan comentarios positivos sobre tu trabajo, pregúntales si conocen a alguien más a quien podría gustarle también. Si un editor o director de arte sabe que vienes recomendado por un colega de la profesión con un gusto y necesidades similares, existen muchas posibilidades de que acepten verte y, cuantos más contactos hagas, más posibilidades tienes de que te sigan recomendando. Y no te preocupes demasiado si la persona a la que muestras tu portfolio no ocupa una posición sénior: en primer lugar, muchos creativos progresan rápidamente en sus campos respectivos y, en segundo lugar, en algunas áreas los miembros junior del departamento de diseño trabajan en proyectos muy estimulantes, dado que se considera que son los que tienen las ideas más frescas. Conocer a un futuro director o editor artístico puede darte la oportunidad que esperabas.

En algunos aspectos, la industria ha cambiado sorprendentemente poco en las décadas transcurridas desde que dejé la facultad de bellas artes. Aun así, cuando era un diseñador novato no contaba con las ventajas de Internet y disponía de muy pocos recursos, por lo que no me quedaba más salida que disparar a ciegas a diestro y siniestro para abrirme paso a través del *Creative Handbook*, el directorio oficial de la industria. Y digo "a ciegas" porque, a menos que un estudio de diseño fuera muy conocido o hubiese pagado por un anuncio aparte de por figurar en la lista, no había forma humana de saber qué clase de trabajo hacían o en qué áreas se especializaban. Era un proceso lento y desmoralizante, razón por la que no lo recomiendo. Recorría la lista de modo sistemático y enviaba unas quince o veinte cartas por semana, la mayoría dirigidas a empresas de las que no sabía nada. Me respondían, como mucho, una tercera parte de ellas y, de estas, solo dos o tres se avenían a ver mi portfolio.

Por suerte, los diseñadores cuentan hoy día con mucha más información de la que yo tenía cuando seleccionaba mis objetivos, pero aun así harías bien en seguir mi consejo en algún aspecto. En mis cartas decía a sus destinatarios que comprendía que no tenían plazas vacantes en ese momento, pero que estaba seguro de que podía beneficiarme de su opinión profesional con independencia de ello y les preguntaba si tendrían la amabilidad de concederme unos pocos minutos de su precioso tiempo. Confieso que, al hacerlo, mentía. Si bien no se puede subestimar el valor de una opinión profesional, la verdadera razón por la que iba y venía continuamente para asistir a esas reuniones a menudo infructuosas era la vaga esperanza de que a alguien no solo le gustara mi portfolio, sino que me revelara que tenían una vacante de diseñador junior que todavía no habían hecho pública. Y lo cierto es que en alguna ocasión sucedió. Fui preseleccionado un par de veces, luego conseguí mi primer trabajo, que consistió en la concesión, sin mediar preguntas, de una inestimable estancia en prácticas remuneradas (dinero en mano) de un mes de duración. Después me ofrecieron otro trabajo y también otras prácticas remuneradas de tres meses con una de las consultoras de *branding* londinenses más importantes, ambos durante la semana. Finalmente, conseguí un puesto a tiempo completo en otra parte a través de antiguos compañeros de la facultad. Hacer contactos puede resultar laborioso, pero al final da sus frutos.

Dado que los ilustradores rara vez tienen la oportunidad de asegurarse un trabajo a tiempo completo, hacerse con una red de contactos es para ellos un proceso continuo, así que deben aprovechar al máximo cada oportunidad que se cruce en su camino. De vez en cuando, alguna pieza promocional que hayas enviado a algún cliente será exactamente lo que andan buscando (en cuyo caso podrán preguntarte si ya ha sido utilizada y, si no es así, pagarte por ella) o guardar el suficiente parecido con lo que quieren para que te encarguen una ilustración similar sin necesidad de mediar entrevista. Muchos ilustradores, al recibir encargos de este tipo y aun al hacerlo en múltiples ocasiones, nunca se molestan en sugerir una reunión. Obviamente, no siempre es posible cuadrar agendas, pero si el cliente está en un radio razonable de distancia, no dudes en hacerlo. Los empleadores archivan y catalogan ilustradores y un encuentro personal te concederá la oportunidad de ampliar sus horizontes a la hora de decidir para qué trabajos pueden contar contigo. Puede darse el caso de que vean algo en tu portfolio que les haga reevaluar tu perfil.

Que la persona susceptible de contratarte no siempre va a disponer de tiempo para descubrir nuevos talentos es una frustrante realidad. No obstante, siempre habrá ocasiones de conectar en un entorno informal. Seguir en Twitter a personas del gremio es una manera de estar al día de todo tipo de cuestiones, desde opiniones personales a charlas, conferencias, presentaciones de libros, concursos, entregas de premios y exposiciones; en el mismo sentido, es recomendable compartir enlaces a *posts* en blogs y foros relacionados con el diseño. Puede incluso que te enteres de ofertas de trabajo por estas vías. La mayoría de las empresas —los editores de este libro, por ejemplo— tiene una página en Facebook desde la que mantienen a sus seguidores al corriente de sus actividades. Otras redes sociales, como LinkedIn, Google+, Ning, etc., también pueden servir para hacer averiguaciones sobre el sector o entrar en contacto con él; abundan los grupos que reúnen a gente con un mismo interés profesional.

Conseguir una presentación

Llamar por teléfono sin previo aviso es algo que les funciona a algunos profesionales, pero a no ser que hayas trabajado en una vida anterior vendiendo espacios publicitarios o en un centro de llamadas más vale que al menos tengas nervios de acero. Cuanto más prestigioso y solicitado sea tu objetivo más difícil será que te pasen con un asistente personal. El siguiente consejo puede resultar poco ortodoxo, pero lo cierto es que a mí siempre me funcionó bastante bien. Cuando te pregunten quién eres y a qué te dedicas, en vez de soltar "soy un diseñador/ilustrador desconocido y estoy desesperado por mostrarle mi trabajo a tu jefe", sencillamente di tu nombre con naturalidad y ya está. Cabe la posibilidad de que el asistente crea que se trata de un amigo, pariente o amante y te pase directamente. Si esto falla, acude a todos los acontecimientos del sector (entregas de premios, pases privados y seminarios profesionales) con la misión expresa de encontrar a tus objetivos más escurridizos.

"El currículum y su diseño son esenciales, al igual que el hecho de que ni este ni la carta de presentación tengan faltas de ortografía. También pido tres ejemplos de cosas que inspiren a los candidatos. En una ocasión he contratado a alguien en el acto solo por lo que trajo."

Josh Silverman, presidente/fundador/ministro de perspectiva, Schwadesign, Inc.

Enviar correos electrónicos espontáneos no suele dar buen resultado, aunque alguna oferta de empleo específica puede pedirte que mandes tus datos por vía electrónica. Si vas a presentar una candidatura espontánea a un empleador potencial, te recomendaría que lo hicieras siempre por carta. Esta debe ser gramatical y ortográficamente perfecta, sin errores, con independencia de si estás escribiendo en tu lengua materna o no (si hace falta pide a alguien que hable la lengua del destinatario que revise tu carta antes de mandarla) y en la dirección debe figurar algún nombre propio como contacto. Una carta plagada de erratas o con lenguaje *chat* será desechada al momento, y la misma suerte correrán todas las que vayan encabezadas con un simple "Estimado Sr./Sra." o con "A la atención de quien corresponda" (sobre todo si la empresa se llama igual que el destinatario que persigues y su nombre indica su sexo).

Tu carta debe ser educada, precisa y sucinta y nunca debe exceder una cara de un folio tamaño A4. Aparte de presentarte como profesional, tendrá que demostrar que conoces bien la clase de trabajo que realiza tu objetivo y explicar por qué tus cualidades pueden resultarles de ayuda. Por ejemplo, si eres un aspirante a diseñador de cubiertas y sobrecubiertas para libros podrías, cuando tantees a una editorial adecuada, decir algo parecido a: "Me interesó especialmente su impactante rediseño del *packaging* para tal y tal colección de Penguin. Como pueden observar en las muestras adjuntas, que formaron parte de mi proyecto final de carrera, la ficción literaria es uno de mis intereses principales como diseñador".

Por su parte, un ilustrador especializado en gastronomía, jardinería y viajes podría escribir: "Me encantó su inventivo rediseño para la línea de infusiones X y adjunto remito una copia de un artículo sobre las hierbas medicinales chinas que ilustré para el número de noviembre de la revista *Hogar*".

La elección del papel, la tipografía y cómo maquetes tu carta deben reflejar tu creatividad y tu profesionalidad, al igual que el membrete, si tienes uno. Si no lo tienes, te recomiendo que lo reconsideres. En esta fase tienes que hacer todo lo que esté en tu mano por estimular el interés de los empleadores y clientes potenciales. Un membrete bien diseñado y llamativo puede resultar tan eficaz a la hora de capturar su atención como otros proyectos mucho más complejos de tu portfolio. De hecho, puede ser el motivo que les impulse a revisar tu portfolio.

En el caso de los diseñadores y ya sea tanto para presentar una candidatura espontánea como para responder a una oferta de empleo, es costumbre incluir el currículum vítae, donde se detallan las cualidades o logros mencionados en la carta de presentación. Todo lo que exceda las dos caras de un folio tamaño A4 es demasiado largo y lo normal suele ser presentar los datos en orden cronológico inverso. Tu currículum señala tus habilidades y por la tanto tiene que ser tan representativo de tu forma de entender la comunicación visual como el resto de tu portfolio. Aunque algunos empleadores tienen más fe en el currículum de un principiante que otros, la mayoría espera encontrar pruebas sólidas que indiquen dominio de la tipografía y talento natural.

Por el contrario, para los ilustradores, un currículum tiene muy poca utilidad. Si has trabajado para clientes notables o famosos, incluye esa información en la carta de presentación adjunta y concéntrate en seleccionar varias muestras potentes y representativas para tu portfolio.

"Me interesa mucho el currículum. No solo por lo que dice, sino también por lo que no dice y por cómo está presentada la información."

Robert Linsky, vicepresidente sénior de diseño, Art Plus Technology

Abajo: Darren Custance presenta esta página autopromocional a sus posibles clientes o empleadores. Es atrevida, franca, concisa y está personalizada, una manera eficaz de presentar sus habilidades y su profesionalidad.

HELLO PROFERO, MY NAME IS DARREN CUSTANCE, AND QUITE SIMPLY I WANT TO WORK FOR YOU.

I am a graphic designer who has been interested in your work at Profero for a while now. I was especially intrigued by your work for ASOS marketplace and how you created "the people's runway".

Hopefully my attached portfolio will demonstrate my own creative thinking and strong work ethic and I look forward to hearing from you soon.

ABOUT

I am an enthusiastic designer with a passion to push the boundaries of visual communication.

With great self-belief and a competitive drive, I enjoy experimenting and creating new, innovative solutions to any visual problem. Proactive and motivated, I thrive in pressurised environments whilst still possessing strong abilities to perform effectively.

I am very interested in the social context of design, as we possess the tools to influence societies and cultures.

CONTACT

Darren Custance
Design and Art Direction

Phone
+44 [0] 7402850585

Website
cargocollective.com/darrencustance

Email
darrencustance@hotmail.com

AGENCIES

The Partners: London
One Month Placement
June 2011

Engine Creative: Northampton
Two Week Placement
April 2011

Milton Bayer: Northampton
One Year Placement
September 2010 - June 2011

EDUCATION

1st Class Degree Classification
BA (Hons) Graphic Communication
The University of Northampton
2008 - 2011

Stocks Taylor Benson Star of the Show
BA (Hons) Graphic Communication
The University of Northampton
2011

TAGS

Software
Adobe CS5 Photoshop, Illustrator, InDesign, After effects, Final cut pro

Skills
Conceptualising, problem solving, digital, interactive design, multichannel design, art direction, style guidelines, UX design, colour theory, Iconography, advertising, film, story boarding, hand rendered typography, screen printing, print design, packaging design, product design, point of sale design, outdoor design, in-store design, branding, brand guidelines, logo design, illustration, blogging.

DC

"Para mí, el currículum es la pieza más importante del material promocional. La cantidad de ejemplos penosos que recibo es asombrosa. Si no saben diseñar un currículum, probablemente no saben diseñar."

Colin McHenry, director de arte del grupo, Centaur Media

Abajo: El currículum poco convencional y muy plástico de Alix Jeambrun, estudiante de Camberwell y profesional multidisciplinar que a menudo combina el *collage* con las puntadas en sus trabajos de ilustración.

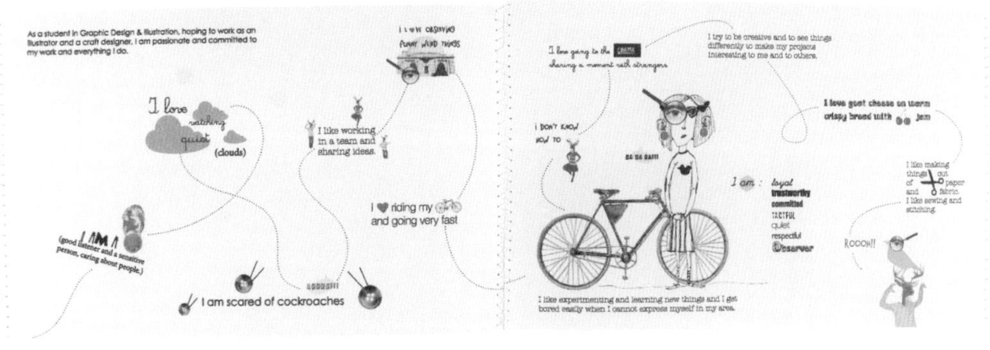

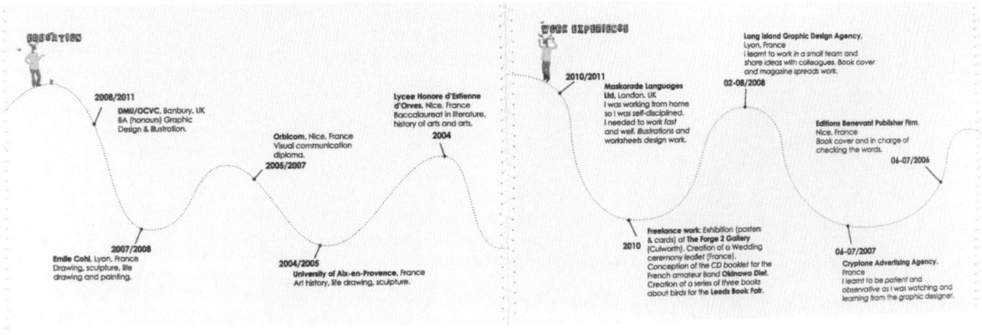

Abajo: Rob Ryan, con los troquelados y serigrafías característicos de su trabajo, es también un genio de la autopromoción. Su tienda de Londres, Ryantown, vende indistintamente sus obras y su material promocional, dentro de una misma experiencia de compra. El particular estilo de Ryan da un aire mágico a las oficinas del Coutts Bank del centro de Londres, para la que diseñó este escaparate navideño con la intención de recaudar dinero a beneficio de la ONG Kids Company.

"No creo que haya necesidad de un gran despliegue de ardides promocionales. Es mucho más importante concentrarse en tener un portfolio potente y coherente."

Jennifer Pastore, editora asociada de fotografía, *T: The New York Times Style Magazine*

Material promocional

Las muestras promocionales pueden servir como una presentación previa de tu trabajo antes de tu reunión con el posible empleador o bien como un recordatorio de la misma una vez ha tenido lugar. Su variedad es enorme y pueden ir desde simples impresiones realizadas con ordenador a postales y periódicos asabanados, copias sobrantes de anuncios en manuales o piezas incluidas en anuarios, DVD autoempaquetados con gráficos en movimiento o animaciones y libros autoeditados, así como objetos varios como tazas, almohadillas para el ratón, chapas y pegatinas. Es mejor dejar estos últimos como regalo al finalizar la reunión que utilizarlos como presentación. Lo cierto es que las opiniones sobre ellos están muy divididas en el sector y algunos profesionales consideran estos dispositivos para llamar la atención francamente molestos.

Evita la exageración siempre que puedas. Una sola pieza de material promocional, de carácter genérico y polivalente y uno o dos ejemplos de tu mejor trabajo impresos con buen gusto en papel de calidad resultarán más eficaces a la hora de persuadir a tu objetivo que enviarle todo el contenido de tu portfolio. Lo más probable es que estén muy ocupados y recibir muchas muestras de tu trabajo les dará la excusa perfecta para no tener que verte: "Bueno, con todo lo que hay aquí nos hacemos una buena idea de tu estilo, así que lo archivaremos y en caso de que surja algo adecuado en el futuro, te llamamos". La reunión se truncaría antes de haber acontecido siquiera y con ella cualquier oportunidad laboral y todas las hipotéticas futuras recomendaciones.

No hace falta recordar que todas las muestras promocionales tienen que llevar tu nombre y tus datos de contacto, ya sean en formato digital o impreso. Aconsejo firmemente no utilizar discos compactos, a no ser que hayan sido requeridos específicamente, ya que muchos empleadores los desaprueban. No se debe subestimar la sencillez y la inmediatez de la imagen impresa.

Por supuesto, hoy en día la autopromoción no se limita al material impreso o los regalitos ocurrentes. También se puede estimular —y conservar— el interés de los posibles clientes recurriendo a las mismas herramientas que usamos para estar al día de sus actividades. Quienes trabajan con imágenes en movimiento pueden compartir su trabajo con el sector a través de Youtube o Vimeo; los colectivos pueden tuitear sobre sus últimas colaboraciones. Una de mis mejores amigas, ilustradora de libros infantiles, ha aumentado considerablemente sus ingresos desde que tiene una cuenta en Facebook a través de la cual recibe encargos de particulares con regularidad. Como muchos creativos, sube sus trabajos más recientes, comparte los de otros colegas y ofrece enlaces a su propio blog y el de su agente. También promociona las ediciones limitadas de sus revistas, las pegatinas y las chapas que vende en su tienda Folksy. Otros optan por recursos como Tumblr, Pinterest o Deviant Art para atraer la atención de clientes potenciales.

Medios digitales

No voy a mentir; no todos los proyectos personales tienen el potencial de hacer rico a su creador. Como siempre, la suerte es un factor importante. No obstante, y dado que Internet ofrece a los profesionales la posibilidad de compartir algunas de sus obsesiones más extravagantes con millones de personas de todo el mundo, no resulta sorprendente que muchos blogs de culto y selecciones personales de material hayan dado el salto a la imprenta en los últimos años. Al fin y al cabo, algo tienen que hacer los editores para aliviar el tedio que supone enfrentarse a la pila de manuscritos que se acumulan en sus mesas, y hoy por hoy tienen las mismas posibilidades de dar con una joya en Internet. Las páginas que siguen incluyen algunos ejemplos que pueden servir de inspiración.

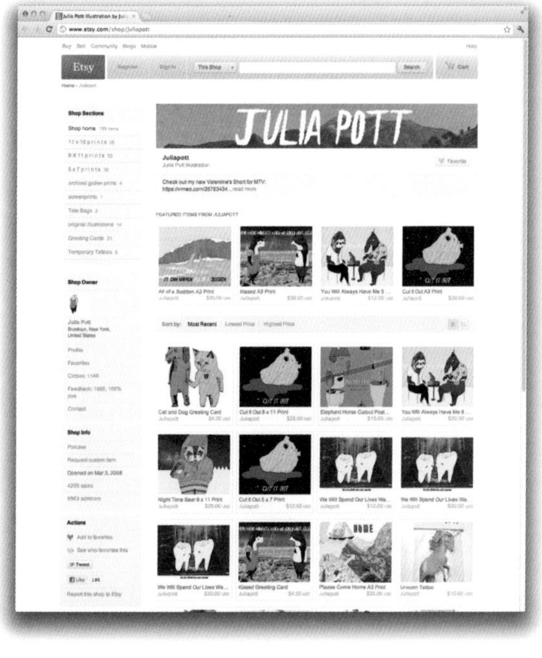

Abajo: Tiendas *online* como Etsy o Folksy permiten a los profesionales llegar a un mayor número de gente y trabajar en proyectos personales y menos comerciales. Julia Pott, ilustradora y directora de películas de animación, británica y residente en Brooklyn, vende láminas de sus obras en su tienda Etsy, además de otros productos también creados por ella.

Missed Connections
FRIDAY, JANUARY 20, 2012
Missed Connections on the New York Subway
BUY MISSED CONNECTIONS AT INDIEBOUND
SOPHIE BLACKALL
Missed Connections
LOVE, LOST & FOUND
BUY MISSED CONNECTIONS
on Amazon
BUY MISSED CONNECTIONS

"Beautiful, wistful... fantastic."—Elizabeth Gilbert
SOPHIE BLACKALL
Missed Connections
LOVE, LOST & FOUND

WE SHARED A BEAR SUIT
AT AN APARTMENT PARTY Saturday Night
- m4w

Estudio de caso
Missed Connections: el blog de Sophie Blackall

Página anterior: (Arriba) Sophie aún actualiza el blog original Missed Connections. Esta captura de pantalla muestra el mural que hizo para Arts in Transit.
(Abajo izquierda) El libro de Missed Connections y (derecha) una de las primeras ilustraciones que Sophie hizo para el blog. El hombre disfrazado de oso también aparece en el mural de Arts in Transit, desgraciadamente sin su novia y en posesión de las dos partes del disfraz.

Hasta que se corrió la voz sobre su blog —precioso y original—, Missed Connections, Sophie Blackall era conocida sobre todo como ilustradora de libros infantiles. Sophie es australiana y se trasladó a Brooklyn hace 14 años con su familia. Gracias a un encuentro fortuito en el tren, descubrió la sección de amores atribulados entre los anuncios de contactos de Craig's List. Hay quien se hubiera enamorado del apuesto desconocido que la puso al corriente del asunto, sin embargo, ella quedó prendada del concepto. El contenido surrealista de algunos de los anuncios inspiró el blog —el primero de Sophie— en marzo de 2009. En lo que respecta a su carrera, desde entonces todo ha dado un vuelco nada desdeñable.

En un principio, Sophie mantuvo el blog en secreto, lo utilizaba para evadirse de su trabajo como ilustradora infantil y como experimento de autodisciplina. Pero pronto se dio cuenta de que su aspiración inicial de publicar una ilustración por día —y de dedicar no más de una hora a cada una de ellas— era inviable, y finalmente decidió fijar una periodicidad semanal. Es tal el poder de las recomendaciones virtuales, cuando algo conecta con suficientes almas gemelas, que para entonces Missed Connections ya congregaba a una pequeña comunidad de entusiastas comentaristas a su alrededor. Descubrir que había un público pendiente de lo que hacía aumentó la determinación de Sophie, que no estaba dispuesta a dejar pasar el impulso que el fenómeno le ofrecía. Seis meses después del nacimiento del proyecto, *The New York Times* publicó un artículo al respecto y pronto le siguieron publicaciones de otras ciudades. Sophie, que empezaba a preguntarse si la idea podía dar para un libro, recibió posteriormente propuestas de nada menos que doce editoriales estadounidenses, de entre las que finalmente eligió a Workman. El resultado final, que incluye 46 imágenes del blog y 10 nuevas, vio la luz en 2011 y dio a conocer a Sophie a un número considerablemente más amplio e internacional de posibles clientes.

Aunque Sophie sigue ilustrando libros para niños, ahora recibe encargos para los que antes no la hubieran tenido en cuenta. Uno de ellos fue el diseño de un cartel para la Metropolitan Transport Authority de Nueva York —un honor que se concede solo a dos artistas cada año—. El friso resultante, que retrataba a un grupo de viajeros heterogéneo y colorido, acabó apareciendo en los vagones de la mitad de los trenes de la ciudad. Pero aunque en la práctica el proyecto inicial llegara a su fin, las consecuencias de este aún afectaban a la carrera de Sophie. En los comienzos del blog, Sophie se hizo miembro de Etsy, y vendía láminas de Missed Connections en su tienda virtual. Cuando aceptó el encargo de Arts For Transit, Etsy rodó un corto sobre su obra que dio lugar a más ofertas de trabajo. Actualmente, está a punto de comenzar a trabajar en un proyecto para The Measles and Rubella Initiative, una ONG internacional vinculada a cuestiones de salud pública; para ello dibuja in situ, en centros de inmunización en África central, y acumula material para un libro, una animación o ambas cosas, a fin de despertar las conciencias a este respecto y recaudar fondos para el proyecto.

El viaje de Sophie ha sido, en sus propias palabras, "un recorrido de ensueño" en lo que respecta a la realización personal, y recomienda muy vivamente a los nuevos ilustradores que abran un blog propio, sea cual sea el tema que elijan. Durante los últimos años ha seguido aumentando su presencia en la red con una página y un blog profesionales, una página de Facebook y su último proyecto personal, Drawn From My Father's Adventures.

NO MORE
lonely
NIGHTS
for
LINZIE

Enter
THE WORLD OF
Boundless
SENSUAL
Enjoyments

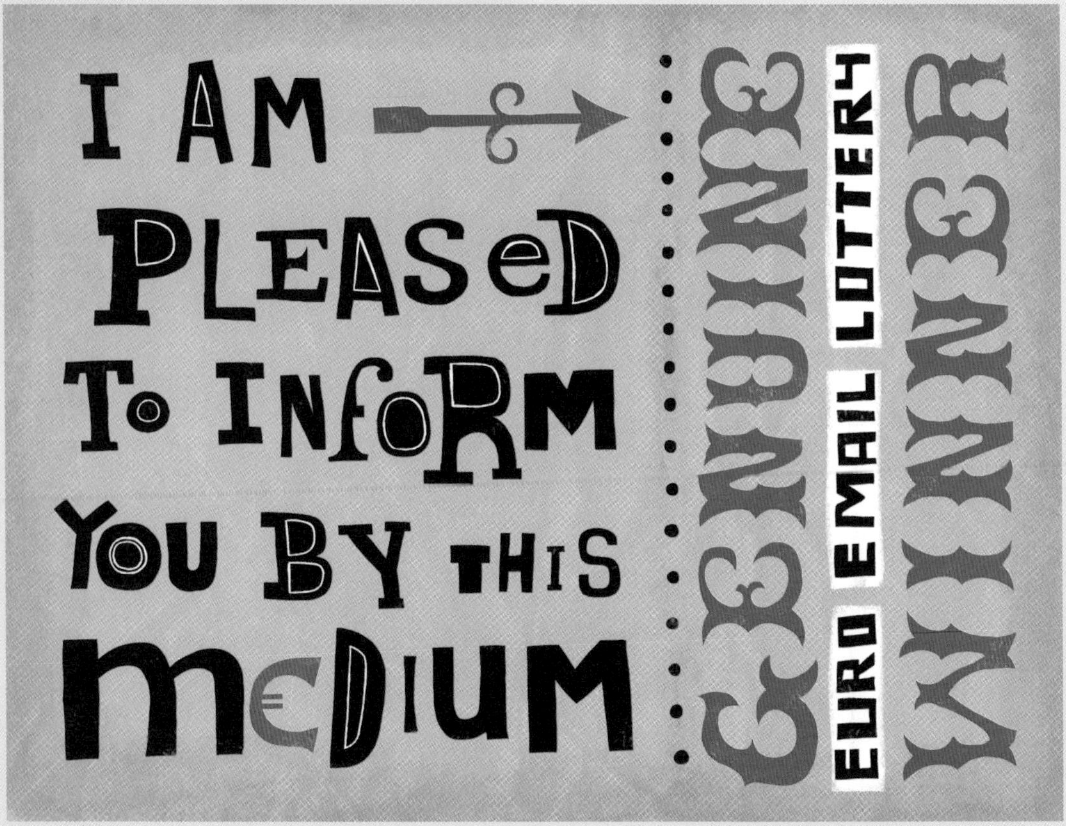
I AM
PLEASED
TO INFORM
YOU BY THIS
MEDIUM
GENUINE
EURO EMAIL LOTTERY
WINNER

Estudio de caso
Secret Weapon: 30 postales SPAM Linzie Hunter

Página anterior y abajo: Una selección de imágenes del libro de postales Secret Weapon que constituyen buenos ejemplos del característico tratamiento del color y el *lettering* propios de Linzie.

Linzie Hunter, escocesa residente en Londres, es conocida en la actualidad por su característico *lettering*, pero no siempre fue así; debe la transformación de su carrera como ilustradora a Flickr y al contenido indeseado de su bandeja de entrada. A Linzie algunos de los ejemplos más barrocos de *spam* que recibía le parecían muy divertidos, de modo que pasó un fin de semana elaborando una serie experimental de reacciones a mano a las descabelladas misivas. Como ya usaba Flickr para archivar su trabajo, subió allí estas espontáneas creaciones y allí siguen a día de hoy.

Como suele suceder con Internet, un colega vio las "postales basura" de Linzie y envió el enlace al blog sobre ilustración Drawn. El enlace siguió compartiéndose y atrajo la atención de los blogs de culto Boing Boing y Wired. Pero la suerte de Linzie no cambió radicalmente hasta que el periodista de *The New York Times* Rob Walker decidió hablar de ella en su columna sobre hábitos de consumo "Consumed". Resulta extraño, pero ninguna de las imágenes apareció en el artículo, lo que promocionó el proyecto como un ejemplo excelente de reciclaje. A pesar de todo, la página web de Linzie registró un número de visitas inaudito y se pusieron en contacto con ella varias editoriales estadounidenses, entre las que se encontraba Chronicle, que acabaría publicando *Secret Weapon* en 2009. También se puso en contacto con ella la galerista neoyorkina Jen Bekman, con la idea de hacer ediciones limitadas de láminas de algunas de sus obras para su tienda virtual 20 x 200. La colaboración se ha revelado como un éxito y ha resultado muy rentable.

Actualmente el 70 % de las ofertas que recibe Linzie proviene de Estados Unidos, donde los trabajos para cubiertas de libros con *lettering* manual que empezaron a llegarle tras publicar *Secret Weapon* la han hecho muy conocida y han llevado su carrera por caminos que jamás hubiera imaginado. Consciente de que a menudo los clientes buscan inspiración en Internet, Linzie ha ido construyendo una presencia virtual bastante notable. Además de su archivo de Flickr tiene una página web personal, cuentas de Facebook, LinkedIn y Twitter, y un portfolio digital alojado en Behance, gracias al cual ha logrado que contaran con ella para sus campañas publicitarias clientes de la talla de Nike, MTV y Gillette. También le ha merecido ofertas de trabajo su participación en el blog Drawger, en el que colaboran solo artistas invitados, y su página web derivada para portfolios de profesionales, Illoz.

La consultoría independiente de diseño MARC&ANNA optó por un regalo eminentemente práctico para su campaña navideña de promoción de 2008: un paño de cocina, ideal para limpiar los restos del proverbial jaleo que acompaña a estas fechas festivas.

"Los objetos promocionales exclusivos tienen que ser verdaderas joyas."

Neil Dawson, director creativo global, Philips, DDB

El equipo del estudio británico Because Studio produjo una tirada limitada de cincuenta libros promocionales hechos a mano con una selección de los proyectos llevados a cabo por el grupo durante seis meses.

"Nunca miro realmente el currículum, solo el trabajo. Cuanto más ingenioso sea el material promocional, mejor."

Andy Altman, socio y director creativo, Why Not Associates

Página anterior: Girls Who Draw [Chicas que dibujan] es un colectivo de profesionales multidisciplinares que aúnan sus esfuerzos para promocionar su trabajo y hacerlo llegar a un público más amplio. Su producción autopromocional incluye la caja de postales *Love to Print* (fila de arriba), con diseño de Yee Ting Kuit y diseño de las tarjetas a cargo de Gemma Correll; y un libro colectivo, *Misfits,* que incluye una tarjeta postal diseñada por Bogus Baby.

Abajo: El método de autopromoción escogido por el ilustrador Jay Taylor es el minilibro (arriba). Su primera edición, *Illustration Illustrated*, tuvo tan buena acogida que produjo una continuación, *Thrown-Away Art*. Barnaby Richards (abajo) ha publicado tres libros de esta serie autoeditada, con una tirada de mil ejemplares cada una. Los libros se vendieron en el mercado internacional y llegaron incluso a la tienda de Nueva York de Paul Smith.

Consejos para la presentación

La mayoría de los empleadores del sector creativo visten como versiones ligeramente más pijas de sí mismos cuando eran estudiantes: vaqueros, camisetas, zapatillas deportivas, gafas de pasta retro y negro predominante. En otras palabras, a no ser que tu objetivo tenga una reunión concertada con un cliente corporativo o con el gerente de su banco no es probable que vayan vestidos como alguno de estos últimos cuando te entrevisten. Menos aún en el caso de que se trate de una entrevista con un diseñador o un ilustrador que presentan una candidatura espontánea. Estos encuentros suelen ser informales, así que vístete de manera que te sientas confiado, elegante (signifique lo que eso signifique para ti) y físicamente cómodo. Por otra parte, si vas a ver en calidad de diseñador o ilustrador independiente a un cliente que no pertenece al sector creativo puede que prefieras vestir de un modo más formal dependiendo del campo al que pertenezca. La gente que trabaja en el sector financiero o corporativo, por poner un ejemplo, suele sentirse más cómoda rodeada de trajes y corbatas que de tatuajes y *piercings*.

"He recomendado con entusiasmo a diseñadores noveles que me han impresionado por su compostura, su profesionalidad, su candor... y, sí, por su excelente portfolio."

Doug Powell, director creativo, Schwartz Powell Design

Te pongas lo que te pongas para la entrevista hay algunas reglas que debes seguir:

Sé puntual. Si llegas demasiado pronto para la reunión, pasa el tiempo sobrante en una cafetería, por ejemplo. Si llegas tarde, que no te sorprenda que la bienvenida no sea cordial. Llegar a la hora es señal de que se puede confiar en ti, algo esencial para empleadores y clientes.

Mantén contacto visual con tu/s entrevistador/es de modo cordial. Durante algunos años impartí clases en un curso de gestión de carreras creativas en el que, para aprender a venderse a los clientes, se animaba a alumnos procedentes de diversas disciplinas a entrevistarse unos a otros intercambiando los roles. Muchos de ellos evitaban todo contacto visual y en su lugar fijaban la mirada en el vacío o en el suelo mientras hablaban de su vida laboral o académica. No podían ser menos comunicativos.

Demuestra que has hecho tus deberes. Asegúrate de informarte bien sobre la empresa o la persona con la que vas a reunirte.

Estate preparado

Algunos de los puntos de esta lista pueden parecer obvios, pero hay muchos profesionales que piensan que lo único que tienen que llevar a una presentación es su portfolio y no van bien preparados para los problemas potenciales o para las preguntas o peticiones que pueda hacerles el entrevistador.

Dirección y número de teléfono del sitio al que tienes que ir. Y un mapa callejero o un mapa de Google no estarán de más. No tiene sentido arriesgarse a llegar tarde a una reunión porque te has perdido. ¿Por qué dejar la puntualidad al azar si el azar te hace parecer poco profesional?

Tu teléfono móvil (en caso de retraso o emergencia).

Copias extra de tu currículum y, si procede, tarjetas comerciales y material promocional. Puede que te presenten a más contactos de los que esperabas.

Tu agenda, cuaderno y bolígrafo. Cabe la posibilidad de que tengas que tomar notas. ¿Qué sucede si te piden que anotes las instrucciones de un encargo en la misma reunión o si te citan para una segunda entrevista?

Cables, alimentadores y copias de seguridad si tu presentación va a ser digital (véase capítulo cinco).

"No malgastes el tiempo de la entrevista hablando. Permanece en silencio a no ser que te pregunten. Habrá menos posibilidades de que metas la pata. A veces, en una entrevista, el silencio es una prueba."

Kristina DiMatteo, directora de arte, *Print*

Presentar tu portfolio

Seas diseñador o ilustrador, debes reflexionar con objetividad acerca de tus puntos fuertes y tus intereses, y estar preparado para hablar sobre ellos.

Dado que parte del cometido de un diseñador es realizar presentaciones para la compañía para la que trabaja (y en ocasiones hacerlo en nombre de ella) la habilidad para hablar de modo sucinto e inteligente acerca de tu trabajo será evaluada en la misma medida que el propio trabajo. Por muy desalentador que esto suene, se trata, al fin y al cabo, de definir los problemas que planteaba cada proyecto y de explicar cómo los resolviste y por qué optaste por esas soluciones. Aparte de familiarizarte con el trabajo de un empleador potencial, organizar mentalmente estos aspectos antes de una presentación es una forma óptima de afianzarte. A este respecto, los diseñadores independientes deben tomar nota de que los clientes ajenos al sector creativo están más interesados en lo que hicieron que en cómo llegaron hasta esa solución.

"Un gran trabajo, bien editado y en un formato manejable, unido a una persona agradable y profesional que sepa hablar de forma inteligente sobre ello."

Steve Scott, director de arte, Scholastic

Los empleadores de la industria creativa no buscan un ejercicio de venta petulante y agresiva; por lo general, lo que esperan es un razonamiento coherente, comprensión creativa y talento, unidos a una personalidad que les inspire confianza a la hora de trabajar con ella. También buscan franqueza, lo que quiere decir que puedes admitir tus debilidades. Nadie aprecia que alguien exagere sus cualidades y si lo haces, te cazarán antes o después con toda seguridad, como le sucedió al entrevistado que quiso hacerse pasar por licenciado de la Real Academia de las Artes de Londres frente a dos antiguos alumnos, que además lo habían sido precisamente durante el periodo en que el impostor aseguraba haber estudiado allí.

"Es una industria muy pequeña, todo el mundo se conoce y si bien la ambición es un buen atributo, la modestia y la honestidad te llevarán mucho más lejos que las fantasmadas. También es muy importante incluir los créditos de los equipos y empresas con los que has trabajado o colaborado."

Judy Wellfare, directora creativa, Plus et plus

A la hora de calibrar cuánto tienes que hablar, fíjate en tu entrevistador. Hay empleadores a quienes les gusta que les hablen de cada proyecto del portfolio y que hacen un montón de preguntas durante el transcurso de la entrevista, pero también los hay que prefieren concentrarse en los trabajos sin comentarios que los acompañen. La primera vez que me encontré con uno de estos últimos (el director de arte de una editorial) pensé que era una persona maleducada y sin interés alguno por lo que le estaba mostrando. No podía haberme equivocado más. A pesar de no dignarse a sonreír ante ninguna de mis bien preparadas anécdotas ni mostrarse receptivo a ninguno de los comentarios que hice sobre los artistas, sin embargo, estaba registrando sus cualidades para futuras referencias. Transcurrida una semana desde nuestro encuentro, que yo había calificado de desastroso, me llamó con dos cubiertas de libros que eran perfectas para dos de los ilustradores cuyo trabajo había visto. La reticencia a charlar puede ser un indicio de intensa concentración. Mi consejo a todos los profesionales principiantes es ofrecerse a comentar algo muy brevemente sobre cada proyecto, invitar al entrevistador a pedir más información si lo considera pertinente y, partiendo de ese acuerdo, dejar que la reunión siga su curso.

"Gran parte del asunto estriba, muy por encima del talento, en la personalidad: si alguien es muy brillante, pero insoportable no le contrataremos. Por el contrario, si llega alguien con margen de mejora, pero se muestra abierto y solícito, no le descartaremos."

Anne Brassier, departamento de Relaciones públicas y Nuevos negocios, Airside

Contar con un sitio web bien diseñado y de fácil carga y navegación es un requisito imprescindible. Mostradas aquí, de arriba abajo, figuran la de la empresa de diseño multidisciplinar Remote Location, la de la diseñadora, tipógrafa y fotógrafa Caroline Fabes, y la de la ilustradora de libros infantiles Polly Dunbar.

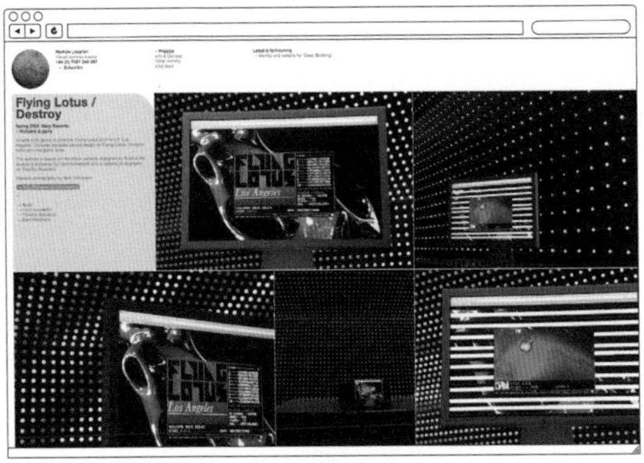

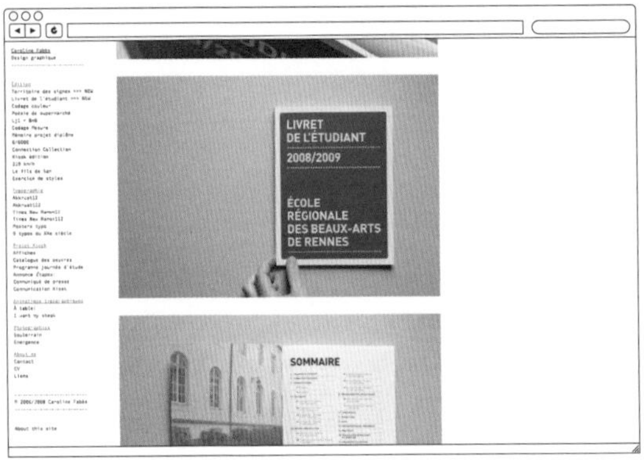

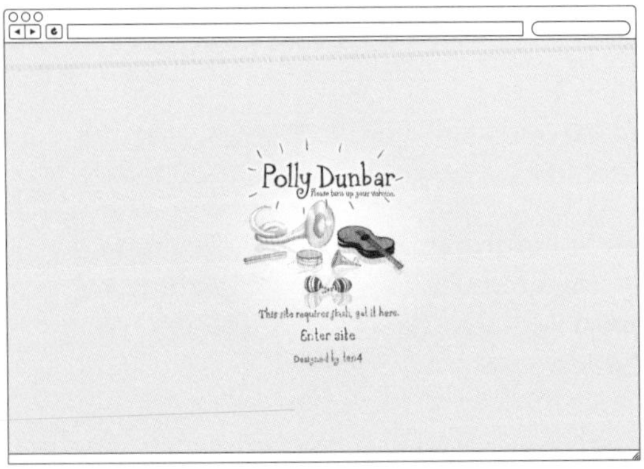

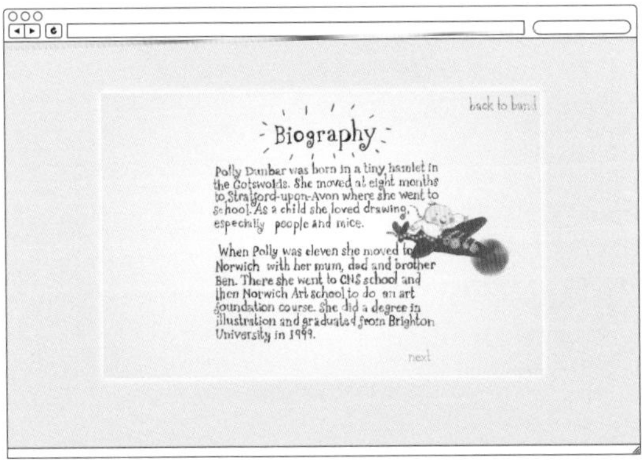

Recordatorios post-presentación

Junto con el material y los objetos promocionales que puedas dejar tras las entrevistas existen muchos otros medios de recordar tu existencia a esos contactos a los que tanto te ha costado llegar. Comienza por enviarles una nota de agradecimiento en el formato que más te guste (hay más posibilidades de que lean un correo electrónico una vez que te han conocido, sobre todo si tu trabajo les ha gustado). Esta excusa legitimará que les envíes una nueva muestra. Con el tiempo, se presentarán nuevas oportunidades para volver a contactar: un cambio de dirección o un nuevo sitio web, haber ganado un concurso o un galardón, haber sido incluido en el último anuario de la industria, la creación de una nueva pieza promocional o, incluso, una muestra sobrante de unas pruebas de impresión. Un cliente del sector editorial se me presentó un día con una pila de sobrecubiertas sobrantes y yo se las envié como recordatorios a algunos empleadores a los que les había gustado el trabajo del ilustrador. Me costó muy poco dinero el envío postal y, en pocos días, reportaron un lucrativo encargo.

Los acontecimientos de la industria brindan la oportunidad de encontrarte con tus contactos. Son una buena forma de alimentar la red de amigos y colegas que, a su vez, pueden presentarte a algunos de sus contactos o darte algunas pistas. Se trata de la forma menos dolorosa de hacer y cultivar contactos, ya que todo lo que se requiere es un interés genuino por tu disciplina y por aquellos que trabajan en ella.

"Es tan fácil crear un sitio web que no hay excusa real para que un ilustrador no tenga el suyo. Cuanto más sencillo mejor... Con la llegada de Internet ya no hay fronteras..."

Dave Day, director de arte, Fallon

Sitios web

Tener presencia en la Red es recomendable para todos los profesionales, con independencia de su área de experiencia, ya que acceder a un sitio web está al alcance de cualquier empleador o cliente y les facilita revisar material que vieron hace un tiempo. Un sitio web personal es, por supuesto, obligatorio para todo aquel que se especialice en diseño web. La navegación debe ser sencilla y las imágenes deben ser visibles a un tamaño generoso y cargarse pronto. Ha de probarse y ser visible con los buscadores que usarán los empleadores y los textos tienen que ser perfectamente legibles y no contener erratas de ningún tipo. Si bien es improbable que un empleador del sector carezca de Flash o de banda ancha, te conviene tener una versión en HTML, por si acaso.

Si la sola idea de tener que diseñar y construir tu propio sitio web te aterroriza, tantea a algún estudiante de diseño web a través de alguna escuela o facultad local, ya que podéis encontrar una solución barata y mutuamente beneficiosa. Si eso también falla, existen empresas de alojamiento *online* y fabricantes de *software* especializado que proporcionan los medios para construir un sitio web desde cero a aquellos que tienen poca experiencia o ninguna en la materia. Por otra parte, hay muchas instituciones y asociaciones de profesionales y editoriales de manuales de referencia que, por una tarifa de suscripción, permiten a los profesionales colgar sus imágenes en portfolios *online* automantenidos. También existen páginas de alojamiento web gratuitas o muy módicas, como Flickr o Photobucket, que permiten a sus usuarios colgar y organizar un número de imágenes ilimitadas con su trabajo. En ellas hay numerosos grupos dedicados exclusivamente a diseño e ilustración y los usuarios pueden ser redirigidos mediante vínculos a páginas web individuales, *blogs* y perfiles en MySpace o Facebook. Los *blogs* individuales y relacionados con la industria, así como las comunidades virtuales que crecen en torno a ellos ofrecen nuevas oportunidades de promocionar tu trabajo. Y están también, por supuesto, los numerosos recursos de la Red, como Blogger, LiveJournal y WordPress, que permiten a cualquier persona empezar su propio *blog* de forma gratuita.

"Lo mejor que he hecho en la Red fue comprar un sencillo *pack* de *software* WISIWIG y confeccionar mi propio portfolio *online*. Facilita mucho las cosas a la hora de hablar con los clientes, pues basta con mandar un vínculo. Además, te hace parecer más organizado, profesional y contemporáneo. No fue complicado de hacer y mereció la pena."

Martin Vintner-Jackson, consultor independiente de *branding*

print & pattern
fabric wallpaper cards gift wrap stationery ceramics
SPONSORS
Emma Bridgewater
VOLKSFADEN
custom made super stitched
19 FEBRUARY 2010
DESIGNS............
ABOUT
BOWIE STYLE
UNITED KINGDOM
this is a website that celebrates the world of surface pattern design.
VIEW MY COMPLETE PROFILE
ABOUT THIS SITE
JOB OPPORTUNITIES
THE BOOK OF THE BLOG
AVAILABLE NOW

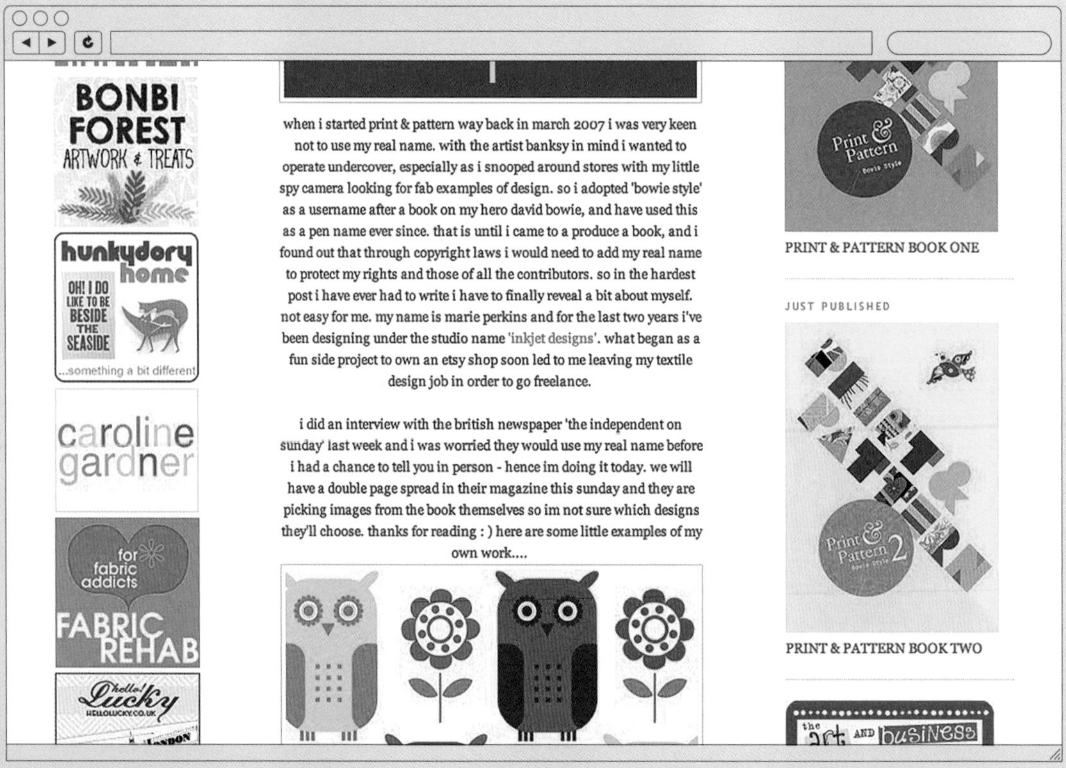

BONBI FOREST
ARTWORK & TREATS
hunkydory home
OH! I DO LIKE TO BE BESIDE THE SEASIDE
...something a bit different
caroline gardner
for fabric addicts
FABRIC REHAB
Hello! Lucky
HELLOLUCKY.CO.UK
when i started print & pattern way back in march 2007 i was very keen not to use my real name. with the artist banksy in mind i wanted to operate undercover, especially as i snooped around stores with my little spy camera looking for fab examples of design. so i adopted 'bowie style' as a username after a book on my hero david bowie, and have used this as a pen name ever since. that is until i came to a produce a book, and i found out that through copyright laws i would need to add my real name to protect my rights and those of all the contributors. so in the hardest post i have ever had to write i have to finally reveal a bit about myself. not easy for me. my name is marie perkins and for the last two years i've been designing under the studio name 'inkjet designs'. what began as a fun side project to own an etsy shop soon led to me leaving my textile design job in order to go freelance.
i did an interview with the british newspaper 'the independent on sunday' last week and i was worried they would use my real name before i had a chance to tell you in person - hence im doing it today. we will have a double page spread in their magazine this sunday and they are picking images from the book themselves so im not sure which designs they'll choose. thanks for reading :) here are some little examples of my own work....
Print & Pattern
PRINT & PATTERN BOOK ONE
JUST PUBLISHED
Print & Pattern 2
PRINT & PATTERN BOOK TWO
the art AND business

Estudio de caso
El blog Print & Pattern Bowie Style

Página anterior y abajo: Marie sale del anonimato en su blog antes de la publicación de la primera entrega de *Print & Pattern* y muestra algunos de sus trabajos para clientes como Paperchase, Soul UK y Robert Kaufman Fabrics.

Gracias a su blog, Marie Perkins, diseñadora de estampados residente en el Reino Unido, logró una oferta editorial. Helen Rochester, coordinadora editorial de Laurence King, descubrió el blog Print & Pattern, creado por Perkins en 2006. Más conocida por el público como Bowie Style, creó Print & Pattern en parte porque quería poner en valor esta rama del diseño que recibe tan poca atención, pero también porque aún no había encontrado ningún blog no editado desde Estados Unidos que mencionara la disciplina. El blog recogía principalmente diseños decorativos para textil, vajillas, tarjetas y papel de envolver y constituía una extensión natural de los *mood boards* que Marie elaboraba a diario en el estudio para el que trabajaba antes de hacerse autónoma. Como siempre le había gustado recopilar y seleccionar imágenes, Marie no dejó escapar la primera ocasión que se le presentó de elaborar un libro de consulta de este tipo para Laurence King. Dos años después de crear el blog le ofrecieron la oportunidad de hacer el primer libro *Print & Pattern*, y es tal el éxito de la idea que ya va por la tercera entrega.

Además del blog Print & Pattern, que continúa mostrando el trabajo de diseñadores de estampados de todo el mundo, Marie se sirve de la red para promocionar su propio trabajo. Tiene un portfolio web y un blog que lo complementa, desde el que informa de los proyectos en los que participa. También dispone de un archivo en Flickr al que está enlazada su tienda Etsy, en la que (cuando se lo permiten los plazos de entrega) vende ediciones limitadas de láminas y pequeños artículos de regalo. Páginas web como Etsy y su equivalente en el Reino Unido, Folksy, reciben muchísimas visitas de clientes a la búsqueda de nuevos talentos, por ello Marie recomienda entrar a formar parte de una comunidad creativa grande que permita aumentar las ventas y la propia presencia en Internet. El blog y los libros ponen coto al tiempo que dedica a sus propios diseños, pero Marie está contenta, aunque a veces implique trabajar hasta tarde. Le apasionan tanto el diseño como la investigación, de modo que el balance final es ideal.

“Todas las mañanas visito un montón de blogs sobre arte y diseño y los marco en favoritos como si se tratase de un cuaderno de recortes digital. También me meto en las páginas de los agentes.”

Steve Rutterford, director de arte, Brooklyn Brothers

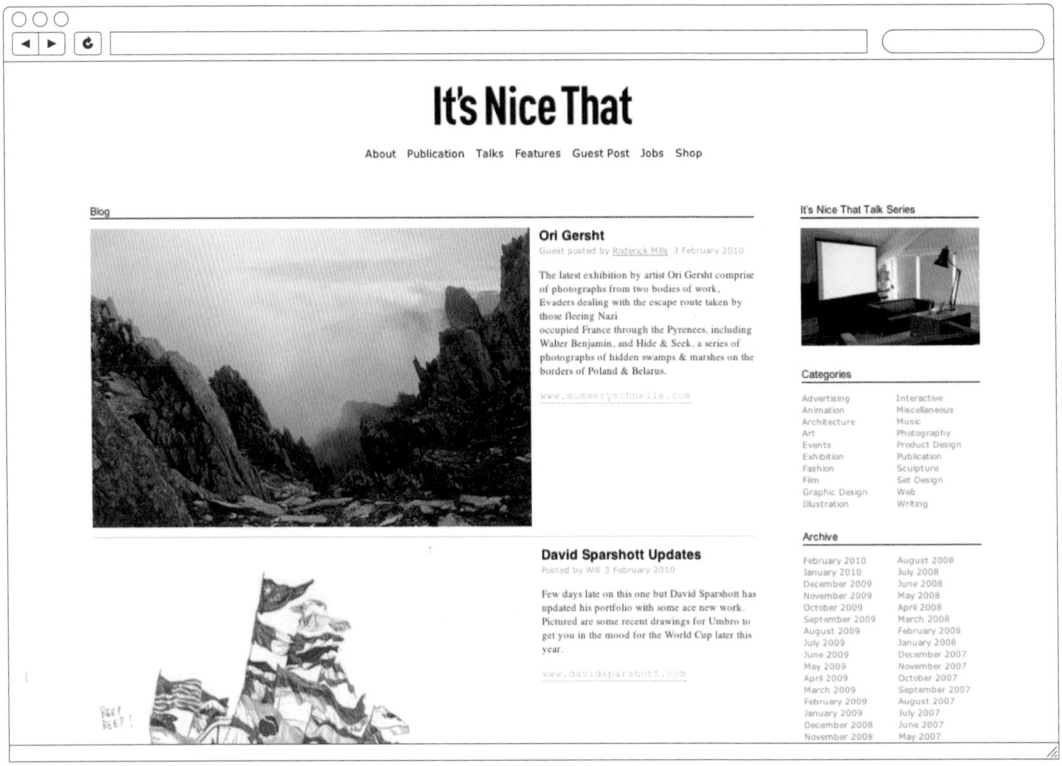

Página anterior: Los blogs relacionados con el sector proporcionan nuevas oportunidades de promoción para tu trabajo. It's Nice That es uno de ellos, está especializado en publicidad y promociona y archiva una gran variedad de trabajos relacionados con la industria creativa. También existe una publicación impresa (abajo) que recoge los mejores trabajos incluidos en el blog en los seis meses anteriores, junto con entrevistas y artículos a cargo de profesionales destacados.

Abajo: Dos estudiantes de diseño optaron por la *performance* para promocionarse con este proyecto titulado Keep Us Busy [Mantenednos ocupados]. Crearon un estudio con escaparate y trabajaron en él durante cinco días en proyectos creativos que les eran remitidos por correo electrónico, al tiempo que documentaban sus progresos en un blog.

Anuncios en manuales y libros de consulta

Anunciarte en publicaciones de consulta es otra forma de hacer que los empleadores te tengan en mente. Tradicionalmente, esto puede resultar prohibitivo para el bolsillo, pero en los últimos años algunas editoriales han comenzado a publicar directorios dedicados específicamente a principiantes, con unas tarifas considerablemente más baratas. También cabe la posibilidad de que incluso las publicaciones destinadas a los profesionales ya establecidos reduzcan sus precios si un anunciador potencial está dudando mucho tiempo, sobre todo si no están vendiendo los espacios publicitarios tan bien como pensaban. A un amigo mío que andaba especulando sobre si comprar o no una doble página para anunciarse en un conocido directorio de ilustradores terminaron por ofrecérsela por el mismo precio que valía una sola página, que era además el límite económico que él se había marcado.

"Tengo una larga lista de direcciones de Internet marcadas y una lista de contactos de más de 300 ilustradores profesionales. Cada dos meses suelo invertir un tiempo en revisar todas las muestras que me han enviado, por si acaso, y actualizo y administro las páginas marcadas. Además, reviso las muestras que envían las agencias."

Allison Lawn, directora de arte, *New Scientist*

Visitas de seguimiento

Las visitas de seguimiento a aquellos empleadores que hayan expresado interés por tu trabajo son importantes, pero también lo es que no se sientan acosados. Allí donde alguien sugiera que sigáis en contacto, pregunta cuándo sería conveniente que volvieras a dar señales. Las respuestas que he recibido a esta cuestión varían en grado sumo, desde "llámame a finales de esta semana" a "por estas fechas el año que viene estará bien". Anótalo en tu agenda y ajústate a lo que te dicen, incluso si un encargo prometido no llega a tener lugar. Hay muchas razones por las que puede no haber salido adelante y muchas posibilidades también de que ninguna de ellas tenga que ver contigo.

La mayoría de tus contactos ve gran cantidad de portfolios durante su vida laboral. Como consecuencia, no pueden recordar cada muestra que contenía el tuyo la última vez que se lo mostraste. De hecho, la primera vez puede haberles pasado desapercibida por completo una pieza con la que alucinen cuando hagas una visita de seguimiento, por la sencilla razón de que entonces no se ajustaba a las necesidades y requisitos del trabajo que tenían entre manos. Por lo tanto, no hace falta renovar el portfolio al completo antes de volver a verles. Aun así, sugeriría seguir al pie de la letra todas las recomendaciones específicas que hayan podido hacer, como deshacerse de algunas piezas o mejorarlas, o bien reconsiderarlas una vez haya más trabajo publicado de por medio y más experiencia. Todo aquello que puedas hacer para fortalecer tu portfolio en ese intermedio, incluidos nuevos proyectos realizados por iniciativa propia con determinados clientes potenciales en mente, redundará en tu bien. Con un poco de suerte, estarás más cerca de dominar el mundo.

"Adjunto archivos en formato PDF o JPG en correos que envío a una selecta lista de clientes y amigos. No compro directorios. En el pasado manejaba una lista de correo de unos 1.200 nombres, que recibían notificaciones de mis exposiciones y conferencias."

Lance Hidy, diseñador independiente

Resumen
Darte a conocer en el mercado

1.

Un encuentro cara a cara con un empleador potencial es el primer paso para darte a conocer en el mercado aunque no disponga en ese momento de una vacante o un encargo apropiados, ya que puede recomendarte a alguien que sí los tenga, de manera que comiences a hacer contactos en la industria.

2.

Enviar una carta es la mejor forma de presentar una candidatura espontánea a una empresa o una persona individual. Los diseñadores deben incluir un currículum que amplíe y detalle la información de la carta de presentación, mientras que a los ilustradores les conviene más enviar varias muestras representativas de su trabajo.

3.

Las muestras promocionales pueden usarse para presentar tu trabajo o servir de recordatorio para tus clientes tras la presentación. Sé selectivo: una sola pieza de material genérico y polivalente, y una o dos muestras bien presentadas de tu mejor trabajo tendrán más efecto que el contenido entero de todo tu portfolio.

4.

Las presentaciones de candidaturas espontáneas suelen ser informales, así que lleva ropa que sea elegante pero cómoda y con la que te sientas seguro. Si la reunión es con un cliente del sector financiero, por ejemplo, puede requerir un poco más de etiqueta en el vestuario.

5.

Asegúrate de llegar puntual a las entrevistas, establece contacto visual con tu/s entrevistador/es y muéstrales que estás familiarizado con su trabajo. Prepárate para cualquier petición o pregunta que puedan hacerte y para los imprevistos que pudieran surgir (por ejemplo, lleva tu teléfono móvil en caso de que llegues con retraso).

6.

Es importante que tus empleadores tengan tu trabajo en mente. Entre los recordatorios que pueden emplearse están el envío de una nota de agradecimiento tras la presentación, un sitio web de fácil acceso, anuncios en publicaciones de consulta y visitas de seguimiento.

Recursos

Asociaciones y organizaciones de profesionales y afiliados

Reino Unido e Irlanda

Diseño

Chartered Society of Designers
1 Cedar Court
Royal Oak Yard
Bermondsey Street
Londres SE1 3GA (RU)
Telf.: +44 20 7357 8088
Email: csd@csd.org.uk
www.csd.org.uk

D&AD
Britannia House
68-80 Hanbury Street
E1 5JL, Londres, Reino Unido
Telf.: +44 20 7840 1111
www.dandad.org

Design Council
Angel Building
407 St John Street
EC1V 4AB, Londres, Reino Unido
Telf.: +44 20 7420 5200
Fax: +44 20 7420 5300
www.designcouncil.org.uk

Institute of Designers in Ireland
FX2 the Fumbally Exchange
Fumbally Square
Dublín 8, Irlanda
info@idi-design.ie
www.idi-design.ie

Ilustración

Association of Illustrators
Somerset House
The Strand
WC2R 1LA, Londres, Reino Unido
Telf.: +44 20 7759 1010
Email: info@theaoi.com
www.theaoi.com

Illustrators Guild of Ireland
Email: membership@
illustratorsireland.com
www.illustratorsireland.com

Estados Unidos y Canadá

Diseño

AIGA, The Professional
Association for Design
164 Fifth Avenue
Nueva York, NY 10010, (EE. UU.)
Telf.:+1 212 807 1990
www.aiga.org

The Art Directors Club
106 West 29th Street
Nueva York, NY 10001 (EE. UU.)
Telf.: +1 212 643 1440
Fax: +1 212 643 4266
Email: info@adcglobal.org
www.adcglobal.org

Organization of Black Designers
300 M Street, SW Suite N-110
Washington, DC 20024–4019
(EE. UU.)
Telf.: +1 202 659 3918
Email: info@obd.org
www.obd.org

Société des designers graphiques
du Québec
7255 Rue Alexandra,
Bureau 106 Montréal
Québec H2R 2Y9, Canadá
Telf.: +1 514 842-3960
Fax: +1 514 842-4886
Email: infodesign@sdgq.ca
www.sdgq.ca

Society of Graphic Designers
of Canada
Arts Court, 2 Daly Avenue
Otawa, Ontario K1N 6E2 (Canadá)
Telf.: gratuito (llamadas locales)
877 496 4453
Telf.: +1 613 567 5400
Fax: +1 613 564 4428
Email: info@gdc.net
www.gdc.net

Type Directors Club
347 West 36th Street, Suite 603
Nueva York, NY 10018 (EE. UU.)
Telf.: +1 212 633 8943
Fax: +1 212 633 8944
director@tdc.org
www.tdc.org

Ilustración

Graphic Artists Guild
32 Broadway, Suite 1114
Nueva York, NY 10004 (EE. UU.)
Telf.: +1 212 791 3400
Fax: +1 212 791 0333
Email: membership@gag.org
www.gag.org

Illustrator's Partnership of America
845 Moraine Street
Marshfield, MA 02050 (EE. UU.)
Email: info@illustratorspartnership.
org
www.illustratorspartnership.org

The Society of Illustrators
128 East 63rd Street
Nueva York, NY, 10065, (EE. UU.)
Telf.: +1 212 838 2560
Fax: +1 212 838 2561
www.societyillustrators.org

Europa

Diseño

Allianz Deutscher Designer e.V
Steinstrasse 3
38100 Braunschweig (Alemania)
Telf.: +49 53 11 6757
Fax: +49 53 11 6989
Email: info@agd.de
www.agd.de

Art Directors Club Europe
Plaça dels Àngels 5 – 6
08001 Barcelona (España)
Telf.: +34 93 44 375 20
Fax: +34 93 32 960 79
Email: office@adceurope.org
www.adceurope.org

Association Typographique
Internationale
c/o Global Meeting Services
10914 Glenda Ct., San Diego
CA 92126, (EE. UU.)
www.atypi.org

Bund Deutscher Grafik-Designer
Warschauer Strasse 59a
Berlín, 10243 (Alemania)
Telf.: +49 30 24 53 1490
Fax: +49 30 53 67 0526
Email: info@bdg-designer.de
www.bdg-designer.de

BNO (Asociación de Diseñadores
Holandeses)
Danzigerkade 8a
1013 AP Ámsterdam
Pootbus 20698
1001 NR (Países Bajos)
Telf.: +31 20 624 4748
Fax: +31 20 627 8585
Email: bno@bno.nl
www.bno.nl

Design Austria
Designforum im Museums
Quartier Wien, Wien,
Museumsplatz 1, Hof 7,
Viena, A-1070 (Austria)
Telf.: +43 1 524 49 490
Fax: +43 1 524 49 494
Email: info@designaustria.at
www.designaustria.at

Greek Graphic Design
Organization
Myllerou 19, Atenas, 10436 (Grecia)
Telf.: +30 210 522 4813
Email: info@gda.gr
www.gda.gr

Asociación Española de
Profesionales del Diseño
Rafael Calvo, 28, bajo
Madrid, 28010 (España)
Telf.: +34 91 319 5589
Fax: +34 91 310 3065
Email: info@aepd.es
www.aepd.es

Swiss Graphic Designers
Bahnhofstrasse 11
Postfach 157
Flawil, 9230 (Suiza)
Telf.: +41 71 393 4535
Fax: +41 71 393 4548
Email: info@sgd.ch
www.sgd.ch

Union des Designers en
Belgique
5 Hof ter Vleesdreef /Box 7
1070 Bruselas, Bélgica
Telf.: +32 2 523 52 04
Fax: +32 2 558 97 30
Email: welcome@udb.org
www.@udb.org

Ilustración

Associazione Illustratori
Via Correggio, 65
20149 Milán (Italia)
Telf./Fax: +39 2 3655 3719
Email: info@associazioneillustratori.it
www.associazioneillustratori.it

Associació Professional
d'Il·lustradors de Catalunya
Balmes, 177, 1º-2ª
08006 Barcelona (España)
Telf.: +34 93 416 1474
Fax: +34 96 415 1583
info@apic.es
www.apic.es

Asociación Profesional de
Ilustradores Euskadi
Andra Maria Kalea
Santa María 3, 1º B
48005 Bilbao
Telf.: +34 94 675 0885
Email: info@euskalirudigileak.com
www.euskalirudigileak.com

Associació Professional
d'I·lustradors de València
c/o Pes de la Farina 5 baix
o/ Pintor Martínez Cubells
6, 1º-1ª
46002 – Valencia

Associación Galega de
Profesionais da Illustraciòn
Apartado de Correos 799
15001, A Coruña (España)
Telf.: +34 98 190 8874
www.agpi.org

Autillus
c/o Schweizerisches Institut für
Kinder und Jugendmedien
Zeltweg 11
8032 Zúrich (Suiza)
Telf.: +41 43 268 3900
Fax: +41 43 268 3909

Email: info@sikjm.ch
www.autillus.ch

Federación de Asociaciones de Ilustradores Profesionales de Madrid
Calle Mayor 4, planta 4ª, oficina 6
28013 Madrid (España)
Telf.: +34 91 531 8670
Email: info@fadip.org
www.fadip.org

Illustratoren Organization e.V.
Mergenthalerstraße 4
60388 Fráncfort (Alemania)
Telf.: +49 69 36 70 4859
Fax: +49 69 36 70 4860
www.illustratoren-organization.de

La Maison des Illustrateurs
127 rue du Chevaleret
75013 París (Francia)
Telf.: +33 1 44 24 0889
Fax: +33 1 56 61 1702
Email: maisonillustr@free.fr
www.lamaisondesillustrateurs.com

Vlaamse Illustratoren
Lange Leemstraat 264
2018 Antwerp, Bélgica
Email: info@vlaamse-illustratoren.com
www.flemish-illustrators.com

Escandinavia

Diseño

FÍT (Asociación Islandesa de Diseñadores Gráficos e Ilustradores)
PO Box 590
121 Reikiavik (Islandia)
Telf.: +354 771 2200
Email: fit@teiknarar.is
www.teiknarar.is

Grafia
Uudenmaankatu 11 B 9
Helsinki, FIN-00120 (Finlandia)
Telf.: +358 9 601 942
Fax: +358 9 601 140
Email: grafia@grafia.fi
www.grafia.fi

Sveriges Designer
Box 7477
103 92 Estocolmo (Suecia)
Email: info@sverigesdesigner.se
www.sverigesdesigner.se

Ilustración

Grafill
Rosenkrantz Gate 21,
0160 Oslo, Noruega
Telf.: +47 22 12 82 00

Illustratörcentrum
Årstaängsvägen 1C, 7tr
117 43 Estocolmo, Suecia
Telf.: +46 8 642 3792
Email: info@illustratorcentrum.se
www.illustratorcentrum.se

Kuvittajat
Albertinkatu 1
00150 Helsinki, Finlandia
Email: info@kuvittajat.fi
www.kuvittajat.fi

Svenska Technare
Arstaängsvägen 5B
S-117 43 Estocolmo (Suecia)
Telf.: +46 8 556 02 910
Fax: +46 8 556 02 919
Email: info@svenskatecknare.se
www.svenskatecknare.se

Australia y Nueva Zelanda

Diseño

Australian Graphic Design Association
PO Box 816
Unley, SA 5061 (Australia)
Telf.: +61 8 8410 9228
Fax: +61 8 8410 9229
Email: secretariat@agda.com.au
www.agda.com.au

Design Institute of Australia
GPO Box 355
Melburne, Victoria 3001 (Australia)
Telf.: +61 3 966 22 345
Fax: +61 3 966 24 140
Email: admin@design.org.au
www.design.org.au

Design Institute of New Zealand
PO Box 109–423
Auckland (Nueva Zelanda)
Telf.: +64 9 529 1713
Fax: +64 9 529 1714
Email: designer@dinz.org.nz
www.dinz.org.nz

Ilustración

Illustrators Australia
Abbotsford Convent
Convent Building, C1.22
1 St Heliers Street
Abbotsford, Victoria 3067 (Australia)
Telf.: +61 3 941 91 355

Información y orientación

Orientación sobre portfolios profesionales

Association of Illustrators
(véase página 152 para información de contacto)
www.theaoi.com

BNO (Asociación de Diseñadores Holandeses)
(véase página 152 para información de contacto)
www.bno.nl

Chartered Society of Designers
(véase página 152 para información de contacto)
www.csd.org.uk

Museos y bibliotecas

St. Bride Library
Bride Lane, Fleet Street
Londres EC4Y 8EE (RU)
Telf.: +44 20 7353 4660
Fax: +44 20 7583 7073
www.stbride.org

M.A.X Museo
Via Dante Alighieri 6
CH-6830 Chiasso (Suiza)
Telf.: +41 91 682 56 56
Fax: +41 91 682 56 65
Email: info@maxmuseo.ch
www.maxmuseo.ch

Museum of American Illustration
The Society of Illustrators
128 East 63rd Street (entre Park Avenue y Lexington Avenue)
Nueva York, NY 10065 (EE. UU.)
Telf.: +1 212 838 2560
Fax: +1 212 838 2561
Email: info@societyofillustrators.org
www.societyillustrators.org

The Type Museum
100 Hackford Road
Londres SW19 0QU (RU)
Telf.: +44 20 7735 0055
Email: enquiries@typemuseum.org
www.typemuseum.org

Fabricantes y proveedores de portfolios

Comerciales estándar

Blick Art Materials
P.O. Box 1267
Galesburg
IL 61402-1267 (EE. UU.)
Telf.: +1 800 828 4548
Fax: +1 800 621 8293
www.dickblick.com

London Graphics Centre
Covent Garden Flagship Store
16–18 Shelton Street
Londres WC2H 9JL (RU)
Telf.: +44 20 7759 4500
www.londongraphics.co.uk

Paperhaus
8406A Beverly Boulevard
Los Ángeles, CA 90048 (EE. UU.)
Email: info@paperhaus.com
www.paperhaus.com

Portfolios-and-Art-Cases.com
4938 Hampden Lane, Suite 345
Bethesda, MD 20814 (EE. UU.)
Telf.: +1 301 654 7055
Fax: +1 301 654 7056
Email: sales@portfolios-and-art-cases.com
www.portfolios-and-art-cases.com

Hechos a medida/a mano

Archival Methods
230-2 Middle Road
Henrietta, NY 14467 (EE. UU.)
Telf.: +1 585 334 7050
Fax: +1 585 334 7067
Email: mail@archivalmethods.com
www.archivalmethods.com

Brodies
17 Shorts Gardens,
Unit 3, 2nd Floor,
WC2H 9AT, Londres, Reino Unido
Telf.: +44 20 7379 5755
Email: brodie@brodiesportfolios.com
www.brodiesportfolios.com

Wyvern Bindery
56–58 Clerkenwell Road
Londres EC1M 5PX (RU)
Telf.: +44 20 7490 7899
Fax: +44 20 7490 1391
www.wyvernbindery.com

Sitios web de diseño

Blogs y comunidades

www.designers-who-blog.com
Incluye vínculos a blogs de diseñadores gráficos y diseñadores web, ilustradores, tipógrafos, diseñadores de logotipos, diseñadores de marca, etc.

www.artyears.com
Sitio dedicado al diseño web, diseño para impresión y diseño tipográfico, ilustración y fotografía. Ofrece artículos, reseñas, tutoriales y la oportunidad de mostrar tu trabajo.

www.commarts.com
El sitio web de la revista *Communication Arts* ofrece gran cantidad de noticias acerca de la industria, junto a información sobre ofertas de trabajo y concursos.

www.coroflot.com/creativeseeds
Este blog ofrece orientación sobre cómo encontrar servicios de diseño e información sobre lo que están buscando los empleadores líderes del sector creativo. También incluye noticias, entrevistas y vínculos al trabajo de los profesionales afiliados a coroflot. (Véase "Autopromoción" en esta misma página para más información.)

www.dandad.com
D&AD blog.

www.designersarewankers.com
Aloja "plebsville", una comunidad que permite establecer contactos con otros profesionales de la industria y ayuda a los diseñadores en ciernes a comprender el funcionamiento del sector. Cuenta con un "motor humano de búsqueda en línea" que proporciona orientación imparcial y que sirve como vía de acceso a profesionales consagrados deseosos de echar una mano.

www.designiskinky.com
Blog australiano que incluye información sobre la actualidad del diseño y ofertas de trabajo.

www.dexigner.com
Noticias del mundo del diseño y sobre acontecimientos relacionados, concursos y recursos. Proporciona asimismo un directorio sobre diseño, una base de datos, una agenda y un boletín informativo semanal.

www.logodesignlove.com
Página dedicada al diseño de logotipos que incluye artículos y recursos para diseñadores.

Creadores de sitios web

www.bigblackbag.com
www.foliosnap.com
www.homestead.com
www.moonfruit.com
www.one.com

Autopromoción

www.altpick.com
Sitio destinado a la autogestión de portfolios en línea, tanto de diseñadores gráficos, diseñadores web y diseñadores interactivos como de ilustradores, fotógrafos y animadores.

www.cargocollective.com
A esta comunidad solo se accede previa invitación. Ofrece una página promocional básica gratuita o una independiente de pago con su propia URL. Permite a sus miembros tejer una red personal desde la que seguir y comentar el trabajo del resto de la comunidad. Suele recompensar el talento de los no afiliados ofreciéndoles una invitación o compartiendo muestras de su trabajo.

www.coroflot.com
Sitio dedicado a portfolios de diseñadores que cubre una gran variedad de disciplinas creativas. La afiliación es gratuita. El sitio cuenta además con un gran tablón de ofertas de trabajo y un directorio de empleadores.

www.creativeshake.com
Página de recursos en línea que muestra nuevos talentos creativos y ofrece un tablón de ofertas de trabajo. Entre los anunciantes se incluyen diseñadores gráficos, directores artísticos, directores creativos e ilustradores.

www.flavors.me
Esta página permite a los profesionales del sector creativo centralizar todas sus cuentas virtuales. Organiza automáticamente el contenido de hasta 35 servicios y los reúne en una única presencia virtual cohesionada. El servicio básico es gratuito.

www.figdig.com
Comunidad en línea que permite a los profesionales creativos colgar, gestionar y mostrar su trabajo en la Red de forma gratuita. Los afiliados son ilustradores y diseñadores de muy distintos campos y medios.

www.guru.com
El propósito de esta página es proporcionar una plataforma de conexión eficiente para contactar, trabajar y realizar transacciones de alcance local, nacional o internacional con profesionales independientes.

www.voodoochilli.net
Servicio en línea gratuito de recursos y portfolios para artistas visuales y clientes en busca de talento.

Sitios web de ilustración

Cubre una amplia variedad de disciplinas, entre ellas, diseño gráfico, diseño web, diseño de producto e ilustración.

Blogs y comunidades

www.theaoi.com
Página de la Association of Illustrators. Incluye diferentes recursos para empleadores y profesionales.

www.concretehermitnetwork.com
Página que fomenta el establecimiento de redes de contactos y que alienta a sus miembros a compartir, discutir y promocionar su trabajo, así como a iniciar blogs y crear grupos de artistas con intereses afines. Afiliada a la galería y editorial del mismo nombre, incluye vínculos y avisos sobre acontecimientos del sector.

www.drawger.com
Blogs de ilustradores para ilustradores. Precisa de invitación previa. Incluye foros de discusión y una exposición en línea anual sin jurado en la que los miembros remiten sus trabajos favoritos del año.

www.drawn.ca
Blog de ilustración de diversos autores que contiene vínculos y recursos.

www.escapefromillustrationisland.com
Recursos e inspiración para ilustradores, tutoriales, *podcasts*, artículos, venta de libros e innumerables enlaces a comunidades del gremio, organizaciones y blogs con consejos profesionales.

www.illustrationage.com
Portal de noticias sobre ilustración que muestra creaciones de toda la comunidad internacional.

www.illustrationfriday.com
Propone un reto de ilustración semanal y permite a los ilustradores hacer y recibir comentarios y observaciones críticos.

www.illosaurus.com
Listas de recursos para ilustradores y creadores de imágenes.

www.illustrationmundo.com
Proporciona un nodo en el que los ilustradores profesionales y aquellos en ciernes pueden mostrar sus trabajos, hallar inspiración, compartir información y buscar orientación.

www.thelittlechimpsociety.com
Portal de noticias sobre ilustración.

www.scamp.ie
Blog a cargo de miembros y socios del Illustrators Guild irlandés.

Autopromoción

www.aoiportfolios.com
Los portfolios son gestionados individualmente por los artistas. El sitio está abierto a todo el mundo y ofrece tarifas reducidas para los miembros de la Association of Illustrators.

www.behance.net
Plataforma que permite a los profesionales del diseño mostrar su trabajo *online* de manera gratuita; también se promueven concursos, se comparten enlaces a asociaciones profesionales y blogs, se ofrecen consejos profesionales y se publican ofertas de trabajo.

www.contact-creative.com
Portfolios online alojados por la editorial de Contact Illustrators (véase Directorios de ilustración en la página 155 para información de contacto).
Aquellos ilustradores que no deseen anunciarse en el directorio pueden mostrar su trabajo en línea.

www.theispot.com
Muestra el trabajo de ilustradores de más de quince países y sirve a compradores de todo el mundo. Gestiona asimismo un fondo de ilustraciones y facilita la comunicación con colegas ilustradores.

www.figdig.com
Comunidad en línea de ilustradores y diseñadores.

www.hireanillustrator.com
Sitio web y servicio promocional afiliado a la Little Chimp Society.

www.illoz.com
Página de portfolios que precisa invitación previa. Funciona también como un espacio que los directores artísticos pueden emplear para encargar un proyecto y proceder a su seguimiento. Los ilustradores pagan una tarifa por el servicio, para los directores artísticos es gratuito pero deben solicitar una cuenta o ser invitados por otro director artístico.

www.folioplanet.com
Directorio de vínculos a ilustradores, portfolios en línea y galerías de imágenes de ilustraciones.

Publicaciones

Revistas de diseño

Applied Arts
18 Wynford Drive, Suite 411
Toronto, Ontario M3C 3S2
(Canadá)
Telf.: +1 800 646 0347
Fax: +1 416 510 0913
www.appliedartsmag.com

Baseline: International TypoGraphics Magazine
Bradbourne Publishing Limited
Bradbourne House
East Malling
Kent ME19 6DZ (RU)
Telf.: +44 1732 875200
Fax: +44 1732 875300
www.baselinemagazine.com

Communication Arts
110 Constitution Drive,
Menlo Park, CA 94025 (EE. UU.)
Telf.: +1 650 326 6040,
Fax: +1 650 326 1648
www.commarts.com

Creative Review
79 Wells Street
W1T 3QN, Londres, Reino Unido
Telf.: +44 20 7970 4000
www.creativereview.com

Design Edge Canada
North Island Publishing Ltd.
8–1606 Sedlescomb Drive
Mississauga, Ontario L4X 1M6
(Canadá)
Telf.: +1 905 625 7070
Fax: +1 905 625 4856
www.designedgecanada.com

Design Week
Centaur Media PLC (véase *Creative Review*)
www.designweek.co.uk

Desktop
Niche Media
170 Dorcas Street
South Melbourne, Victoria 3205
(Australia)
Telf.: +61 3 9948 4900
Fax: +61 3 9948 4999
www.desktopmag.au

DZone
Three Publishers BV
Binnenkadijk 329
1018 AX Ámsterdam, Países Bajos
Telf.: +32 20 625 6782
Email: info@threepublishers.com

étapes:
PYRAMYD NCTV
15, rue de Turbigo
75002 París, Francia
http://etapes.com/

Graphic Design USA
89 Fifth Avenue, Suite 901
Nueva York, NY 10003 (EE. UU.)
Telf.: +1 212 696 4380
Fax: +1 212 696 4564
www.gdusa.com

HOW
PO Box 421751
Palm Coast, FL 32142-1751
(EE. UU.)
Telf.: +1 386 246 3365
www.howdesign.com

IDPure
Chemin du Pré 4A, Case postale
1110 Morges 1 (Suiza)
Telf.: +41·21 802 50 84
Fax: +41 21 802 50 76
Email: info@idpure.com
www.idpure.com

Items
De Wittenstraat 102-104
1052 BB Ámsterdam
Postbus 10189
1001 ED Ámsterdam, Países Bajos
Telf.: +31 20 682 9479

Print
38 East 29th Street, 3rd Floor
Nueva York, NY 10016 (EE. UU.)
Telf.: +1 212 447 1400
Fax: +1 212 447 5231
www.printmag.com

Directorios de diseño

Black Book Creative Industry Directory
740 Broadway, Suite 202
Nueva York, NY 10003 (EE. UU.)
Telf.: +1 212 979 6700
eryder@blackbook.com
www.blackbook.com

Creative Handbook
Centaur Media PLC, 50 Poland Street
Londres W1F 7AX (RU)
Telf.: +44 20 7970 4000
www.chb.com

Creative Match
www.creativematch.co.uk

Le Book London
43–44 Hoxton Square
Londres N1 6BP (RU)
Telf.: +44 20 7739 1155
Fax: +44 20 7739 1188

Le Book Paris
4 rue d'Enghien
75010 París (Francia)
Telf.: +33 1 47 70 03 30
Fax: +33 1 48 24 04 84

Le Book New York
552 Broadway, 6th Floor
Nueva York, NY 10012 (EE. UU.)
info@lebook.com
www.lebook.com

Otras publicaciones

Auteursrecht voor ontwerpers
[Asociación de Diseñadores Holandeses]
Publicado por la BNO (véase página 136 para información de contacto).
www.bno.nl

Graphic Artists Guild Handbook: Pricing and Ethical Guidelines
[Manual del Gremio de Artistas Gráficos: guía ética y de tarifas]
Publicado por el Graphic Artists Guild (véase página 152 para información de contacto).
www.gag.org

Handboek Voor Het Opzetten Van Een Ontwerppraktijk
[Manual para fundar tu propia empresa creativa]
Por V. van den Eijnde, K. de Jong y M. van Leest
BIS Publishers Het Sieraad
Postjesweg 1, 1057 DT Ámsterdam
(Países Bajos)
Telf.: +31 20 515 0230
Fax: +31 20 515 0239
bis@bispublishers.nl

Cómo ser diseñador gráfico sin perder el alma
Por Adrian Shaughnessy
Index Book
Consell de Cent, 160 Local 3
08015 Barcelona (España)
Telf.: (+34) 93 454 55 47
Fax: (+34) 93 454 84 38
ibindexbook.com
www.indexbook.es

Revistas de ilustración

3 x 3 Magazine: The Magazine of Contemporary Illustration
Publicada por Charles Hively
244 Fifth Avenue, Suite F269
Nueva York, NY 10001 (EE. UU.)
Telf.: +1 212 591 2566
Fax: +1 212 537 6201
chively@3x3mag.com
www.3x3mag.com

Artists & Illustrators Magazine
The Chelsea Magazine Company
Liscartan House,
127-131 Sloane Street,
SW1X 9AS
Londres, Reino Unido
Telf.: + 44 20 7901 8000
Fax: + 44 20 7901 8001
info@chelseamagazines.com

Black Book Illustration
740 Broadway, Suite 202
Nueva York, NY 10003 (EE. UU.)
Telf.: +1 212 979 6700
eryder@blackbook.com
www.blackbook.com

Communication Arts
110 Constitution Drive,
Menlo Park, CA 94025 (EE. UU.)
Telf.: +1 650 326 6040,
Fax: +1 650 326 1648
www.commarts.com

Directorios de ilustración

Directory of Illustration
Publicado por Serbin Communications
813 Reddick Street
Santa Barbara, CA 93101 (EE. UU.)
Telf.: +1 805 963 0439/800 876 6425
Fax: +1 805 965 0496
admin@serbin.com
www.directoryofillustration.com

Contact Illustration
Contact Creative UK LLP
PO Box 397
Reigate Surrey RH2 2ES
Reino Unido
Telf.: 01731 241 399
Contacto vía página web
www.contact-creative.com

Ilustration Magazine
39 Elmsleigh Road
Twickenham Middlesex TW2 5EF
Reino Unido

Varoom
Publicada por la Association of Illustrators (véase página 152 para información de contacto).

Otras publicaciones

How To Be an Illustrator
de Darrel Rees
Laurence King Publishing Ltd
www.laurenceking.com

The Illustrators Guide to Law and Business Practice
The Illustrators Guide to Success
Ambas publicadas por la Association of Illustrators (véase página 152).

Anuarios y concursos

Diseño

D&AD Awards
D&AD Student Awards
www.dandad.org

ADC Young Guns
Abierto a profesionales creativos menores de 30 años y con dos años de experiencia laboral
www.adcyoungguns.org

ADC Annual Awards Competition
Abierto a estudiantes y profesionales de la publicidad, el diseño gráfico, la fotografía, la ilustración y los medios interactivos.
www.adcawards.org

Communication Arts Design Annual
www.commarts.com/competition

Graphis New Talent Annual
Graphis Design Annual
Publicado por Graphis Inc.
114 West 17th Street
2nd floor
Nueva York, NY 10016 (EE. UU.)
Telf.: +1 212 532 9387
Fax: +1 212 213 3229
www.graphis.com

YCN Awards
Ideados para descubrir y mostrar el trabajo de nuevos talentos emergentes. Aparte de ser incluidos en el *YCN Book,* los premiados reciben ofertas de desarrollo profesional y otras oportunidades similares en proyectos de las empresas asociadas.
72 Rivington Street
Londres EC2A 3AY (RU)
Telf.: +44 20 7033 2140
info@ycnonline
www.ycnonline.com/awards

Ilustración

3 × 3 Illustration Annuals
Celebra concursos anuales dirigidos a estudiantes, profesionales e ilustradores de libros infantiles.
www.3x3mag.com

American Illustration
15 East 32nd Street, 7 Floor
Nueva York, NY 10016, (EE. UU.)
Telf.: +1 212 470 0302
Email: info@ai-ap.com
www.ai-ap.com

Communication Arts Illustration Annual
www.commarts.com/competition

Images: The Best of Contemporary British Illustration
Publicado por la Association of Illustrators (véase página 152 para información de contacto).
www.theaoi.com

Kolla!
Svenska Technare (véase página 153 para información de contacto) publica un anuario de ilustración y otro de diseño.
kolla@svenskatechnare.se
www.kolla.se

V & A Illustration Awards
Galardones anuales de ilustración que incluyen una categoría dedicada a estudiantes de la disciplina.
Victoria and Albert Museum
Cromwell Road
Londres SW7 2RL (RU)
Telf.: +44 20 7942 2000
villa@vam.ac.uk
www.vam.ac.uk/activ_events/events/illustration_awards/

Vínculos temáticos específicos

Publicidad

Asociaciones y organizaciones de profesionales y afiliados
The One Club for Art & Copy
260 Fifth Avenue, 2nd Floor,
Nueva York, NY 10001, (EE. UU.)
Telf.: +1 212 979 1900
Fax: +1 212 979 5006
info@oneclub.org
www.oneclub.org

Publicaciones relacionadas
One. A Magazine
Publicada por el One Club (véase más arriba información de contacto).

Campaign
Creative Review
Ambas publicadas por Centaur Media PLC
(véase página 155 para información de contacto).
www.campaignlive.co.uk
www.creativereview.com

The Advertising Directory
Publicada por la Association of Illustrators
(véase página 152 para información de contacto).
www.theaoi.com

The Gunn Report
Biblioteca y publicación en línea. Selección a escala global de los mejores trabajos publicitarios.
www.gunnreport.com

Anuarios y concursos
Communication Arts Advertising Annual
www.commarts.com/competition

Graphis Advertising Annual
Publicado por Graphis Inc (véase "Anuarios y concursos").

The Young Ones
Concurso organizado por One Club (para más detalles, consultar entrada superior).

Edición de libros

Asociaciones y organizaciones de profesionales y afiliados
Society of Children's Book Writers and Illustrators
8271 Beverly Boulevard
Los Ángeles, CA 90048 (EE. UU.)
Telf.: +1 323 782 1010
Fax: +1 323 782 1892
www.scbwi.org
http://britishscbwi.jimdo.com/

Children's Books Ireland
1st Floor
17 North Great Georges Street
Dublín 1 (Irlanda)
Telf.: +353 1 872 7475
Fax: +353 1 872 7476
info@childrensbooksireland.com
www.childrensbooksireland.com

Sitios web
www.childrensillustrators.com
www.justonemorebook.com (podcast)

Publicaciones relacionadas
Artist's & Graphic Designer's Market
Publicado por F&W Publications, Inc
4700 East Galbraith Road
Cincinatti, Ohio 45236, (EE. UU.)
Email: artistsmarketonline-service@fwmedia.com
www.artistsmarketonline.com

Books For Keeps: The Children's Book Magazine
Unit 1, Brampton Park Road
Wood Green, N22 6BG, Londres (RU)
Telf.: +44 077 62 00 34 64
www.booksforkeeps.co.uk

Carousel: The Guide to Children's Books
The Saturn Centre
54–56 Bissell Street
Birmingham B5 7HX (RU)
Telf.: +44 121 622 7458
carousel.guide@virgin.net
www.carouselguide.co.uk
www.carouselnews.blogspot.com

The Publishing Directory
Publicado por la Association of Illustrators (véase página 152 para información de contacto).
www.theaoi.com

The Writers' and Artists' Yearbook
Bloomsbury Publishing
36 Soho Square
Londres W1D 3QY (RU)
Telf.: +44 20 7758 0200
www.writersandartists.co.uk

Anuarios y concursos
3 × 3 Children's Book Illustration Annual
(véase "Anuarios y concursos").
www.3x3mag.com

V & A Illustration Awards
Premios anuales que incluyen una categoría para la ilustración de libros y cubiertas de libro.
www.vam.ac.uk/activ_events/events/illustration_awards/

Ferias del libro

www.bookfair.bolognafiere.it
www.londonbookfair.co.uk
www.frankfurt-book-fair.com
www.bookexpoamerica.com
www.liber.ifema.es

Cómics y novelas gráficas

Sitios web
www.comics-international.co.uk
www.comicbookRecursos.com
www.classicalcomics.com
www.canofwormspress.co.uk
www.downthetubes.net
www.nobrow.net
www.mangauk.com
www.publishandbedamned.org.uk
www.selfmadehero.com

Libros de artista
Book Art Bookshop
17 Pitfield Street
Londres N1 6HB (RU)
Telf.: +44 20 7608 1333
www.bookartbookshop.co.uk

Booklyn
37 Greenpoint Avenue 4th Floor
Brooklyn, NY 11222 (EE. UU.)
Telf.: +1 718 383 9621
staff@booklyn.org
www.booklyn.org

Muestras de cómic independiente
Angoulême
www.bdangouleme.com

www.comicfestival.com

Small Press Expo
www.spxpo.com

Anuarios y concursos
V & A Illustration Awards
www.vam.ac.uk

Desarrollo de videojuegos

Sitios web
www.aidb.com
www.conceptart.org
www.eurogamer.net
www.gamasutra.com
www.gamecareerguide.com
www.gamesindustry.biz
www.creativeskillset.org/games

Publicaciones relacionadas
Edge
Future Publishing
30 Monmouth Street
Bath BA1 2BW (RU)
Telf.: +44 1225 44 22 44
Fax: +44 1225 44 60 19
www.edge-online.com

Play! Illustration for Toys and Interactive Games
Publicado por Serbin Communications
www.playillustration.com

Videojuegos. Manual para diseñadores gráficos
Por Jim Thompson y Barnaby Berbank-Green
Publicado por Editorial Gustavo Gili
Rosselló 87-89
08029 Barcelona (España)
Telf.: +34 933 228 161
Fax: +34 933 229 205
www.ggili.com

Inside Game Design
Por Iain Simons
Publicado por Laurence King Publishing Ltd.
www.laurenceking.com

Anuarios y concursos
Communication Arts Interractive Annual
www.commarts.com/competition

El sector editorial

Asociaciones y organizaciones de profesionales y afiliados
Society of Publication Designers
27 Union Square West, Suite 207
Nueva York, NY 10003 (EE. UU.)
Telf.: +1 212 223 3332
Fax: +1 212 223 5880
Email: email@spd.org
www.spd.org

Society for News Design (capítulo español)
Universidad de Navarra. Edificio Bibliotecas.
31009 Pamplona (España)
Telf.: +34 948 425 600
Fax: +34 948 425 636
Email: info@snd-e.com
http://www.snd-e.com/

Publicaciones relacionadas
The Editorial Directory
www.theaoi.com

The Writers' and Artists' Yearbook
(véase página anterior para información de contacto).
www.writersandartists.co.uk

Anuarios y concursos
The Society of Publication Designers
Organiza concursos anuales que ofrecen a los ganadores estancias en prácticas en revistas.
www.spg.org

V & A Illustration Awards
www.vam.ac.uk/activ_events/events/illustration_awards/

Tarjetas de felicitación

Asociaciones y organizaciones de profesionales y afiliados
Greeting Card Association (RU)
United House, North Road
Londres N7 9DP (RU)
Telf.: +44 20 7619 0396
www.greetingcardassociation.org.uk

Greeting Card Association (EE. UU.)
1133 Westchester Avenue
Suite N136, White Plains
NY 10604-3547, (EE. UU.)
Telf.: +1 914 421 3331
Fax: +1 914 948 1484
www.greetingcard.org

Publicaciones relacionadas
Progressive Greetings Worldwide
Max Publishing, United House
North Road, Londres N7 9DP (RU)
Telf.: +44 20 7700 6740
www.progressivegreetings.co.uk

Greetings Etc.
Edgell Communications Inc
4 Middlebury Boulevard
Randolph, NJ 07869 (EE. UU.)
Telf.: +1 973 607 1364
Telf.: +1 973 607 1395
Email: cs@e-circ.net
www.greetings.edgl.com

Greetings and Gifts
Yaffa Publishing
GPO Box 606, Sídney
Nueva Gales del Sur 2001
Australia
www.yaffa.com.au

Greetings Today
Lema Publishing Ltd
Naishville, 1 Churchgates
The Wilderness, Berkhamstead
HP4 2UB, Herts, Reino Unido
Telf.: +44 0 1442 289 930
Fax: +44 0 1442 289 950
www.greetingstoday.co.uk

Start and Run a Greeting Card Business
How To Books
Spring Hill House
Spring Hill Road, Begbroke
OX5 1RX, Oxford, Reino Unido
Telf.: +44 1865 375 794
Fax: +44 1865 379 162
info@howtobooks.co.uk
www howtobooks.co.uk

Anuarios y concursos
The Henries
Organizado por la Greeting Card Association del Reino Unido.
www.thehenriesawards.co.uk

The Louies
Organizado por la Greeting Card Association de Estados Unidos.
www.greetingcard.org

Tigerprint
Patrocina un concurso mensual de diseño de tarjetas para nuevos diseñadores.
Tigerprint, Bingley Road
Heaton Bradford BD9 6SD (RU)
Telf.: +44 1274 252 711
www.tigerprint.typepad.com/competition

Ferias de papelería y del regalo
Autumn International Gift Fair
www.autumnfair.com

Spring International Gift Fair
www.springfair.com

Home and Gift
www.homeandgift.co.uk

National Stationery Show
www.nationalstationryshow.com

Paperworld
www.paperworld.messefrankfurt.com

Progressive Greetings Live
www.progressivegreetingslive.com

Pulse
www.pulse-london.com

Cine y televisión

Sitios web
www.4rfv.co.uk
www.bbc.co.uk/design/design_roles.shtml
www.conceptart.org
www.film-tv.co.uk
www.mandy.com
www.media-match.com
www.skillset.org/film/jobs

The Storyboard Design Course
Por Giuseppe Cristiano
Publicado por Thames & Hudson
www.thamesandhudson.com

Stash DVD Magazine
Stash Media Inc.
35 McCaul St. Suite 200
Toronto, ON M5T 1V7
Canadá
Telf.: +1 416 531 2482
www.stashmedia.tv

Índice alfabético

Los números en negrita hacen referencia a las ilustraciones

Créditos de las ilustraciones

El autor y la editorial quisieran expresar su agradecimiento a todos los nombrados a continuación por permitir la utilización de sus imágenes en este libro. Se han realizado todos los esfuerzos necesarios para acreditar en cada caso a los propietarios de los derechos de las mismas. En caso de omisión o error la editorial insertará gustosamente la acreditación pertinente en futuras ediciones. (a=arriba, db=debajo, i=izquierda, d=derecha, m=en medio): P8, primera fila, i: Stuart Briers; segunda fila, d: Prat Fabrication, libro Pampa Spiral con fundas de polipropileno o poliéster de Prat Paris, www.pratfab.com; tercera fila: Mapac Group Ltd., www.mapac.com; cuarta fila, i: Acer Inc. www.acer.co.uk; d: Apple Inc, Cupertino, California (EE. UU.). P11 i y pp14-15: Currículum digital de Darren Custance; p11 i: bocetos conceptuales de Austin Driscoll. P12 a: portfolio digital de Tonia Ibrahim; p12 i: Archival Methods LLC – dispositivos de presentación, www.archivalmethods.com, 235 Middle Road, Henrietta, NY 14467 (EE. UU.). P16 a: doble página de GUP Magazine diseñada por Matthew West de Two.Seventy, www.twoseventy.co.uk, Fotografía © Henk Wildschut y Raimond Wouda; db: 1920 familia tipográfica diseñada por Matthew West de Two.Seventy. P17 a: 33, logotipo y sitio web diseñados por Matthew West de Two.Seventy; db: Autobob, logotipo y sitio web diseñados por Matthew West de Two.Seventy. P20–21: Ilustración y tipografía de Andy Smith www.asmithillustration.com. P24: libros electrónicos de MySkoob, diseñados por Strichpunkt Design. P26: Moog Acid – Dirección artística: Kjell Ekhorn, Jon Forss; diseñadores: Kjell Ekhorn, Jon Forss; estudio de diseño: Non-Format; modelos en miniatura y fotografía: Dan McPharlin; cliente: Lo Recordings. P28: Vitsoe.com – diseño y construcción del sitio web: Airside y asociados. P29: The Stitches – creado por Anne Brassier y Airside. P30: The Grand Tour, sitio web y diseño de experiencia digital: Digit. Proyecto creado en asociación con The Partners, The National Gallery y Hewlett Packard. Director artístico: Andrew Dean; diseño e ilustración: Michelle Bower; construcción técnica: Tony Currie. Fotografía: *Bañistas en La Grenouillère* de Claude-Oscar Monet cortesía de Andrew Dean; *Los embajadores* de Hans Holbein el Joven cortesía de Andrew Dean; *Sansón y Dalila* de Peter Paul Reubens cortesía de Fergus Jackson. P31: NewWork Magazine. Editor jefe / director creativo / director artístico: Ryotatsu Tanaka, Ryo Kumazaki, Hitomi Ishigaki, Aswin Sadha. Diseño: Studio NewWork. P32: anuncio de Balance para *The Economist*: dirección artística: Paul Cohen; redacción: Mark Fairbanks; ilustración: Kjell Ekhorn, Jon Forss; estudio de diseño: Non-Format; cliente: AMV BBDO. P33: como en p24. P34: campaña Kick Out Bigotry: diseño, dirección artística, redacción: Ed Watt, Design-ed, www.design-ed.co.uk. Logotipos de la campaña: Hookson, www.hookson.com. Copyright: logotipos de Kick-Out Bigotry y Football For All © Hookson. El resto de los diseños © Football For All. Fotografía de la campaña: Paul Hampton, two bob rocket, www.twobobrocket.co.uk. Dirección de campaña: Roddy McNulty, Football For All. P35: Call Centre In A Box. Diseño: Nic Shuttleworth, I Like Blue, www.ilikeblue.co.uk. Compañía: Iris Associates; cliente: Voice. P38 a: campaña Eniro 118 118: ilustraciones: Erica Jacobson 2008; agencia publicitaria: Ogilvy Advertising; director artístico: Richard Baynham; redactor: Per-Olof Lundgren. Campaña para Eniro 118 118, una empresa sueca de búsqueda que ayuda a encontrar personas, negocios y productos. Técnica: gouache, bolígrafos e Illustrator. P38 db: campaña de Bulmers Friends of British Summertime. © Exposure www.exposure.net. En representación de Bulmers. P37: campaña publicitaria de *Boscos endins*: Illustrador: Adrià Fruitós (www.adfruitos.com); diseño gráfico: Josep Bagà, www.josepbaga.com; cliente: Dagoll Dagom – compañía de teatro, www.dagolldagom.com/boscosendins. P40: imágenes de la revista Gulf Air © Ink Publishing. P41: cubierta de Rock of Ages e imágenes de *Doctor Who* cortesía de *Radio Times*. P42-43: Revista *online* Design Week.

P44: Snob Magazine; dirección artística: Ilya Baranov. P45 a: "The Science of Music", *Utne Reader*, noviembre/diciembre de 2008; ilustrador: Nate Johannes; directora artística: Stephanie Glaros; db: revista frankie, Morrison Media. Ilustración de Sara Hingle para la revista frankie www.frankie.com.au. P46: Ilustraciones de Michelle Thompson, www.michelle-thompson.com: (a) The Globe & Mail encargada por Cinders McLeod; (db) CPO Agenda encargada por Redactive Media. P47: *b.spirit!* y *b.there!* Imágenes de dobles páginas de las revistas © Ink Publishing. P48: *Varoom*: Dirección artística: Kjell Ekhorn, Jon Forss; diseñadores: Kjell Ekhorn, Jon Forss; estudio de diseño: Non-Format; editor: Adrian Shaughnessy; publicación: Derek Brazell / The Association of Illustrators. P49: revista *The Illustrated Ape*, número 25: *Heavenly* en asociación con Heavenly Records. Imagen de cubierta © Tim Fishlock. P50 ai: *Natural Flights of the Human Mind* – Clare Morrall; ilustradora: Harriet Russell; dirección artística: Alasdair Oliver; publicación: Hodder; am: *The Truth About These Strange Times* – Adam Foulds; ilustradora: Harriet Russell; dirección artística: Steve Marking; publicación: Orion; ad: *Living with the Laird* – Belinda Rathbone; ilustradora: Harriet Russell; dirección artística: Julian Humphries; publicación: HarperCollins; dbi: *Tout Sweet* escrito por Karen Wheeler; material gráfico de Andy Robert Davies, www.ardillustration.com; publicación: Summersdale; dbm: *Meeting Mr. Kim*, ilustrador: Andy Robert Davies; publicación: Summersdale; dbd: *The Rattle Bag*, editado por Seamus Heaney y Ted Hughes; ilustrador: Nigel Owen (representado por CIA); publicación: Faber & Faber. P53: Adolie Day, www.adolieday.blogspot.com. Papelería – La Marelle edition, Le Chasseur de papillons – Toucan editions, Lilichou – Amaterra, Nouvel Angle. P54: David Roberts representado por Artist Partners, www.artistpartners.com. Imágenes por cuenta de Faber & Faber from *Ten Sorry Tales* de Mick Jackson, con ilustraciones de David Roberts, primera edición publicada por Faber and Faber en 2005 (Isbn 225489). P55: *El Oso y el Cuervo*, Copyright: ilustraciones: André da Loba (www.andredaloba.com/); texto: Monika Klose, Primera edición/publicación: OQO Editora, www.oqo.es, Idiomas: español, portugués, inglés y francés. ISBN-13: 978-8496788596, ISBN-10: 8496788598, tapa dura: 48 páginas. P56 ai: *Homework for Grown-Ups* – E.Foley y B.Coates; diseño de cubierta de Liam Relph; ilustración: Christopher Wormell; publicado por Square Peg; am: *The Heart Of Success* – Rob Parsons; diseño de cubierta de David Wardle, www.designeddedavid.co.uk; publicado por Hodder and Stoughton; ad: *The Sixty Minute Father* – Rob Parsons; diseño de cubierta de David Wardle, www.designeddedavid.co.uk; publicado por Hodder and Stoughton; dbi: *Sag Harbor* – Colson Whitehead, diseño de cubierta de Liam Relph; ilustración: Liam Relph; publicado por Harvill Secker; dbm: Changing Grooms – Sasha Wagstaff; diseño de cubierta de Henry Steadman, www.henrysteadman.com, Encargo de cubierta y dirección artística de Claire Bentley, Headline Publishing; dbd: *Florian del Cassonetto* – Ornella Della Libera; cliente: Rizzoli Italia, Studio: Mucca Design; director creativo: Matteo Bologna; directora artística: Erica Heitman-Ford; diseño: Meg Paradise www.megparadise.com. P57: *The Little Black Book Of Red Tape* – Ian Vince. Diseño de cubierta de Henry Steadman; encargo de cubierta y dirección artística de Nick May, Orion Publishing. P58: *Couture Interiors*: Caligrafía: Peter Horridge; diseño de cubierta: Eleanor Ridsdal; fotografía: Steven Fisher; publicación: Laurence King Publishing Ltd.. P59 a: *La Biblia* (edición contemporánea). Ilustrada por Steve Wilson, www.wilson2000.com; publicación: Hodder and Stoughton; diseño: Mark Read; db: *Lincoln* – James L. Swanson. Ilustrado y diseñado por Rafael Nobre; publicado por Record. P60: *Chloe Noonan*. Creado y diseñado por Marc Ellerde, www.marcellerde.com. P62: *The Double*, cubierta de Tom Gauld, Nobrow Ltd. P63 ai: cubierta de *The New Ghost* de Robert Hunter, Nobrow Ltd.; p63 ad: cubierta de *The Double* de Gwenola Carrere, Nobrow Ltd.; p63 db: *The New Ghost*, de Robert Hunter, Nobrow Ltd. P64: Todas las imágenes pertenecen al cómic *Elephantmen* y proyectos asociados. Imágenes de Boo Cook. Publicado por Active Images via Active Comics. P65: *Three Incestuous Sisters* – Audrey Niffenegger. Reimpresión con permiso de The Random House Group Ltd. P67: cuñas identificativas de Bahn TV. Dirección artística; diseño; animación: Sascha Verwiebe, www.saschaverwiebe.com. Cliente: Deutsche Bahn AG; productora: Atkon AG. P68: Ladyhawke, *My Delirium*, videoclip dirigido por Frater, www.fraterfilms.com. Ilustraciones de Sarah Larnach. Cortesía de Modular Recordings. P70: Storyboard de Graham Humphreys para el largometraje del director Eitan Arrusi *Reverb*. P71: *Flick* (2008), material gráfico de Alex Tomlinson www.alex-tomlinson.com. Copyright Alex Tomlinson, cortesía de Monster Films. P73: Wallace and Gromit: Invention Suspension. Imágenes del juego de Aardman Digital, Aardman Animations Ltd. P74: Machinarium, Amanita Design, www.amanita-design.net. Diseño, dirección: Jakub Dvorsky; animación: Vaclav Blin. Jaromir Plachy; programación: David Oliva; gráficos: Adolf Lachman, Jakub Pozar; música: Tomas Dvorak (Floex); sonido: Tomas Dvorak (Pif). P75: diseño y desarrollo de personajes de Anna Zukowska. Estudiante de la Universidad de Staffordshire, Máster en Modelado de Videojuegos en 3D. Profesor Alex Jackson. De arriba a abajo y de izquierda a derecha: captura de pantalla de malla base de personaje para *Zbrush*. *Zbrush* software © Pixologic Inc. Abajo a la izquierda: imagen renderizada de *Zbrush* con aplicación de material MatCap. *ZBrush* software © Pixologic Inc. P76 ai-ad: Toika y Arctic Breakers, Card Designs. Imágenes y copyright de Andrew Pavitt, www.andrewpavitt.com; db: Electro Birthday, material gráfico creado por Rachel Harper, www.rahrahrepeats.blogspot.com. Material gráfico creado con licencia de Inspire by Design Ltd. www.inspiredesign.org. P78: Siobhan Harrison, www.siobhanharrison.co.uk; i: tarjeta Get Well para Images and Editions; d: tarjeta floral del Día de la Madre para Rainbow. P80 y 131: Alix Jeambrun. P84-85: Tien-Min Liao. P86: libro y portfolio autopromocionales de David Arias © David Arias, www.arias.ca. P87: Imágenes © Russell Cobb. P89: *Creative Review*. Ilustración: Billie Jean, www.billiejean.co.uk. Dirección artística: Nathan Gale; editor: Patrick Burgoyne. P90 ai: AIGA, asociación de profesionales del diseño www.aiga.org; ad: The Design Council, www.designcouncil.org.uk; dbi: Cortesía de la D&AD, www.dandad.org; dbd: Society Of Illustrators Inc. www.societyillustrators.org. imagen de Normal Rockwell del encabezado © SEPS 1935. P94: Michael Redmond para el concurso del V&A. P96: Matt Bolton. P102: portfolio de Rob Moxon, www.robmoxon.co.uk. Trabajo producido mientras estudiaba en la Universidad de Cumbria. Type Factory Museum (ISTD Student Brief 2009). We Love Graphic Design, Fanzine – Robert Moxon, Sofia Frykler y Dan Tucker. P104: ilustración de Shaun Doyle. Imágenes © Shaun Doyle, www.shaundoyle.co.uk. P106 a: ilustración de Shaun Doyle. Imágenes © Shaun Doyle; db: Images © Russell Cobb. P108: maquetación web, www.janinerewell.com © Janine Rewell. Dancing With The Dead y Dollhouse images © Janine Rewell. P110: Portfolio proporcionado por Lydia Fee, www.lydiafee.co.uk, hello@lydiafee.co.uk. P114: Raewyn Brandon. P118: Portfolio proporcionado por Brodies Portfolio y Bag Emporium. Myriad Resources Ltd. T/A Brodies, www.brodiesportfolios.com. P119: Portfolio e ilustraciones de Lydia Fee (véase p110). P121-122: ilustraciones de muestra creadas por Jem Robinson, www.jemillo.com. P111a: Imágenes © Stuart Briers; dbd: Imágenes © Gemma Robinson, www.gemma-robinson.co.uk. Publicado por Human Resources Magazine, Haymarket Publications. P124: portfolio de Sam Dallyn, www.samdallyn.co.uk. diseño web/arquitectura de la información: Sam Dallyn; construcción del sitio en Flash/XMl: Andy Biggs. P126: Taller de portfolios New Blood, de D&AD. P132 a: Rob Ryan para Wild & Wolf; p132 i.: Rob Ryan para Coutts Bank, Agency Coley Porter Bell, para la ONG Kids Company. P133: Julia Pott, página web de Etsy. P134-135: ©Sophie Blackal, *Missed Connections, Love Lost and Found*, Workman 2011. P136-137: Postales Secret Weappon de Linzie Hunter. P138: paño navideño para el hogar de Marc and Anna – diseñado por Marc & Anna, www.marcandanna.co.uk. P139: Folio Book de Because Studio. Imágenes © Loz Ives, Because Studio, www.becausestudio.co.uk. P140: Girls Who Draw; ai: Love to Print, caja diseñada por Yee Ting Kuit, www.lovetoprint.blogspot.com; ad: postal diseñada por Gemma Correll para la caja de postales de Love to Print; dbi: cubierta del libro *Misfits* diseñada por Gemma Correll, www.girlswhodraw.wordpress.com; dbd: diseño de postal de Bogus Bade para el libro *Misfits*. P141 a: libros promocionales de Jay Taylor. Imágenes © Jay Taylor, www.scribblejay.co.uk; db: Barnaby Richards *20 Things Books*. Imágenes © Barnade Richards, www.barnaderichards.co.uk, things@barnaderichards.co.uk. P144 a: Selected Works © Remote Location, www.remote-location.com; m: Caroline Fabes, www.carolinefabes.com. Sitio web diseñado por Caroline Fabes, gracias a Índice alfabético-hibit; db: Polly Dunbar. Sitio web diseñada por Dave Adcock, www.ten4design.co.uk, ilustraciones de Polly Dunbar. Ilustración de la derecha de SHOE BADE © 2005 Polly Dunbar, reproducida con permiso de Walker Books Ltd., Londres SE11 5HJ, www.pollydunbar.com, www.walker.co.uk. El resto de las imágenes © Polly Dunbar. P146-147: Blog Print & Pattern de Bowie Style. P148: It's Nice That - Will Hudson y Alex Bec, www.itsnicethat.com. P149: Thomas Lovell and Shaun Hughes, www.keep-us-busy.com.